Informationstechnik
und
Datenverarbeitung

Mikroelektronik Information Gesellschaft

Herausgegeben von

H. Niemann D. Seitzer H. W. Schüßler

Mit 80 Abbildungen

Springer-Verlag
Berlin Heidelberg New York Tokyo 1983

Professor Dr.-Ing. Heinrich Niemann
Lehrstuhl für Informatik 5 (Mustererkennung)
der Universität Erlangen-Nürnberg
Martensstraße 3, 8520 Erlangen

Professor Dr.-Ing. Dieter Seitzer
Lehrstuhl für Technische Elektronik
der Universität Erlangen-Nürnberg
Cauerstraße 9, 8520 Erlangen

Professor Dr.-Ing. Hans Wilhelm Schüßler
Lehrstuhl für Nachrichtentechnik
der Universität Erlangen-Nürnberg
Cauerstraße 7, 8520 Erlangen

ISBN-13: 978-3-540-12359-0 e-ISBN-13: 978-3-642-69045-7
DOI: 10.1007/978-3-642-69045-7

CIP-Kurztitelaufnahme der Deutschen Bibliothek
Mikroelektronik, Information, Gesellschaft/hrsg. von H. Niemann .... –
Berlin; Heidelberg; New York; Tokyo: Springer, 1983.
(Informationstechnik und Datenverarbeitung)
ISBN-13: 978-3-540-12359-0

NE: Niemann, Heinrich [Hrsg.]

2145/3140-543210

Vorwort der Herausgeber

Die Mikroelektronik wird als Schlüsseltechnologie bezeichnet. Sie ist Medium der Informationsverarbeitung, die auf vielen Wegen das Bild unserer Gesellschaft heute und in Zukunft entscheidend bestimmen, ja verändern wird. Die Mikroelektronik ist eine der wenigen, wenn nicht die einzige Technologie, der noch das Potential für immense weitere Fortschritte in Richtung vermehrter Leistungsfähigkeit und starker Verbilligung innewohnt. Der hiervon ausgehende Sog auf die technische, wirtschaftliche und gesellschaftliche Entwicklung ist der Anlaß für die Herausgabe dieses Buches, in dem namhafte Fachleute von ihrem Standpunkt aus wesentliche Teilaspekte des gesamten Szenarios beleuchtet haben, um so zu einer Versachlichung der oft emotionell in der Öffentlichkeit geführten Diskussion beizutragen. Die hieraus resultierende Bestandsaufnahme wird hiermit einer breiten Öffentlichkeit zur Diskussion zur Verfügung gestellt. Es liegt in der Natur der Fachorientierung der Herausgeber und der Autoren, daß dabei technische und wirtschaftliche Fragen im Vordergrund stehen.

Die Reihe wird von Prof. Dr. O. G. Folberth mit dem Thema „Technische Möglichkeiten und Grenzen der Großintegration“ eröffnet. Der Autor ist als Verfasser entsprechender Fachveröffentlichungen, als gegenwärtiger Leiter der Komponententechnologie im Bereich Entwicklung und Forschung der IBM Deutschland, als IBM Fellow und als Mitglied nationaler und internationaler Fachgremien für das Thema besonders qualifiziert. So werden die Möglichkeiten in der Materialverbesserung und Bearbeitung ebenso aufgezeigt wie harte physikalische und eher weiche, d.h. verschiebbare technisch-wirtschaftliche Grenzen. Bei jeder neuen Stufe der Miniaturisierung treten Phänomene auf, die vorher entweder nicht bekannt waren oder einfach vernachlässigt wurden. Die derzeitige Entwicklung wird sich mindestens bis zur Jahrtausendwende fortsetzen, bevor geometrische, thermische und Laufzeitgrenzen erhebliche Bremswirkung entfalten.

Dr. H. Weinerth, Leiter des Hauptbereichs „Technik" der Fa. Valvo, Unternehmensbereich Bauelemente der Philips GmbH und Vorsitzender des Fachausschusses „Großintegration" der Nachrichtentechnischen Gesellschaft, behandelt das Thema „Auswirkungen der Großintegration auf die Industrie". Das gemeinsame Medium Mikroelektronik wird zu einer Verschmelzung von Telekommunikation und Datentechnik führen und vermehrt in nichtelektronische Anwendungsgebiete, wie z. B. die Mechanik, eindringen. Neue Möglichkeiten der Dezentralisierung und zeitlichen Entkopplung von Arbeitsvorgängen bieten die Chance für bessere Mensch/Maschine-Schnittstellen. Damit verbunden sind Veränderungen der Arbeitsplatzgestaltung und neue Anforderungsprofile für die Ausbildung.
Prof. Dr. H.-J. Warnecke, Leiter des Fraunhofer-Instituts für Produktionstechnik und Automatisierung, zeigt auf, welche Auswirkungen die Mikroelektronik und die von ihr ermöglichten Automatisierungsmaßnahmen auf die industrielle Fertigung haben. Es eröffnen sich neue und zur Erhaltung der Konkurrenzfähigkeit dringend erforderliche Möglichkeiten zur Steigerung der industriellen Produktivität, die allerdings noch in weit stärkerem Maße genutzt werden könnten als bisher. Wichtig ist eine Integration der Datenverarbeitung in den Produktionsprozeß, um Daten nur einmal zu erfassen und zentral darauf zugreifen zu können. Eine solche Entwicklung bleibt nicht ohne Folgen für die Arbeitsplätze, die in ihren Anforderungen verändert werden.
Die künftig geplanten neuen Dienste der Bundespost erläutert Dipl.-Ing. H. Kunze, Abteilungspräsident beim Fernmeldetechnischen Zentralamt in Darmstadt. Auch diese werden durch verbilligte Produktion hochintegrierter Schaltungen erst wirtschaftlich einsetzbar. Zu den neuen Diensten zählen das Bürofernschreiben, das unter dem Namen Teletex eingeführt wurde und die Übermittlung von Textseiten von Büro zu Büro ermöglicht, und der Bildschirmtext, mit dem über Telefonleitungen die Benutzer Zugang zu zentralen Informationssystemen erhalten und individuell Nachrichten abfragen und auf ihren Bildschirmen sichtbar machen können.
Eine auf umfangreichen Befragungen und Literaturanalysen beruhende Untersuchung stellt Prof. Dr. P. Mertens vor, in der es um die Frage geht, welche Vor- und Nachteile die Einführung der Datenverarbeitung in den Betrieben bringt. Der Autor beschäftigt sich als Leiter eines Lehrstuhls für Betriebswirtschaftslehre und einer Forschungsgruppe für Computergestützte Informations- und Planungssysteme sowie als Mitglied verschiedener Fachgremien seit langem mit Fragen der Informationsverarbeitung. Sein Beitrag ent-

hält eine gründliche Studie zahlreicher Einzelfragen und ist ein wichtiger Schritt zu einer fundierten und durch Zahlen untermauerten Analyse.
Dipl.-Volkswirt H. Hinz, Mitglied der Wirtschaftsabteilung beim Vorstand der IG Metall und Leiter des Projektes „Innovations- und Technologieberatungsstelle“ befaßt sich mit den Auswirkungen der Mikroelektronik auf die Arbeitsplätze. Die ernste Sorge um die Vernichtung von Arbeitsplätzen durch vorwiegend an Kostensenkung orientierten Rationalisierungsmaßnahmen bringt die Gewerkschaften dazu, eine Innovationsstrategie zu verfolgen, die über ein qualitatives Wachstum, innovierende Aktivitäten und kooperative Nutzung des „Know-how“ der Unternehmer und des Erfahrungsschatzes der Arbeitnehmer Arbeitsplätze und Wohlstand strukturell und damit auf Dauer sichert. Forschung, Technologie und lebenslanges Lernen sollen sich auf breiter Front sinnvoll ergänzen.
Prof. Dr. K. Steinbuch gehört zu den international bekannten Pionieren auf dem Gebiet der Informatik und ist einer breiten Öffentlichkeit durch seine Bücher bekannt. Er zeigt den grundsätzlichen Mangel an philosophischer Durchdringung des Begriffs Information auf; eine solche müßte sich daran orientieren, daß ein Mensch nur begrenzte Informationsmengen aufnehmen, behalten und verarbeiten kann. Die technische Entwicklung ist hier der geistigen Auseinandersetzung vorausgeeilt. Das hat weitreichende Konsequenzen, die bis in alltägliche Probleme des Austausches von Information zwischen Produzenten und Konsumenten hineinreichen. Dabei ist, wie der erste Beitrag deutlich macht, die technische Entwicklung noch lange nicht zu Ende.
Dipl.-Phys. U. Thomas, Leiter der Unterabteilung für Informations- und Produktionstechnik sowie Innovationsförderung im Bundesministerium für Forschung und Technologie, hat sich das Thema „Technologie, Politik und Innovation“ vorgenommen. Hierbei kommt die strategische Bedeutung der Informationstechnik bezüglich der Exportkraft der deutschen Wirtschaft zum Ausdruck. Der Löwenanteil des Exports entfällt auf den Bereich der Investitionsgüterindustrie, die z. Zt. einen Innovationsschub durch die Informationstechnik erfährt. Im notwendigen Konsensprozeß über Schwerpunkte für weitere Maßnahmen sind technologische Zielsetzungen zu ergänzen durch flankierende Planungen im Bildungswesen und die Schaffung günstiger Bedingungen für Unternehmensgründungen.
Den Schluß bildet der Beitrag von Dr. E. Hofmeister, Siemens AG, dem die Forschungs- und Entwicklungsplanung sowie Koordinierung im Unternehmensbereich Bauele-

mente und die Wahrnehmung der Öffentlichkeitsarbeit auf dem Gebiet der Mikroelektronik übertragen ist. Sein Thema „Wirtschaftsfaktor Mikroelektronik – nationale und internationale Aspekte" erweitert den Gesichtskreis auf internationale Perspektiven, wo sich Vergleiche zwischen Europa, USA und Japan nahelegen: Die USA erwirtschaften ⅓ des Bruttosozialprodukts (BSP) aller westlichen Länder, verbrauchen aber die Hälfte der Mikroelektronikproduktion, Japan erzeugt ⅛ des BSP und verbraucht ¼ der Elektronikproduktion, Europa liegt mit ¼ des BSP und ⅐ des Verbrauchs an Elektronik im Verhältnis der Werte am ungünstigsten. Da die Bundesrepublik auf Teilgebieten, z. B. der Mikroelektronikherstellungstechnologie, dem derzeitigen Weltstandard nahekommt, sollte das Gewicht verstärkt auf den vermehrten Einsatz der Elektronik gelegt werden.
Aus den einzelnen Beiträgen resultiert eine Bestandsaufnahme, die als neutrale Orientierungshilfe für die Beobachtung, die Bewertung, ja selbst die einzuschlagenden Wege künftiger Weiterentwicklung dienen kann. Die in diesem Band zusammengefaßten Aufsätze sind schriftliche Versionen von Vorträgen, die von den Autoren im Rahmen einer Ringvorlesung an der Friedrich-Alexander-Universität Erlangen-Nürnberg im Wintersemester 1981/82 gehalten wurden. Dem Universitätsbund Erlangen-Nürnberg sei an dieser Stelle herzlich gedankt, daß er diese Veranstaltung ermöglicht hat. Den Autoren wird für ihre Mitwirkung gedankt und für ihre zusätzliche Arbeit, die mit der Veröffentlichung verbunden war. Dem Springer-Verlag, vertreten durch Herrn G. Rossbach, gebührt unser Dank für die rasche Herausgabe und die sachkundige Hilfe bei der Gestaltung des Buches.

Erlangen, April 1983

H. Niemann
D. Seitzer
H. W. Schüssler

Inhaltsverzeichnis

Autorenverzeichnis

Professor Dr. O. G. Folberth
IBM Deutschland GmbH, Entwicklung und Forschung, Schönaicher Straße 220, 7030 Böblingen

Dipl.-Volkswirt H. Hinz
Industriegewerkschaft Metall, Vorstandsverwaltung, Postfach 111031, 6000 Frankfurt 11

Dr. E. Hofmeister
Siemens AG, UB Bauelemente, Balanstraße 73, 8000 München 80

Dipl.-Ing. H. Kunze
Fernmeldetechnisches Zentralamt der Deutschen Bundespost, Postfach 5000, 6100 Darmstadt

Professor Dr. rer. pol. P. Mertens
Lehrstuhl für Betriebswirtschaftslehre, Universität Erlangen-Nürnberg, Lange Gasse 20, 8500 Nürnberg

Professor Dr.-Ing. K. Steinbuch
Adalbert Stifter-Straße 4, 7505 Ettlingen

Dipl.-Phys. U. Thomas
Bundesministerium für Forschung und Technologie, Postfach 200706, 5300 Bonn 2

Professor Dr. H.-J. Warnecke
Fraunhofer-Institut für Produktionstechnik und Automatisierung, Postfach 800469, 7000 Stuttgart 80

Dr.-Ing. H. Weinerth
Valvo Hamburg, Burchardstraße 19, 2000 Hamburg 1

Technische Möglichkeiten und Grenzen der Großintegration

O. G. Folberth

IBM Deutschland GmbH, Entwicklung und Forschung, Schönaicher Straße 220, 7030 Böblingen

1. Einleitung

Integrierte Schaltungen, basierend auf der Silizium-Chip-Technologie, haben in den letzten 20 Jahren in einer fast beispiellos stürmischen technischen Entwicklung in unzähligen Anwendungen Fuß gefaßt und verbreiten sich unaufhörlich mit wachsender Geschwindigkeit in alle Winkel unserer Erde. Der Hauptmotor hierfür ist die ständig zunehmende Miniaturisierung der Bauelementefunktionen, die es gestattet, immer mehr Elemente auf immer weniger Siliziumfläche unterzubringen. Diese Steigerung der Integrationsdichte (Elemente/cm^2), gekoppelt mit einer gleichlaufenden Steigerung des Integrationsgrades (Elemente/Chip), führte zu immer billigeren Funktionseinheiten und damit zu einer immer weiter um sich greifenden technisch-wirtschaftlichen Verwendung.

Hierfür war neben den Fortschritten bei der Miniaturisierung (durch jeweils verbesserte lithografische Methoden) auch eine Vergrößerung der Chips und neue Ideen für Bauelemente und Schaltungen von ausschlaggebender Bedeutung. Der Beitrag der Chipvergrößerung mag auf den ersten Blick trivial erscheinen: man könnte ja gleich größere Chips verwenden. So einfach ist es aber nicht, denn bei einer gegebenen Rate von Kristall- und Fabrikationsfehlern sinkt die Ausbeute mit steigender Chipgröße. Die Vergrößerung der Chips muß also einhergehen mit einer Absenkung der Fehlerrate. So gesehen war es durchaus sinnvoll, die Entwicklung mit kleinen Chips zu beginnen (etwa 4 mm^2) und sie auf heute übliche Größen von etwa 50 mm^2 zu steigern.

Der dritte wesentliche Beitrag zur Steigerung des Integrationsgrades, nämlich neue Ideen für Bauelemente und Schaltungen ist schwerlich in wenige Worte zu fassen, da es sich hierbei um eine Vielzahl von größeren und kleineren Verbesserungen handelt. Nur zur Illustration seien zwei der größeren Verbesserungen erwähnt:

- Der Ersatz von statischen Schaltungen durch dynamische Schaltungen. Dieses hat insbesonders bei Speichern zu einer wesentlichen Erhöhung der Integrationsdichte und zu einer Kostensenkung geführt. (Abb. 1) [1]

- Die ausgiebige Verwendung der Superintegration, bei der möglichst viele Funktionen auf möglichst geringer Fläche untergebracht werden. Dabei geht die Individualität der einzelnen Elemente weitgehend verloren und vielfach wird hierbei auch die dritte Dimension, z.B. durch das Aufbringen von Polysiliziumschichten flächensparend verwendet.

Insgesamt ließ sich so der Integrationsgrad für produktionsreife Chips auf gegenwärtig bis zu 100 000 Schaltungen pro Chip steigern, bei Labormustern sogar bis zu 500 000 Schaltungen! Damit lassen sich alle wesentlichen Funktionen eines digitalen Systems auf *einem* Chip unterbringen: Es entstand der *Mikroprozessor*, der eine rasche Entwicklung und Verbreitung erfuhr. Seine Komplexität konnte fast Jahr für Jahr verdoppelt werden, von 4 auf 8, 16, ja sogar auf 32 bit Verarbeitungsbreite. Eine riesige Fülle von verschiedenartigen Applikationen konnte damit erschlossen werden, deren praktische Ausschöpfung z.Zt. erst in den Anfängen steckt.

Bekanntlich soll man mit Voraussagen über zukünftige Entwicklungen vorsichtig sein, da es sehr oft ".... erstens anders kommt, zweitens als man denkt". Im Falle der Silizium-Chip-Technologie haben wir allerdings inzwischen so viel Erfahrung und Wissen angesammelt, daß man über die zukünftige Entwicklung doch einige Aussagen machen kann, die nicht nur aus der Luft gegriffen sind, sondern mit einiger Wahrscheinlichkeit eintreffen werden.

2. Material- und Bearbeitungsprobleme

Es ist relativ leicht vorauszusagen, daß die Güte der Siliziumkristalle noch gesteigert werden wird. Ob und inwieweit sich letztlich doch nicht ganz vermeidbare Fehler und Verunreinigungen hemmend auf die weitere Miniaturisierung auswirken werden [2], bleibt abzuwarten. Meiner Meinung nach werden sich diese Probleme nicht zu einer ausschlaggebenden Behinderung oder einer harten Grenze auswachsen, aber selbstverständlich ist weiterhin ein großer und auch kostspieliger Forschungs- und Entwicklungsaufwand notwendig, um hier weiterzukommen.

Seit einigen Jahren erleben wir den Einsatz von zwei neuen Verfahren, die eine bessere Kontrolle der Dotierung und der Strukturierung der

Muster erlauben als bei der herkömmlichen Planartechnik. Dabei handelt es sich um:

- Die Ionenimplantation, die insbesondere in Kombination mit anschließender Diffusion reproduzierbarere Profile und neuartige Profiltypen - die durch Diffusion prinzipiell nicht machbar sind - zu erzeugen gestattet. Mittels Ionenimplantation lassen sich die Eigenschaften der Bauelemente (wie z.B. die Schwellspannung von MOSFETs) in fast idealer Weise "maßschneidern" (Abb. 2).

- Die Trockenätzung in vielfachen Varianten (Plasmaätzen, reaktives Ionenätzen, usw.), die es gestattet, kleinere Strukturen mit präziseren Kanten zu ätzen, als es die herkömmlichen Naßätzverfahren liefern [3]. Insbesondere kann man mittels anisotroper Trockenätzung auch schmale, aber tiefe Gräben erzeugen, die durch Naßätzung prinzipiell nicht herstellbar sind (Abb. 3).

Für die sogenannten "Heißprozesse" setzten sich immer mehr Varianten durch, die ein Absenken der Bearbeitungstemperaturen um einige hundert Grad erlauben. Man erreicht damit, daß

- die Umverteilung der Dopanten geringer wird, die p-n-Übergänge bleiben steiler und wandern weniger;

- die thermischen Verspannungen und Verbiegungen ("warpage") abnehmen, es gibt weniger Defekte;

- die abgeschiedenen Schichten gleichförmiger werden.

Durch neuartige Epitaxie- und Rekristallisationsverfahren ("Grapho-Epitaxie", selektive Rekristallisation mittels Laserbestrahlung) kann man monokristalline Siliziumschichten auf Oxidfilmen erzeugen. Damit könnte man in Zukunft die "dritte Dimension" auch für aktive Elemente - und nicht wie bisher nur für (polykristalline) Widerstände - erschließen und die Integrationsdichte weiter steigern. Es gibt vielversprechende Versuche auf diesem Gebiet, aber bis zu ausgereiften Fabrikationsverfahren sind noch mehrere Jahre Entwicklungsarbeit notwendig.

Dazu werden in Zukunft sicherlich noch weitere Verbesserungen kommen, die alle eine bessere Prozeßkontrolle und auch eine weitere Reduzierung der Defekte zum Ziel haben werden. Auch hierbei werden die Geräte leider immer teurer und größere Forschungs- und Entwicklungsaktivitäten bei den Geräte-Produzenten und den Chip-Herstellern werden unvermeidlich sein.

3. Lithografische Verfahren

Mit optischen Verfahren ist es möglich, nahe an die 1-µm-Grenze heranzukommen, was man vor einigen Jahren noch nicht für möglich hielt [4]. Darüberhinaus stehen neue Verfahren, die mit kürzeren Wellenlängen arbeiten und damit eine höhere Genauigkeit erreichen sozusagen vor der Tür. Es handelt sich dabei um die Elektronen-, Röntgen- und Ionenstrahllithografie [5]. Voraussichtlich wird man damit nochmals eine Größenordnung weiterkommen, so etwa bis in die Gegend von 0.1 µm. Dieses wird ausreichen, um die noch zu besprechenden physikalischen Grenzen der Silizium-Chip-Technologie ausloten zu können. Es werden hierfür aber gewaltige gerätetechnische Aufwendungen notwendig sein, die nur bei riesigen Stückzahlen vermarktbarer Chips rentabel sein dürften. Es ist daher abzusehen, daß sich solche Investitionen nur einige wenige kapitalstarke Firmen oder Firmenverbände für die Produktion von "Edelelektronik" werden leisten können. Für die preiswerte "Gebrauchselektronik" wird sich dieser große technische Einsatz kaum lohnen; daher wird sie von dieser letzten Stufe der Miniaturisierung wohl ausgeschlossen bleiben.

Die Herstellung qualitativ hochwertiger Masken mittels Elektronenstrahlbelichtung für die anschließende optische Lithografie ist dabei, ein Routineprozeß zu werden, entsprechende ausgereifte Geräte sind erhältlich. Dagegen wird z.Zt. die direkte Waferbelichtung mittels Elektronenstrahlen erst vereinzelt großfabrikatorisch eingesetzt.

Für die direkte Waferbelichtung werden außerdem den Röntgenstrahlen, insbesondere in Form von Synchrotronstrahlung, gute Chancen eingeräumt. Weltweit findet man vermehrte Aktivität auf diesem Gebiet, und es ist in den nächsten Jahren mit beachtlichen Fortschritten zu rechnen. Aber auch "konventionelle" Röntgenquellen sind noch gut im Rennen [6].

4. Bauelemente und Schaltungen

Voraussichtlich wird es bis auf weiteres bei planaren MOSFETs und Bipolartransistoren bleiben. Diese werden natürlich weiter miniaturisiert werden mit all den damit verbundenen Problemen, aber auch den entsprechenden Vorteilen. CMOS wird gegenüber NMOS voraussichtlich an Boden gewinnen [7], da es mit geringerer Verlustleistung arbeitet und ein besseres Signal/ Stör-Verhältnis aufweist, bei kaum geringerer, geometrischer Integrationsdichte. Bipolare Schaltungen werden im Hochgeschwindigkeitsbereich dominieren, aber sonst gegenüber MOSFET-Schaltungen weiter an Boden verlieren. Die Superintegration wird sicherlich weiter ausgebaut werden und neue Varianten werden entstehen unter weitgehender Verwendung von selbstregistrierenden Strukturen. Manche Fachleute sind der Meinung, daß auf dem Bauelemente- und Schaltungsgebiet nicht mehr mit vielen Neuerungen zu rechnen sei, da dieses Gebiet schon stark ausgereizt ist. Ich bin da nicht so sicher, im allgemeinen haben wir den Erfindungsgeist und die Cleverness der Ingenieure selten richtig voraussagen können und meistens unterschätzt. Warum sollte es eigentlich nun plötzlich anders sein?

5. Physikalische und technologische Hürden bei fortschreitender Miniaturisierung

In der Entwicklungsgeschichte der Integrationstechnik tauchen bei jeder neuen Miniaturisierungsstufe physikalische und technologische Effekte und Phänomene auf, die man vorher entweder nicht kannte oder die vorher als unwesentlich vernachlässigt werden konnten. Es bedarf dann meist konzentrierter, gezielter Forschungs- und Entwicklungsaufwendungen, um auf dieser neuen Stufe wiederum technisch brauchbare Lösungen zu erzielen. Einige dieser Hürden seien kurz aufgezählt und diskutiert:

5.1 Materialtransport durch Ionenmigration

Bei miniaturisierten und damit hochbelasteten Emitterleitungen wurde der Materialtransport durch Ionenmigration anfangs übersehen und führte zu Leitungsunterbrechungen. Durch gezielte Materialforschung [8] lernte man jedoch nach und nach, Leitungsbahnen zu erzeugen, bei denen dieser Effekt unter eine akzeptable Ausfallschwelle gedrückt werden konnte, so daß bei heutigen Chips diese Ausfallursache nicht mehr ins Gewicht fällt. Zwar wird der Effekt durch weitere Miniaturisierung wieder größer, nicht weil Strom, wohl aber weil die Stromdichte in den kleiner werdenden Leiterquerschnitten zunehmen wird. Man ist jedoch der Meinung, daß man durch weiter verbesserte Legierungstechnik diese Hürde wird nehmen können [9].

5.2 Geometrie-Effekte bei kleinen MOSFETs

Die Schwellspannung und die Durchbruchspannung von MOSFETs ist normalerweise unabhängig von der Geometrie des Kanals. Bei sehr kurzen und/oder sehr schmalen Kanälen (kleiner etwa 3 μm) gilt dieses jedoch nicht, weil der Einfluß der Randschichten nicht mehr zu vernachlässigen ist (Abb. 4). Dieser Effekt führt beim schaltungstechnischen Einsatz solcher Kurzkanal- (bzw. Schmalkanal-) Elemente zu einschneidenden Restriktionen, auf die man nicht vorbereitet war. Inzwischen ist man durch geeignete "Skalierungs-"-Methoden [10] offenbar auch hier weitergekommen, so daß MOS-Elemente mit Kanallängen von 0.3 μm technisch brauchbare Parameter liefern, und auch 0.15 μm Kanallängen sollen nach Berichten aus den Bell-Telephone-Laboratories noch verwendbar sein [6],[11].

Kürzlich sind ultraminiaturisierte logische Gatter mit solchen Transistoren hergestellt und gemessen worden [12]. Die Ergebnisse sind beeindruckend und vielversprechend.

Bezüglich Schaltzeiten und Verlustleistung ergeben sich Verbesserungen von bis zu zwei Größenordnungen gegenüber dem gegenwärtigen Stand der Technik.

Obwohl es sicher noch Jahre dauern wird bis solche Rekordwerte in Produkte Eingang finden werden, demonstrieren diese aufsehenerregenden Ergebnisse doch unzweideutig das noch lange nicht ausgeschöpfte Entwicklungspotential der MOSFET-Technologie.

5.3 Heiße Elektronen

Digitale Schaltungen sind um so schneller, je stärker sie "getrieben" werden, d.h. je höher die angelegten Spannungen sind. Dabei muß man nicht nur darauf achten, sicher unterhalb der Durchbruch- und Durchgriffspannungsgrenzen zu bleiben, sondern man muß die elektrischen Felder auch so begrenzen, daß nicht schädliche "heiße Elektronen" entstehen [13]. Diese können nämlich durch tunneln an Haftstellen gelangen und diese umladen. Dadurch verändern sich im Laufe des Betriebs die elektrischen Eigenschaften der Elemente (z.B. die Schwellspannung von MOSFETs), was zum funktionellen Versagen der Schaltungen führen kann. Bei der bisher vorwiegend angewendeten Skalierung wird daher die Feldstärke konstant gehalten [14], so daß dieser Effekt durch das Skalieren zumindest nicht größer wird. Dieses Vorgehen führt zu einer linearen Absenkung der Spannungen mit kleiner werdenden Dimensionen. In der Praxis läßt sich so eine "gleitende" Änderung jedoch nicht immer durchführen, dem stehen oft Normung und schaltungstechnische Verträglichkeit (z.B. TTL-Kompatibilität) entgegen.

Auch die "heißen Elektronen" bauen also Hürden auf, aber es sind ebenfalls keine fundamentalen Grenzen, die nicht durch geschicktes Design bezwungen werden könnten.

5.4 Das Widerstandsproblem der Mikroelektronik

Vor einigen Jahren brachte die Einführung von hochdotierten polykristallinen Siliziumschichten anstelle der bis dahin fast ausschließlich verwendeten Aluminiumschichten deutliche fabrikatorische und technische Vorteile für hochintegrierte MOSFET-Schaltungen. Zwar haben Leiterbahnen aus polykristallinem Silizium einen etwa um den Faktor 20 höheren Widerstand als entsprechende Metalleiterbahnen, aber das hatte bei der allgemeinen Hochohmigkeit dieser Bauelemente vorerst jedoch keine negativen Auswirkungen. Mit zunehmender Miniaturisierung "skalieren" die verschiedenen Parameter jedoch in unterschiedlicher Weise: Während durch die Miniaturisierung geschwindigkeitsbestimmende Parameter im allgemeinen günstiger werden, gilt dies nicht für die Leiterbahnen, die zwar kürzer werden (linear), aber auch einen kleineren Querschnitt bekommen (quadratisch), so daß sie insgesamt hochohmiger werden ("Widerstandsproblem der Mikroelektronik") [15]. Dieser Effekt läßt ab einem bestimmten Miniaturisierungsgrad den Widerstand der Polysiliziumleitung geschwindigkeitsbegrenzend werden, so daß nun wieder Leiterbahnstrukturen auf Metallbasis entwickelt und verwendet werden müssen, falls man den durch die Miniaturisierung erzielten Dichtevorteil nicht mit längeren Schaltzeiten bezahlen will [4]. Bewährt haben sich dabei Polysilizium-Wolframsilizid-Sandwichstrukturen [16], deren spezifischer Widerstand um den Faktor 14 kleiner ist, als derjenige einer vergleichbaren konventionellen Polysilizium-Leitung. Solche polykristallinen Metall-Silizide [17] ("Polycides") werden zunehmend an Stelle von Polysilizium eingesetzt werden müssen, um die Leitungswiderstände zu verringern.

Bei ultraminiaturisierten schnellen logischen Schaltungen wird nach und nach selbst der Widerstand von Aluminium-Leiterbahnen zum Problem und ein geschwindigkeitsbestimmender Faktor [9],[18],[19]. Abb. 5 zeigt den Anstieg der Leitungswiderstände bis zum Jahre 2000, falls man einen plausiblen Fortschritt bei der Miniaturisierung der Schaltungen und dem Anwachsen der Chipgröße annimmt [9]. Man beachte, daß danach der Widerstand der längsten Leitung (die z.B. ein Gatter links unten mit einem rechts oben auf einem Chip verbindet) bis auf 400 Ω ansteigt.

Dieser starke Widerstandsanstieg hat Änderungen in der Übertragungscharakteristik der Leitungen zur Folge. Insbesondere wird die Dämpfungslänge der Leitungen (attenuation length) im Laufe der Entwicklung schneller kürzer als die durchschnittliche Leitungslänge [20] (Abb. 6). Damit geht eine Verschlechterung des Signal/Rausch-Verhältnisses einher. Etwa ab 1990, wenn die Dämpfungslänge etwa gleich der durchschnittlichen Leitungslänge wird, dürfte die Situation bezüglich Signaldämpfung und Verzerrung kritisch werden. Insbesondere auch weil sich gleichlaufend die Kontaktwiderstände vergrößern, da die Kontaktflächen kleiner werden.

5.5 "Weiche" Fehler durch ionisierende Strahlung

Bei der Miniaturisierung von dynamischen Speichern werden die Kapazitäten und damit auch die die Information tragenden Ladungspakete immer kleiner. So hätte es eigentlich nicht überraschen sollen - tat es aber doch -, daß ab einer gewissen Kleinheit der Ladungspakete ihr Informationsinhalt durch ionisierende Umgebungsstrahlung zerstört werden kann (z.B. durch α-Teilchen aus den allgegenwärtigen, wenn auch geringen Verunreinigungen der verwendeten Materialien). Als man dieses feststellte, setzte sofort eine hektische Forschungs- und Entwicklungstätigkeit ein, um den Effekt in den Griff zu bekommen [21].

Reinigungsverfahren erwiesen sich nur teilweise als erfolgversprechend und schieden z.T. schon aus Kostengründen aus. Abschirmungen brachten zwar größere Teilerfolge, soweit man es mit α-Teilchen kurzer Reichweite zu tun hatte, aber gegen Höhenstrahlungskomponenten [22] mit großer Eindringtiefe nützen Abschirmungen kaum oder sind zu aufwendig. Ein weiterer Teilerfolg ließ sich durch konstruktive Maßnahmen erzielen, die einen Großteil der erzeugten Elektron-Loch-Paare unschädlich abfließen lassen. Aber letztlich blieb immer noch eine nicht vernachlässigbare Rate dieser "weichen" Fehler übrig. Hier helfen dann systemtechnische Maßnahmen weiter, bei denen man durch redundante, fehlerkorrigierende Schaltungen die Information als Ganzes fehlerfrei rekonstruiert, obwohl einzelne Bits durch den Strahlungseffekt eventuell "umgefallen" sind. Hierzu ist es zweckmäßig, logisch zusammenhängende Bits physikalisch auf unterschiedlichen Chips unterzubringen, so daß der Einschlag eines Teilchens, selbst wenn er mehrere Bits gleichzeitig zerstört, sich nur als Ein-Bit-Effekt in getrennt korrigierbaren Zahlenfolgen auswirkt. Beim üblichen modularen Aufbau der Halbleiterspeicher läßt sich diese Maßnahme leicht und ohne schwerwiegende Nachteile anderer Art verwirklichen.

Insgesamt konnten diesem zunächst als brisant eingestuften und die weitere Miniaturisierung stark hemmenden Effekt durch die geeignete Kombination der oben skizzierten Abwehrmaßnahmen die Zähne gezogen werden.

Aber .... die Welt ist nicht mehr so wie vorher, bei allen zukünftigen Designs muß hierauf gebührend Rücksicht genommen werden, insbesonders da sich mit zunehmender Miniaturisierung der Effekt verstärkt bemerkbar macht. Dieses kann dazu führen, daß statische Speicher wieder an Boden gewinnen werden. Sie benötigen zwar mehr Fläche pro Bit, haben also - gleichen Stand der Technik vorausgesetzt - einen geringeren Integrationsgrad als dynamische Speicher, sind aber immuner gegenüber ionisierender Strahlung.

5.6 Weitere Hürden

In einer neueren Publikation [13] werden 28 Effekte aufgezählt, die im Sinne der vorstehenden Ausführungen Hürden für eine weitere Miniaturisierung darstellen. Diese Liste ist, einerseits sicher nicht vollständig, aber andererseits werden sich einige der aufgezählten Effekte als unwesentlich herausstellen. Bei jeder neu zu erklimmenden Miniaturisierungsstufe werden aber weitere Effekte und Phänomene dazukommen, die unbekannt waren oder die bei größeren Dimensionen vernachlässigt werden konnten, denen dann aber plötzlich entscheidende Bedeutung zukommt. D.h. die Entwicklung bleibt spannend und gewürzt mit Überraschungen.

6. Ökonomische Gesichtspunkte

Es wurde schon mehrfach angedeutet, daß der weiteren Entwicklung der Großintegration in naher und mittelfristiger Zukunft zwar keine unüberwindlichen Hindernisse im Weg stehen, wohl aber schwer zu meisternde Hürden. Diese Aussage ist nicht nur technisch gemeint, sondern auch wirtschaftlich. Die Entwicklung von Chips wird immer teurer [4],[23],[24]. Im Gegensatz zu den Fertigungskosten, die pro Funktion laufend gesenkt werden konnten, steigen die Entwicklungskosten der Chips etwa proportional zum Integrationsgrad (Funktionen pro Chip), da die Entwicklungskosten pro Funktion in erster Näherung gleich bleiben. Diese Kostenerhöhung ist nicht nur durch die verbesserten und verfeinerten und damit teueren Geräte bedingt [24], sondern auch durch die stark gesteigerte Komplexität der Designs: Wenn man mehr und mehr Schaltungen auf einem Chip unterbringt, so erhöhen sich die Aufwendungen (in Zeit, Geld und Mannjahren) nicht nur für die Entwicklung, sondern auch für das Testen, da die vielfältige Wechselwirkung der vielen Komponenten ein sorgfältiges Durchspielen und Durchprüfen sehr vieler Kombinationen und Randbedingungen erfordert, gegebenenfalls in mehreren Iterationen. Auch bei starker Unterstützung durch automatisierte Verfahren wird der Aufwand schließlich so groß, daß er wirtschaftlich fragwürdig wird.

Die laufend zunehmende Verwendung hat zwar immer größere Serien zur Folge, trotzdem wird aber auch eine zeitliche Streckung der Abfolge neuer Komponentenfamilien zur Erzielung größerer Stückzahlen vielfach als nowendig erachtet. Dieses führt insgesamt zu einer Verlangsamung der bisher sehr stürmisch verlaufenden Entwicklung. So hat sich z.B. die Auslieferung von 64k-Bit-RAM-Chips gegenüber dem ursprünglichen Zeitplan (Abb. 1) um durchschnittlich etwa zwei Jahre verzögert [25]. Die Rentabilität des vorangegangenen Designs, nämlich des 16k-Bit-Chips, wurde damit verbessert.

7. Grenzen der Großintegration

Die bisher besprochenen Komplexitäts- und Technologie-Begrenzungen sind "weiche" Grenzen, die zwar praktische Hürden bilden, die aber nicht prinzipiell unüberwindbar sind. Zusätzlich gibt es jedoch noch "harte" physikalische Grenzen - Grenzen mit Endgültigkeitscharakter - die durch noch soviel Aufwand nicht überschreitbar sind und die der Entwicklung letztlich Einhalt gebieten werden. Obwohl diese Grenzen nicht mit großer Genauigkeit quantifizierbar sind, lassen sich hierfür doch brauchbare Abschätzungen angeben. Vorwiegend handelt es sich dabei um drei fundamentale Effekte, die in diesem Sinne begrenzend wirken.

7.1 Geometrische Grenzen

Durch die Miniaturisierung bleiben einige charakteristische geometrische Ausdehnungen der Bauelemente unberührt, hierzu gehören insbesondere die Dicke der Raumladungszonen (Größenordnung: 0.03 µm). Der Platzbedarf F_u von ultraminiaturisierten Transistoren, bei denen aus diesem Grund auch bei bester Lithografie keine weiteren Verkleinerungen mehr möglich sind, beläuft sich auf etwa 2 μm^2 (inklusive Isolation und Kontaktlöcher) also $F_u = 2 \times 10^{-8}$ cm^2.

Ein elementares logisches Gatter mit einem fan-out von etwa 4 benötigt etwa die Fläche von zwei Transistoren also 2 F_u, vorausgesetzt, daß platzsparende "superintegrierte" Strukturen wie I^2L, Polysilizium-Widerstände über den aktiven Elementen usw. verwendet werden.

Damit ergibt sich als *erste* harte Grenze eine maximale Integrationsdichte [26] von etwa

$$D_m = \frac{1}{2 \cdot F_u} = 2.5 \times 10^7 \text{ Gatter/cm}^2.$$

Selbstverständlich werden in der Praxis nicht alle diese Funktionen verdrahtbar sein, selbst bei einer ausgefeilten Mehrlagenverdrahtung.

7.2 Thermische Grenzen

Die beim Betrieb elektronischer Schaltungen entstehende Verlustwärme muß abgeführt werden, um eine unzulässige Erhitzung der Chips zu vermeiden. Dieses geschieht entweder durch Luftkühlung oder, insbesondere bei größeren Systemen, durch Flüssigkeitskühlung. Abschätzungen haben ergeben, daß man pro cm^2 Chip-Fläche etwa maximal 1 Watt durch Luftkühlung, bzw. maximal 20 Watt durch Flüssigkeitskühlung abführen kann [9] (Abb. 7). Die maximale Verlustleistung pro Gatter (P_G) ist daher umgekehrt proportional zur Integrationsdichte D:

$$P_G = \frac{20}{D} \quad [W/Gatter].$$

Um so weniger Schaltungen ein Chip enthält, um so größer darf also die Verlustleistung pro Schaltung sein. Da andererseits die Verlustleistung pro Gatter ansteigt, wenn man die Schaltungen schneller treibt (man braucht dafür mehr Strom), sind weniger dicht gepackte Chips bis zu höheren Frequenzen verwendbar, als dichter gepackte Chips, wenn man jeweils die maximale Verlustleistung von 20 W/cm^2 zuläßt. Allerdings steigt die Frequenz nicht proportional mit der "Schaltungsverdünnung" an, sondern langsamer, da weniger miniaturisierte Schaltungen mehr Strom zum Treiben benötigen als höher miniaturisierte. Insgesamt scheint eine Wurzelabhängigkeit sinnvoll, wie sie aus anderen Überlegungen heraus vorgeschlagen wurde [27].

$$f = \frac{const}{\sqrt{D}}$$

Die thermische Grenze - eine *zweite* fundamentale Grenze - ist daher im doppellogarithmischen Geschwindigkeits-Dichte-Diagramm eine Gerade mit einer Steigung von 116.5^o (Abb. 8).

7.3 Laufzeitgrenzen

Die Taktfrequenz von synchron betriebenen digitalen Netzwerken wird nicht nur durch die interne Schaltgeschwindigkeit der Gatter bestimmt, sondern auch durch die Signallaufzeit auf den Leitungen. Je schneller die Schaltungen sind, um so mehr machen sich die Laufzeitverzögerungen bemerkbar. Falls verlangt wird, daß jedes Gatter mit jedem anderen eines Chips direkt verkoppelt werden darf, so sind diese Laufzeitverzögerungen, die begrenzend auf die maximale Taktfrequenz des Netzwerkes wirken, abhängig von der Chipgröße: Die Leitungslängen und damit die Laufzeitverzögerungen wachsen mit steigender Chipgröße. Kleinere Chips erlauben danach höhere Taktfrequenzen als größere Chips. Bei der Abschätzung dieser Frequenzgrenzen müssen Synchronisationsbedingungen und Signalverzögerungen, die mit der Geometrie der Leitungen und den Verlusten im Silizium und in den verwendeten Dielektrika zusammenhängen berücksichtigt werden [15],[26], [28]. Eine Abschätzung ergibt, daß diese Grenze - die *dritte* harte Grenze für einen 1 cm^2 großen Chip bei etwa 1.5×10^8 Hz liegt [19].

Eigenartigerweise ist ein solcher Chip durch die hier diskutierten drei fundamentalen Effekte (Geometrie, Wärme, Laufzeit) etwa gleichermaßen begrenzt (Abb. 8).

Natürlich wirken sich diese Effekte auch auf andere Schaltungen in entsprechender Weise begrenzend aus, nicht nur auf die hier kurz diskutierten logischen Schaltungen. Darauf einzugehen würde den Rahmen dieser Ausführungen jedoch sprengen.

8. Entwicklungstendenzen

Bezogen auf den heutigen Stand der Technik bieten die besprochenen "harten" physikalischen Grenzen noch etwa zwei Größenordnungen Entwicklungsspielraum (etwas mehr bei der Integrationsdichte, etwas weniger bei der Schaltgeschwindigkeit). D.h. man wird mehr Fortschritt bezüglich der Steigerung des Integrationsgrades erwarten und weniger bei der Steigerung der Verarbeitungsgeschwindigkeit, ein Trend, der sich schon in den letzten Jahren deutlich ausprägte. Selbstverständlich wird es weiterhin großer Forschungs- und Entwicklungsanstrengungen bedürfen, um auf diesem Wege erfolgreich weiterzukommen. Vermutlich wird es wirtschaftlich nicht sinnvoll sein, die hier beschriebenen Grenzen in der Praxis voll auszuloten.

Insgesamt gesehen wird die Entwicklung großintegrierter Schaltungen zwar - wie schon erwähnt - nach und nach in ein ruhigeres Fahrwasser kommen, aber mit einem Abschluß ist nicht vor der Jahrtausendwende zu rechnen.

9. Schlußbetrachtungen

Die Silizium-Chip-Technologie wird auf absehbare Zeit ihre dominierende Stellung in der Mikroelektronik behalten und sogar ausbauen. Andere -"konkurrierende"- Technologien haben es sehr schwer dagegen anzurennen, da allein schon die riesigen Investitionen, die weltweit in der Silizium-Technologie stecken, perpetuierend wirken. Lediglich dort, wo Silizium technische Lücken offenläßt, wo es deutlich unterlegen oder prinzipiell ungeeignet ist, können sich andere Technologien durchsetzen. Drei davon seien noch kurz vergleichend angesprochen:

9.1 Galliumarsenid

Durch die etwa 5mal höhere Elektronenbeweglichkeit erlauben Bauelemente aus GaAs höhere Schaltgeschwindigkeiten als vergleichbare Si-Elemente. Allerdings sind nur GaAs-MOSFETs technisch brauchbar, sie stehen mit bipolaren Siliziumtransistoren geschwindigkeitsmäßig in Konkurrenz. Die GaAs-MOSFET-Technologie ist zwar im Prinzip einfacher als die Si-Bipolar-Technologie, aber noch nicht so ausgereift [29]. Für sehr schnelle Schaltungen mit mittlerem Integrationsgrad gewinnen z.Zt. GaAs-Schaltungen an Boden [3o]. Für ultraminiaturisierte höchstintegrierte Schaltungen, bei denen sich die Laufzeitgrenzen für Si und GaAs etwa gleichermaßen auswirken, treten die schaltgeschwindigkeitsmäßigen Vorteile von GaAs kaum noch entscheidend auf, so daß es fraglich bleibt, ob sich hier GaAs gegenüber Silizium durchsetzen wird [31].

Unberührt hiervon und unbestritten bleibt die dominierende Rolle von GaAs bei optoelektronischen Schaltungen, wo es (als Halbleiter mit überwiegender direkter Elektron-Defektelektron-Rekombination) Silizium - mit vorwiegend indirekter Rekombination - prinzipiell überlegen ist.

9.2 Josephson-Elemente

Supraleitende Schaltungen mit Josephson-Elementen, die bei der Temperatur von flüssigem Helium betrieben werden, sind der Zimmertemperatur-Silizium-Technologie bezüglich der thermischen Begrenzungen deutlich überlegen [2O]. Ihre Verlustleistung ist um mehr als 2 Größenordnungen geringer als diejenige von Halbleiterschaltungen bei Zimmertemperatur. Solche Schaltungen könnten sich daher bei Großsystemen durchsetzen, bei denen thermische Begrenzungen von entscheidender Bedeutung sind. Für Gebrauchselektronik und Kleinsysteme aller Art ist diese Technologie jedoch wegen des Kühlaufwandes unzweckmäßig. Die Josephson-Technologie ist vorerst im

Forschungsstadium, und es wird noch Jahre dauern, ehe an eine Markteinführung gedacht werden kann.

9.3 Magnetblasen-Technologie

Die Magnetblasen-Technologie ist keine elektronische Allround-Technologie im Sinne der Silizium-Technologie und kommt daher nicht als Substitutionstechnologie in Frage. Die Magnetblasen-Technologie eignet sich lediglich für serielle digitale Speicher im mittleren Geschwindigkeitsbereich etwa zwischen den Hochgeschwindigkeits-Halbleiterspeichern (typische Zugriffszeiten einige 100 nsec) und den langsamen, rotierenden Magnetplattenspeichern (typische Zugriffszeiten im msec-Bereich und darüber). Diese technische Nische ist möglicherweise zu klein, um eine neuartige Technologie wirtschaftlich zu rechtfertigen (auch wenn sie sich prozeßmäßig stark an Verfahren der Silizium-Chip-Technologie anlehnt). Bisher haben nur wenige Firmen in dieser Technologie marktreife Produkte entwickelt und einige davon sind kürzlich sogar wieder ausgestiegen. Die Chancen dieser Technologie werden z.Zt. eher skeptisch beurteilt, auf keinen Fall wird sie bezüglich Ausmaß und Bedeutung mit der Silizium-Chip-Technologie vergleichbar werden.

10. Folgerungen

Die Silizium-Chip-Technologie, insbesondere in ihrer höchstentwickelten Form der Größtintegration (VLSI) ist heute ein bedeutender Industriezweig mit außergewöhnlichen Steigerungsraten und guten Zukunftschancen. Die moderne Industriegesellschaft ist ohne diese Technologie nicht mehr denkbar.

Literatur

[1] Rüchardt, H., Integrierte Halbleiterschaltungen auf dem Weg zur Größtintegration. E und M, Jg. 95, H. 6/7, S. 292-301

[2] Spenke, E., Heywang, W., phys. stat. sol. (a), 64, S. 11-44 (1981)

[3] Semiconductor International, Mai 1981, S. 24

[4] Lyman, J., Scaling the barriers to VLSI's fine lines. Electronics, 19. Juni 1980, S. 115-126

[5] Watts, R.K., Advanced Lithography, in BARBE, D.F.(Ed.): Very Large Scale Integration (VLSI), Springer-Verlag (1980), S. 42-85

[6] Lepselter, M.P., X-ray lithography breaks the submicrometer barrier. IEEE Spectrum, Mai 1981, S. 26-29

[7] Fullagar, D., CMOS comes of age. IEEE Spectrum, Dezember 1980, S. 24-27

[8] Rosenberg, R., Kuan, T.-S., Hovel, H.J., Applications in energy, optics and electronics. Physics Today, Mai 1980, S. 40-49

[9] Keyes, R.W., The Evolution of Digital Electronics Towards VLSI. IEEE Trans. El. Dev. Vol. ED-26, No. 4 (1979), S. 271-279

[10] Brews, J.R., Fichtner, W., Nicollian, E.H., Sze, S.M., Generalized Guide for MOSFET Miniaturization. IEEE Electr. Dev. Letters, EDL-1 No. 1, Januar 1980, S. 2-4

[11] Cooper, J.A.Jr., Limitations on the Performance of Field-Effect Devices for Logic Applications. Proc. IEEE Vol. 69, No. 2 (1981), S. 226-231

[12] Fraser, D.L., Boll, H.J., Bayruns, R.J., Wittwer, N.C., Fuls, E.N., Gigabit logic circuits with scaled NMOS. Digest of Technical Papers, ESSCIRC(1981), VDE-Verlag GmbH, S. 202-204

[13] Hess, K., Holonyak, N.Jr., Hot electrons in layered semiconductors. Physics Today, Okt. (1980), S. 40-47

[14] Dennard, R.H., et.al., IEEE J. Solid-State Circ. Vol. SC-9 (1974), S. 256-268

[15] Folberth, O.G., Signalfortpflanzung in integrierten Schaltungen. Int. Elektr. Rundsch. (1974), Nr. 1, S. 9-12 und Nr. 2, S. 29-31

[16] Chao, H.H., et.al., A 34 μm^2 DRAM Cell Fabricated with a 1 μm Single-Level Polycide FET Technology. Digest IEEE Int. Sol.-State Circuit Conf. (1981), S. 152 und 153

[17] Mohammadi, F., Silicides for Interconnection Technology. Solid-State Technology, Januar 1981, S. 65-72 und S. 92

[18] Meindl, J.D., et.al., Circuit Scaling Limits for Ultra-Large-Scale Integration. Digest IEEE Int. Sol.-State Circuit Conf. (1981), S. 36 und 37

[19] Folberth, O.G., The Interdependence of Geometrical, Thermal and Electrical Limitations for VLSI Logic. IEEE Journ. Solid-State Circ. Vol. SC-16, No. 1 (1981), S. 51-53

[20] Keyes, R.W., Fundamental Limits in Digital Information Processing. Proc. IEEE, Vol. 69, No. 2 (1981), S. 267-278

[21] Ströhle, D., Wilberscheid, G., Softfehler durch Alpha-Teilchen bei dynamischen 16K-Speichern. NTZ-Archiv, Heft 5 (1979), S. 113-119

[22] Ziegler, J.F., Lanford, W.A., Effect of Cosmic Rays on Computer Memories. Science 206 (1979), S. 779-788

[23] Electronics, 17. April (1980), S. 531-563

[24] Friedrich, H., Technische und wirtschaftliche Grenzen der Strukturverkleinerungen bei VLSI. NTG-Fachberichte Bd. 77 (1981), S. 26-29

[25] Semiconductor International, Mai (1981), S. 20

[26] Folberth, O.G., Bleher, J.H., Grenzen der digitalen Halbleitertechnik. NTZ Bd. 30, H.4 (1977), S. 307-314

[27] Keyes, R.W., Physical Limits in Semiconductor Electronics. Science Vol. 195 (1977), S. 1230-1235

[28] Wallmark, J.T., Fundamental limitations in microelectronic circuits. Inst. of Phys. Conf. Series Vol. 25 (1975), S. 133-167

[29] The future of GaAs. Electronic Design, 7. Juni (1980), S. 78 u. 79

[30] Eden, R.C., Welch, B.M., GaAs Digital Integrated Circuits for Ultra High Speed LSI/VLSI, in BARBE, D.F. (Ed.): Very Large Scale Integration (VLSI), Springer-Verlag (1980), S. 128-177

[31] Keyes, R.W., GaAs High-speed Logic, in PAINKE, H. (Ed.): Digital Technology, Status and Trends, R. Oldenbourg Verlag (1981), S. 253-273

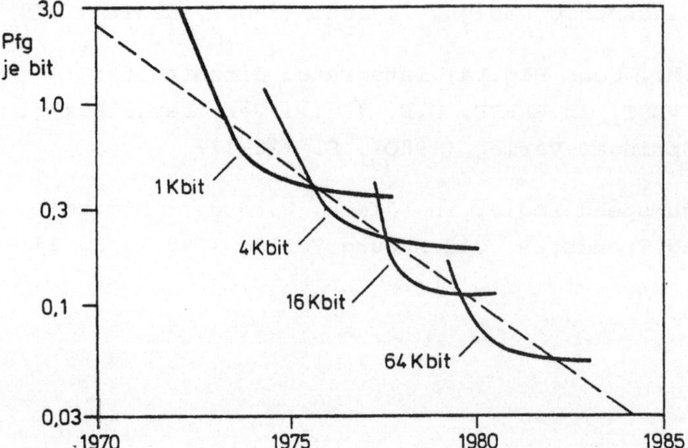

Abb. 1. Bit-Preis-Entwicklung für dynamische MOS-Speicher mit freiem Zugriff (Random Access Memory)

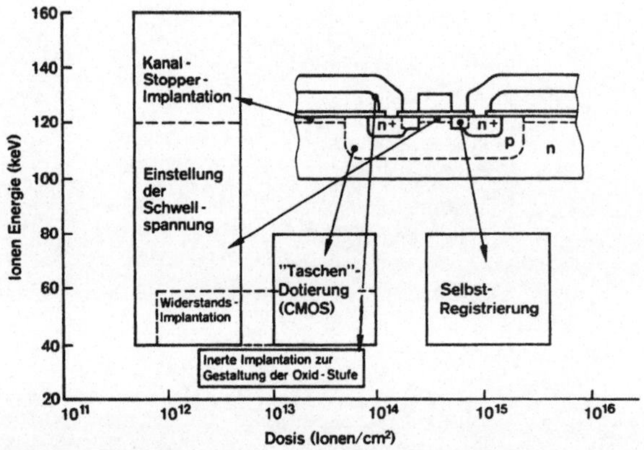

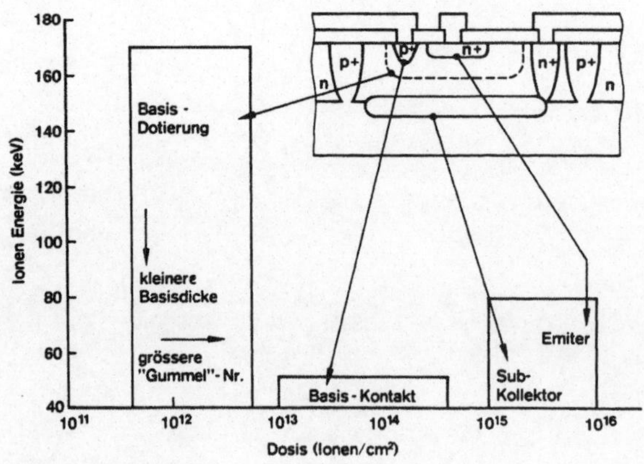

Abb. 2. Ionen-Energie und Dosis typischer Implantationen in der Transistor-Fertigung

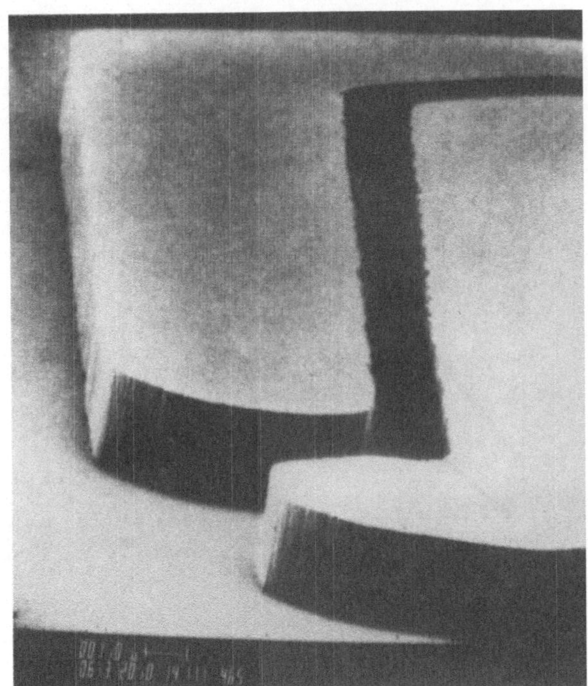

Abb. 3. Schmaler, tiefer Graben in einer dicken Fotolackschicht von etwa 1 µm Breite, erzeugt durch Röntgenstrahlbelichtung und anschließendes Trockenätzen

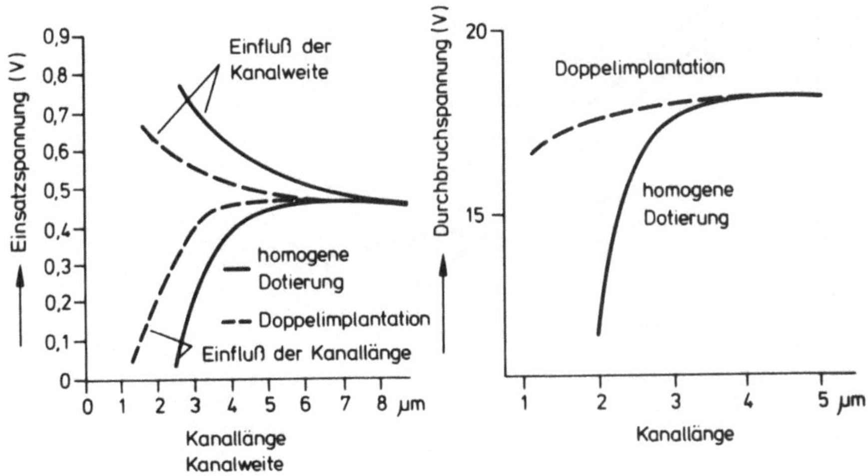

Abb. 4. Geometrieabhängigkeit von Transistoreigenschaften

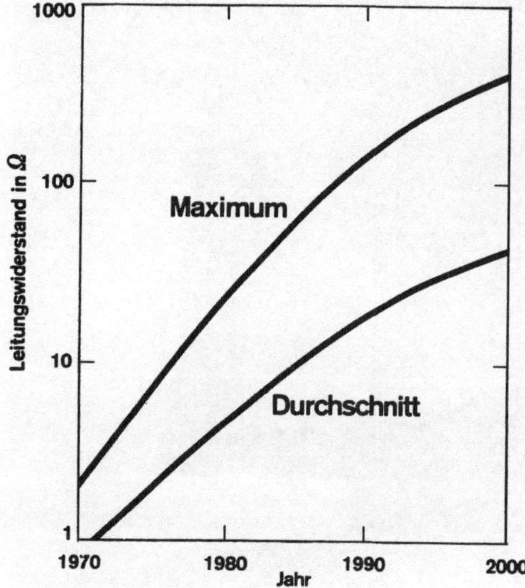

Abb. 5. Trend für den Widerstand von AL-Leitungen bei logischen VLSI-Chips (nach R.W. Keyes IEFEE Trans. El. Dev. ED-26, 271 (1979))

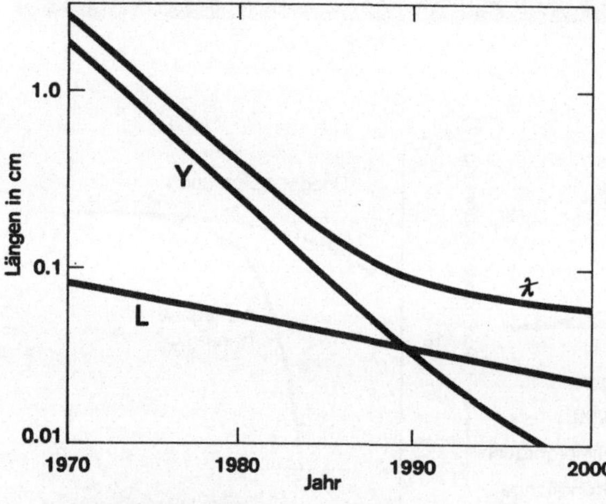

Abb. 6. Trend für die Übertragunsleitungseigenschaften von Al-Leitungen auf logischen VLSI-Chips (nach R.W. Keyes Proc. IEFE 69, 267 (1981))

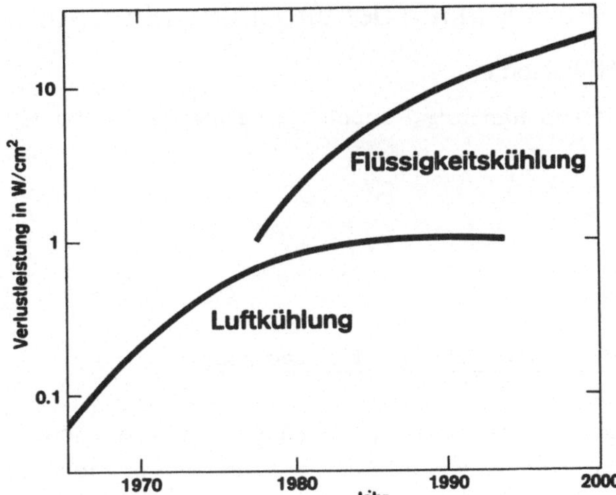

Abb. 7. Trend für die maximale Verlustleistung von VLSI-Chips (nach R.W. Keyes IEFE Trans. El. Dev. ED-26, 271 (1979))

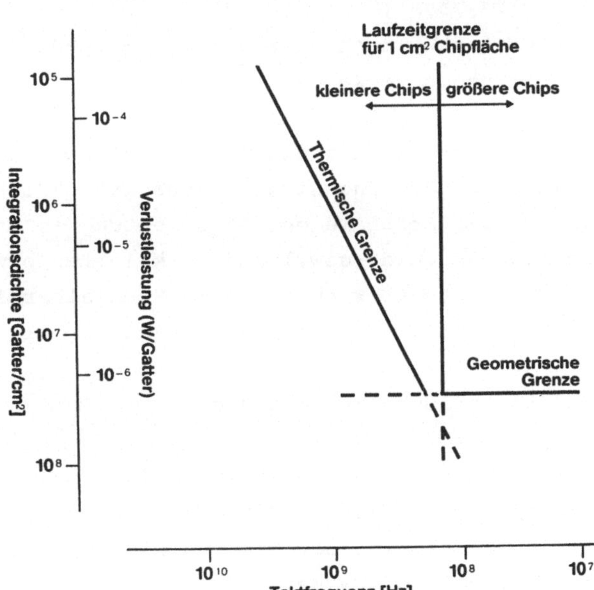

Abb. 8. Geschwindigkeits-Leistungs-Dichte Diagramm für Silizium Logik bei Zimmertemperatur

Auswirkungen der Großintegration auf die Industrie

H. Weinerth

Valvo Hamburg, Burchardstraße 19, 2000 Hamburg 1

1. Einführung in die Technik

Mikroelektronik ist ein Begriff, der heute Politikern und Interessenvertretern als Schlagwort flüssig von der Zunge geht

- häufig beladen mit Emotionen
- häufig befrachtet mit Ideologien
- häufig aber auch verklärt mit Wunschdenken und dadurch unrealistische Hoffnungen weckend.

Mikroelektronik ist ein Teilgebiet der Elektronik und diese wiederum ein Teilgebiet der Ingenieurwissenschaft "Elektrotechnik". Die Elektronik umfaßt die Probleme der Stromleitung in Halbleitern (Silizium, Germanium, Gallium-Arsenid, usw.) und evakuierten bzw. gasgefüllten Röhren. Röhren finden heute aber nur noch in Spezialbereichen Anwendung, so daß man heute unter Elektronik zumeist die Halbleiter-Elektronik versteht.

1.1 Historische Entwicklung

Die Entwicklung der Halbleiterelektronik begann[1)]mit der Entdeckung des Transistors im Jahre 1948 durch Bardeen, Shockley und Brattain in den Bell-Laboratories der Western-Electric in Murray-Hill, USA. Man erkannte sehr schnell die wesentlichen Vorteile des Transistors gegenüber der Elektronenröhre, so daß zuerst in den USA, dann auch in Europa, der erste große Substitutionsprozeß innerhalb der Elektronik ablief.

---

1) Entwicklung vor dem 2. Weltkrieg:
1874 Entwicklung der Gleichrichterwirkung von Kontakten zwischen Metall und Halbleiter durch Ferdinand Braun
1930 Patent "Kristallverstärker" für Julius Otto Lilienfeld
1936 Arbeiten von Pohl über "Ionenleitfähigkeit"
1939 Arbeiten von Schottky über "Halbleiter-Halbleiter-Übergang"

Dieser Substitutionsprozeß war dadurch gekennzeichnet, daß die Geräte durch die neuen Bauelemente

- billiger
- kleiner
- leistungsfähiger und
- zuverlässiger

wurden. Erste in der breiten Öffentlichkeit sichtbare Auswirkungen waren das Transistorradio, später die Quarzuhr.

Ein Auftrag des amerikanischen Verteidigungsministeriums zur Entwicklung einer leistungsfähigen Elektronik für die "Minuteman-Rakete" führte Anfang der 60er Jahre in den USA zu der Idee, die einzelnen Transistoren nicht mehr getrennt aufzubauen und zu verdrahten, sondern auf einem Siliziumkristall zusammenzufassen. Der Vorteil dieser Anordnung lag auf der Hand. Die Schaltungen wurden *kleiner* und *zuverlässiger*, da Lötverbindungen und Verdrahtungen zu einem erheblichen Teil eingespart wurden; weiterhin ging der Energiebedarf pro Funktion zurück.

Die neuen Bauelemente, die aus der Zusammenfassung mehrerer Transistorfunktionen auf einem Siliziumkristall entstanden, nannte man integrierte Schaltung (engl.: Integrated Circuit; IC). Sie bildeten den Ausgangspunkt zur heutigen Mikroelektronik.

Die ersten integrierten Schaltungen wurden noch mit Strukturen im Bereich von 25-30 µm realisiert, d.h. die Hälfte der Stärke eines Menschenhaares. Die IC's der ersten Jahre waren hauptsächlich analoge Schaltkreise (Differenzverstärker) mit etwa 50 Elementen pro Chip.

Lassen Sie mich als Ergebnis dieses kurzen historischen Rückblicks festhalten:

> *Die moderne Elektronik begann im Jahre 1948 mit der Entdeckung des Transistors.*
>
> *Erste integrierte Schaltungen wurden 1960 entwickelt und hergestellt und läuteten damit den Beginn der modernen Mikroelektronik ein.*
>
> *Wir haben es hier also nicht mit einem Revolutions-, sondern mit einem Evolutionsprozeß zu tun.*

1.2 Technologie

Um die außerordentliche Dynamik im Entwicklungsprozeß der Mikroelektronik zu verstehen, müssen wir uns kurz mit einigen technischen Details befassen. Ein Maß für den technischen Fortschritt bei Integrierten Schaltungen ist die Komplexität, d.h. die Anzahl elektrischer Funktionen auf einem Chip. Man unterscheidet 3 Teilgebiete:

- Strukturverkleinerung
- Vergrößerung der Chip-Fläche
- Design cleverness, d.h. Erhöhung der Funktionsdichte durch Schaltungstricks.

Die ersten beiden Teilgebiete - Strukturverkleinerung und Vergrößerung der Chip-Fläche - hängen von den technologischen Fortschritten ab.

Dem technologischen Handwerkszeug steht der Schaltungsentwurf gegenüber früher fast ausschließlich "von Hand", heute weitgehend unter Zuhilfenahme moderner Computer (CAD = Computer Aided Design).

Der Ablauf in den Entwicklungslabors der Halbleiterfirmen sieht wie folgt aus:
Zuerst muß die Schaltung, die als monolithischer Baustein entstehen soll, elektrisch funktionsfähig entworfen werden. Dies ist nur bis zu einer gewissen Komplexität als diskreter Schaltungsaufbau möglich; darüber hinaus werden die Schaltungen mit Hilfe des Computers entworfen und getestet. Die getestete Schaltung wird unter Berücksichtigung des jeweiligen Herstellungsprozesses vom Computer zur Maskenherstellung für die einzelnen Diffusions- und Ätzschritte herangezogen. Die in den Masken dargestellten Strukturen werden mittels geeigneter Lithographieverfahren auf die Kristalloberfläche übertragen und durch Diffusions- und Ätzverfahren mit ihr verbunden.

Enorme technische Fortschritte auf beiden Gebieten - Technologie und Schaltungsentwurf - haben die Herstellungsverfahren derart verfeinert, daß man heute in der Fertigung Strukturen um 2 µm sicher beherrscht. Bild 2 zeigt die durch die Verkleinerung der Strukturen, Vergrößerung der Chipfläche und Verbesserung der Schaltungsauslegung erreichte Steigerung der Elemente pro Chip. Eine Komplexität von 1 Mio. Transistorfunktionen pro Chip wird bald erreicht sein.

Lassen Sie mich aus dem Rückblick über die letzten 2 Jahrzehnte den Schluß ziehen:

1. Die Bündelung von vielen naturwissenschaftlichen Disziplinen auf ein Anwendungsgebiet hat zu einem enormen Innovationsschub geführt, der sich in der Zunahme der Funktionen pro Chip um einen Faktor 500/Dekade äußert.

2. Diese Entwicklung ist niemals sprunghaft erfolgt, es ist also - technisch gesehen - eine Evolution und keine Revolution. Ich sehe keinen Grund, warum sich dies in der überschaubaren Zukunft ändern sollte.

Integrierte Schaltungen wurden nicht nur mit mehr Elementen versehen, sie wurden gleichzeitig auch billiger. Die enorme Abnahme der Kosten pro Transistorfunktion zeigt Bild 3. Grob vereinfachend ist zu sagen:

1. Die Früchte der Innovation wurden von den Halbleiterherstellern an die Anwenderindustrie weitergegeben.

2. Der Preis für Standard-IC-Produkte (auf dem Höhepunkt ihres Produktionszyklus) ist - über 2 Jahrzehnte betrachtet - trotz wachsender Komplexität etwa konstant geblieben.[2)]

3. Die Beherrschung der Technologie zur Entwicklung der Mikroelektronik erfordert die Zusammenarbeit von hochqualifizierten Wissenschaftlern und Ingenieuren der verschiedenen Disziplinen.

4. Die Bereitstellung der Geräte und Einrichtungen zur Herstellung hochintegrierter Schaltungen erfordert von den Halbleiterherstellern auch in der Zukunft hohe Investitionen.

5. Die technologische Entwicklung der Mikroelektronik, d.h. weiter steigende Integrationsgrade und fallende Kosten, wird sich bis zur Jahrtausendwende fortsetzen. Sie bietet damit der nachfolgenden Geräteindustrie weiterhin auf Jahre hinaus ein fast unerschöpfliches Innovationspotential.

---

2) Diese starke Kostendegression in Verbindung mit dem Trend zur Digitalisierung erlaubte die kostengünstige Herstellung hochkomplexer digitaler Bausteine. Die Verbindung von "Miniaturisierung" und "Digitalisierung" war der eigentliche Grund für die stark expansive Entwicklung der Mikroelektronik

1.3 Digitalisierung

Warum die Digitalisierung heute immer weiter fortschreitet und die technische Entwicklung so begünstigt, soll im folgenden dargestellt werden.

Der griechische Begriff "analog" heißt wörtlich übersetzt "ähnlich" oder "entsprechend" und bezeichnet in der Elektronik alle kontinuierlich verlaufenden elektrischen Größen. Mit dem lateinischen Wort "digital" werden alle ziffernmäßig erfaßten bzw. dargestellten Größen umschrieben. Der Unterschied wird schnell deutlich am Beispiel der Uhr. Eine "normale" analog anzeigende Uhr hat einen Zeiger und eine Skala. Die Uhrzeit ermittelt man aus der Stellung des Zeigers auf der Skala. Bei der Digitaluhr wird die jeweilige Uhrzeit direkt ziffernmäßig angezeigt.

Da die Natur in analogen Vorgängen abläuft, ist dem Menschen die analoge Darstellungsart vom Intellekt und Wesen leichter zugänglich. Folglich sind alle technischen Geräte und Einrichtungen der Vergangenheit auf analoger Basis konzipiert und aufgebaut worden. Trotzdem wurde schon im vergangenen Jahrhundert die Grundlage der digitalen Darstellungsart geschaffen. Der englische Mathematiker George Boole (1815-1864) begründete die nach ihm benannte Bool'sche Algebra, die die Grundlage der heutigen digitalen Informationsverarbeitung darstellt. Das automatische Rechnen läßt sich mit 0 und 1 wesentlich leichter realisieren als im dekadischen System. Die beiden Zustände 0 (kein Strom) und 1 (Strom) sind für elektrische Auswertungen sehr leicht zu unterscheiden. Die "Mathematik mit 0 und 1" erlangte damals keine große Bedeutung, da dem Menschen das Rechnen im dekadischen System besser vertraut war und keine Notwendigkeit bestand, dies durch ein binäres System auszuwechseln. Erst am Anfang und in den ersten Jahrzehnten dieses Jahrhunderts folgte dann die Entwicklung der Informationstheoretischen Grundlagen der digitalen Übertragungstechnik.

Die Realisierung dieser neuen digitalen Verfahren scheiterte in der Vergangenheit immer am gleichen Problem. Die notwendigen hochkomplexen digitalen Schaltungen waren nicht im gewünschten Umfang und mit der notwendigen Zuverlässigkeit wirtschaftlich verfügbar. Die wirtschaftliche Realisierung dieser notwendigen Randbedingungen wurde erst durch die moderne Mikroelektronik in den letzten Jahren möglich. Die hiermit möglichen digitalen Übertragungstechniken (PCM = Puls-Code-Modulation) in Verbindung mit den neuen Glasfasern werden die gesamte Nachrichtenübertragungstechnik in den nächsten Jahren und Jahrzehnten umwälzen.

1.4 Bauelemente und Software

Die heute verwendeten Bausteine kann man in drei Gruppen unterteilen:

- Halbleiter-Speicher
- Mikroprozessoren/Mikrocomputer
- Logikbausteine.

Ein Kristallphoto eines Halbleiter-Speichers zeigt Bild 4. Charakteristisch für einen Speicher ist die regelmäßige Struktur seines Aufbaus, bedingt durch die Vielzahl identischer Speicherzellen. Eine Ausschnittvergrößerung stellt das Bild 5 dar, auf dem die Strukturen von ca. 3 µm Breite dargestellt sind. Diese Speicher sind typische Massenprodukte. Für sie gilt in wenigen Schlagwörtern:

- extremer Preiskampf mit weltweitem Verdrängungswettbewerb
- im Normalfall keine Marktnischenpolitik möglich
- wenig Möglichkeiten für vorteilhaften Einsatz von Ingenieurintelligenz.

Anders liegen die Verhältnisse jedoch bei der nächsten Gruppe, den Mikroprozessoren und Mikrocomputern. Ein Kristallphoto eines modernen Mikrocomputers zeigt Bild 6. Mikrocomputer sind wesentlich komplexer aufgebaut als Halbleiterspeicher. Deutlich erkennbar die nur noch partiell regelmäßige Struktur, die durch die notwendigen unterschiedlichen Funktionszonen hervorgerufen wird. Diese Mikrocomputer, die sich aus programmierbarer Logik und Speichern zusammensetzen, sind im Sinne der Halbleitertechnik keine Massenprodukte. Sie benötigen, um "zum Leben erweckt" zu werden, einen wesentlich größeren intellektuellen Aufwand als Speicher. Welche Logikfunktion wann und wie eingesetzt wird, bestimmt der Anwender durch das Programm, die sogenannte Software. Diese individuelle Software muß von hochqualifizierten Ingenieuren und Technikern generiert werden, zum Teil beim Halbleiterhersteller, zum größeren Teil aber beim Anwender, also dem Gerätehersteller. Das führt dazu, daß die Wertschöpfung hauptsächlich auf geistig-intellektuellem und nicht auf handwerklich-materiellem Gebiet liegt. Hierin liegt kurzfristig ein Problem für die Geräteindustrie.[3)]

[3)] Aus diesem Grunde wird weltweit an Systemen und Programmsprachen gearbeitet, die diesen Engpaß lösen. Mittelfristig, und hier ist der Zeitraum der nächsten 10 Jahre gemeint, dürfte aber keine entscheidende Erleichterung möglich sein. Erst weitere Strukturverkleinerungen und damit noch größere Speicherkapazitäten auf gleichem Raum lassen eine Erleichterung auf diesem Gebiet erkennen. Kurzfristig ist nur durch vermehrten Einsatz entsprechend qualifizierten Personals eine Lösung erreichbar

Was ist der technisch/wirtschaftliche Hintergrund dieser Entwicklung? Die zunehmend komplexer werdenden Mikroprozessoren und Ein-Chip-Mikrocomputer werden vom Halbleiterhersteller mit immer umfangreicheren und komfortableren Befehlssätzen versehen. Der Anwender erhält damit die Möglichkeit, das Programm seinem jeweiligen Problem anzupassen. Er kann die vorgegebenen Befehlssätze nutzen und kurzfristig seine Problemlösungen implementieren. Das bedeutet - richtig genutzt - erhöhte Flexibilität.

Der universelle Einsatzbereich der Mikrocomputer hat zur Folge, daß die Programme immer der jeweiligen Anwendung angepaßt werden können. Da der Prozeß der Programmerstellung heute und wahrscheinlich auch in Zukunft nur begrenzt automatisierbar ist, werden viele Mannjahre für die Erstellung von Programmen benötigt. Diese Umstrukturierung in den Entwicklungsabteilungen der Gerätehersteller ist eine ungeheure Herausforderung an Industrie und Bildungssystem.

Es gibt in einschlägigen Fachaufsätzen ernstzunehmende Prognosen, die für die Zukunft einen Kostenanteil für die Softwarerealisierung von 90% an den Gesamtkosten vorhersagen. (Bild 7)

In Bild 8 ist als Beispiel die Kostenverteilung zur Herstellung einer Werkzeugmaschine aus heutiger Produktion aufgegliedert. Zukünftig werden die Steuerungsfunktionen komplexer werden, was im wesentlichen zu einem erhöhten Softwareaufwand führt, da die Stellglieder und Motoren in der jetzigen Konzeption schon enthalten sind.

Lassen Sie mich festhalten:

> *Die Wertschöpfung bei Produkten, die moderne Mikroprozessoren einsetzen, liegt nur noch zum geringen Teil auf handwerklich-materiellem und fast ausschließlich auf geistig-intellektuellem Gebiet, oder anders ausgedrückt:*
> *"Weg vom Lötkolben, hin zur Software".*

1.5 Zukünftige Entwicklung

Die schon angesprochenen drei wesentlichen Säulen, die für die zukünftige Entwicklung der Mikroelektronik maßgebend sind, nämlich

- Design Cleverness
- Vergrößern der Chipfläche
- Verringern der Strukturabmessungen

werden im Bereich der Speicher vermutlich die in Bild 9 dargestellte Entwicklung der Bits pro Chip ermöglichen.[4)]

Bild 10 zeigt diese Entwicklung aufgespalten in MOS und bipolare Speicher sowie in bipolare Logik. Die MOS-Technologie wird aufgrund ihrer Vorteile für die überwiegenden Anwendungen auch weiterhin die dominierende Technik bleiben, und folglich wird ein Großteil der Entwicklungskapazität in diesem Bereich eingesetzt.

Die bipolare Logik wird immer dort vorherrschen, wo es auf hohe Verarbeitungsgeschwindigkeiten ankommt. Man muß in diesen Fällen die um den Faktor 10 geringere Komplexität - und damit die höheren Kosten - in Kauf nehmen.

Speziell die Entwicklung der MOS-Technologie ist in Bild 11 dargestellt. Die oberste Kurve stellt die Extrapolation des bisherigen Verlaufes dar. Sie berücksichtigt nicht die mit dem Ansteigen der Chipfläche überproportional wachsenden technischen und technologischen Probleme. Die aus heutiger Sicht handhabbaren technischen Probleme werden eine Entwicklung zulassen, die durch die "Maximum"-Kurve gekennzeichnet ist. Die ökonomisch sinnvollste und somit wahrscheinlichste Entwicklung wird durch die gestrichelte Linie angedeutet. Folglich wird die Chipfläche von heute 35 mm^2 asymptotisch auf ca. 300 mm^2 wachsen.

Die Verringerung der Strukturabmessungen wird - wie Bild 12 zeigt - ebenfalls einer gewissen - durch ökonomische Gesichtspunkte bestimmten - Bandbreite unterliegen. Die wahrscheinlichste Entwicklung liegt auch hier in der Mitte und wird zur Jahrtausendwende gegen Strukturbreiten von 0,2 µm konvergieren. Damit liegt man knapp eine Zehnerpotenz oberhalb der physikalischen Grenze für Strukturverkleinerungen.

Für die nähere Zukunft (bis 1985) wird ein wesentliches Ziel das Erreichen der minimalen Strukturabmessungen von 0,8 µm mit optischer Lithographie sein. Zum Unterschreiten dieser ersten physikalischen Grenze muß man auf die Röntgenstrahllithographie übergehen. Diese ist nach den heutigen Erkenntnissen nur über Synchrotronstrahlung wirtschaftlich und technisch sinnvoll zu erhalten.

---

4) Bei Prognosen dieser Art kann natürlich nur von dem heutigen Wissensstand ausgegangen werden

Trotz der hohen Kosten für neue Lithographiegeräte und Prozeßumstellungen wird sich die relative Kostenverteilung für die Entwicklung eines neuen VLSI-Schaltkreises nur unwesentlich verschieben. Wie Bild 13 zeigt, verschiebt sich der Aufwand, bedingt durch die komplexer und umfangreicher werdenden Schaltungen, zur Systementwicklung und zum Design. Daraus folgt, daß sich der Arbeitsschwerpunkt der Halbleiterhersteller langfristig von der Technologie auf die Systemseite verlagert und dies einen sehr engen Kontakt zu den potentiellen Anwendern dieser Chips erfordert.

Neben den ständig steigenden Kosten für die Entwicklung von Halbleiterschaltungen spielt der stark wachsende Kapitalbedarf für den Einsatz modernster Technologien eine bestimmende Rolle. Diese Aufwendungen sind nur zu rechtfertigen, wenn ein entsprechend steigender Bedarf beim Gerätehersteller auftritt. Bild 14 zeigt eine Abschätzung des VDI-Technologiezentrums in Berlin, aus der deutlich wird, daß wir heute erst ca. 5% des Mikroelektronikbedarfs des Jahres 2000 abdecken.

2.0 Wirtschaftliche Auswirkungen

Die bisher skizzierten Trends haben natürlich ganz erhebliche Auswirkungen auf die gesamte Volkswirtschaft.

Die öffentlichen Diskussionen der letzten Jahre über Mikroelektronik hatten - trotz streckenweiser Unsachlichkeit und Polemik - ein positives Ergebnis:

> *Die Mikroelektronik ist als Schlüsseltechnologie erkannt und akzeptiert.*

In der öffentlichen Diskussion sollten wir uns darauf konzentrieren,

- die Auswirkungen zu analysieren,
- über die Mechanismen zu informieren,
- Vorschläge für eine Optimierung der positiven Auswirkungen zu machen,

und darunter möchte ich nicht Teiloptimierungen im Sinne der Wirtschaft oder der Gewerkschaften oder der Alternativen verstanden wissen.

Die technischen Möglichkeiten der Mikroelektronik machen diese zu einer Schlüsseltechnologie und damit zu einem wesentlichen Leistungsfaktor jeder Volkswirtschaft hochindustrialisierter Länder. Dies trifft insbesondere auf solche Staaten zu, die nicht über wesentliche Rohstoffreserven verfügen, und bei denen die Leistungsbilanz somit ganz besonders durch die kreative Wertschöpfung ihrer Produkte bestimmt wird.

Die Bundesrepublik Deutschland und Japan befinden sich in der Situation, daß sie als rohstoffarme Länder vom Export intelligenter Produkte leben müssen. Die USA dagegen haben sowohl erhebliche Rohstoffreserven im eigenen Land als auch eine technologische Führungsposition auf weiten Gebieten. Ich glaube, es herrscht kein Zweifel darüber, daß für die Bundesrepublik Deutschland mit ihrer sehr stark exportorientierten Wirtschaft die Beherrschung und konsequente Anwendung der modernen Mikroelektronik entscheidend für das Überleben im internationalen Wettbewerb sein wird.[5)]

2.1 Schlüsseltechnologie Mikroelektronik und die 5er Gruppe

Die bisherigen Erfahrungen zeigen, daß in der Bundesrepublik im wesentlichen fünf Industriezweige von der Mikroelektronik nachhaltig beeinflußt werden (Bild 15). Diese sogenannte "5er Gruppe" wird gebildet aus

- der Elektrotechnik
- der Büro- und Datentechnik
- dem Maschinenbau
- der feinmechanischen Industrie
- der Kraftfahrzeugindustrie

mit jeweils sich verschiebendem Schwerpunkt. Momentan liegt der Schwerpunkt - wenn man die Elektrotechnik ausklammert, da sie praktisch fachübergreifend wirkt - bei der Büro- und Datentechnik. Die feinmechanische Industrie wurde teilweise schon nachhaltig beeinflußt (Uhren, Nähmaschinen) und teilweise noch nicht bzw. wenig beeinflußt. Erst in den nächsten Jahren wird der Maschinenbau, bedingt durch die Vielzahl der notwendigen Sensoren und Aktuatoren, wesentlich beeinflußt. Ähnliches gilt für die Kraftfahrzeugindustrie.

---

5) Diese These ist für alle Wirtschaftszweige gültig oder wird es früher oder später werden. Zuerst, und mit den bekannten dramatischen Folgen, wurde die deutsche Uhrenindustrie von der Mikroelektronik beeinflußt

Diese fünf Industriezweige sind alle noch Wachstumsindustrien. Sie haben am gesamten Industrieprodukt einen Anteil von 33%. Entscheidend ist jedoch, daß sie 50% des Exports ausmachen.

Der Grad der Beeinflussung weiterer Industriezweige durch die Mikroelektronik kann ebenfalls Bild 15 entnommen werden. Hier wird deutlich, daß die Industriezweige, die mehr als 2/3 des Gesamtumsatzes der deutschen Industrie bestreiten, direkt oder indirekt von der Mikroelektronik betroffen sind. Folglich wird die Mikroelektronik unseren zukünftigen Lebensstandard entscheidend beeinflussen.

2.2 Innovationspotential der Mikroelektronik

Die breite industrielle Einsetzbarkeit macht die Mikroelektronik zu einer Schlüsseltechnologie schlechthin. Wirtschaftlich gesehen ist sie auf der einen Seite ein Instrument zur Rationalisierung und/oder Verbesserung bestehender Produkte und Produktionsverfahren; auf der anderen Seite eröffnet sie Möglichkeiten für neue Produkte und Dienstleistungen.

Von den heute geschätzten ca. 25.000 Anwendungen der Mikroelektronik will ich im folgenden einige beispielhaft herausgreifen - und zwar auf den Gebieten:

- Datenverarbeitung
- Meß-, Steuer- und Regeltechnik
- Nachrichtentechnik
- Unterhaltungselektronik.

Die *Datenverarbeitung*, das klassische Gebiet der modernen Elektronik, gewinnt durch die neuesten Entwicklungen der Halbleitertechnik eine fast beliebige Flexibilität (erreichbar durch hohe, kostengünstige Speichermöglichkeiten) und räumliche Mobilität (erreichbar durch Rechner mit geringem Gewicht und Umfang, aber hoher Leistungsfähigkeit). Der Trend zur Dezentralisierung von Rechenleistung wird sich weiter verstärken und auf Bereiche Einfluß nehmen, die früher durch Datenverarbeitungsanlagen im wahrsten Sinne des Wortes nicht erreichbar waren.

Die *Nachrichtentechnik* wird durch den Einsatz der Mikroelektronik über den reinen Nachrichtenaustausch hinaus zur Kommunikationstechnik mit praktisch unbegrenzten Möglichkeiten. Glasfaserleitungen werden in vielen

Bereichen die klassischen Kupferleitungen ersetzen: Damit kann kostengünstig eine fast unbegrenzte Übertragungskapazität zur Verfügung gestellt werden, und es läßt sich neben verbesserten Fernmeldeverbindungen genügend Platz für neue Kommunikationssysteme schaffen. Die Entscheidung der Deutschen Bundespost zur Einführung der Lichtwellenleiter in größerem Rahmen wird "unser Zusammenleben stärker verändern als es einst der Buchdruck tat" [9].

Eng mit der Dezentralisierung von Rechenleistung verbunden ist die moderne *Meß-, Steuer- und Regelungstechnik*. Es können heute nicht nur Prozesse im großindustriellen Maßstab durch Computer gesteuert werden, sondern auch in Kleinbetrieben - wie Bäckereien und Brauereien - ist die computergesteuerte Regelung wirtschaftlich durchführbar. Ergebnisse dieser weiten Verbreitung in Kleinbetriebe hinein sind nicht nur bessere Produkte, sondern auch Ersparnis von Zeit, Material und vor allem Energie. In Zeiten knapper und teurer werdender Energie bietet die Mikroelektronik eine Möglichkeit, diese optimal zu nutzen.

Die *Unterhaltungselektronik* hat schon recht frühzeitig die Möglichkeiten der Mikroelektronik genutzt und konsequent in ihre Produkte eingesetzt. Motivierend waren hier zugleich die breite Palette neuer Möglichkeiten und die Kostenvorteile bei der Fertigung und dem Service. Zukünftig wird diese Entwicklung weitergehen, mit Schwerpunkt bei Video-Kassettenrecordern, Video-Langspielplatten und digitalen Audioplatten.

In *Haushaltsgeräten* und im *Kraftfahrzeug* ist der Einsatz der Mikroelektronik heute erst in Anfängen sichtbar. Hier ist die Einführung von Mikroelektronik durch die Entwicklungsgeschwindigkeit bei Sensoren und Aktuatoren bestimmt. Durch verstärkte Forschung und Entwicklung auf diesen Gebieten werden sich hier für die Zukunft Wachstumsmöglichkeiten für die Geräteindustrie ergeben. Auch hier wird die moderne Mikroelektronik zum Schlüssel, um mit vertretbarem Aufwand optimalen Energieverbrauch zu erreichen. Der normale Otto-Motor mit seinen größtenteils noch elektromechanischen Steuer- und Regeleinrichtungen bietet noch viele Möglichkeiten für Energieeinsparungen durch moderne Technologien.

Wie diese unvollständige Auswahl zeigt, ist die Bezeichnung Schlüsselindustrie durchaus gerechtfertigt. Dies gilt nicht nur auf nationaler, sondern auch auf internationaler Ebene.

Lassen Sie mich festhalten:

Die Mikroelektronik spielt eine große Rolle bei Rationalisierungsprozessen; sie schafft aber auch neue Anwendungen in weiten Marktsegmenten und ist unverzichtbar bei Zuverlässigkeitssteigerung und Energieeinsparung.

2.3 Internationaler Vergleich

Die Auswirkungen moderner Technologie lassen sich nicht auf einen nationalen Markt beschränken. Einen Blick auf die Weltproduktion der Elektronik für 1980 und die Vorhersagewerte für 1985 soll die nächste Tabelle (Bild 16) vermitteln:

- Verdoppelung des Weltmarktes für IC's von 14 auf 28 Milliarden DM

- Erhöhung der Elektronik-Weltproduktion auf 600 Milliarden im Jahre 1985.

Aus den Zahlen geht deutlich hervor:

IC's mit einem Marktvolumen von weniger als 5% bestimmen Eigenschaften und Konkurrenzfähigkeit der gesamten Elektronikproduktion.

Die Aufteilung der Elektronik-Weltproduktion nach geographischen Gesichtspunkten und nach Industriebranchen zeigt Bild 17. Die durch die Mikroelektronik ausgelöste Entwicklung läuft im wesentlichen in den drei Räumen USA, Europa und Japan ab. Die Stärke der USA liegt auf ihrem klassischen Gebiet Datentechnik und wird auch weiterhin erhalten bleiben. Eine Umstrukturierung findet in den USA nicht statt, während in Westeuropa Wachstum und gleichzeitige Umstrukturierung erwartet wird. Die führende Position der Nachrichtentechnik wird von der Büro- und Datentechnik abgelöst. Westeuropa bleibt weiterhin führend im Produktionsvolumen der Nachrichtentechnik und der Konsumelektronik. Hier gilt es, einen in der Vergangenheit erkämpften Vorsprung Europas vor den Vereinigten Staaten zu erhalten. Japan expandiert vor allem in den Industriezweigen Büro- und Datentechnik sowie Konsumelektronik. Demgegenüber haben die Nachrichtentechnik und die Industrieelektronik geringere Bedeutung. Soweit die Strukturtrends im Elektronik-Weltmarkt.

Wenn wir die Rolle der Mikroelektronik als Schlüsseltechnologie berücksichtigen, so wird dasjenige Land die höchste Innovationskraft haben, das einen hohen Anteil von IC-Produkten (am Gesamtbauelementevolumen) hat.

Bild 18 zeigt den Anteil der integrierten Schaltungen am Bauelemente-Markt. Die führende Rolle der Vereinigten Staaten auf diesem Sektor, bedingt durch die Raumfahrt- und Militärprogramme der Vergangenheit, zeigt sich hier deutlich. Der relativ hohe Anteil an IC's in der japanischen Industrie war in der Vergangenheit nicht vorhanden. Er signalisiert das massive Vorgehen der Japaner in neuen Technologien, z.Z. vor allem angewendet im Bereich der Konsumelektronik. Sowohl West-Europa als Ganzes, als auch die Bundesrepublik Deutschland als Teil davon, erreichen nicht die japanischen Werte.

Diese Verhältnisse werden sich bis 1985 nicht ändern, jedoch sind die Steigerungsraten in den einzelnen Regionen sehr unterschiedlich. Der Zuwachs in Japan ist am größten. Dies bedeutet eine Herausforderung an die technischen Leistungen unserer Elektronikindustrie, um hier nicht in eine Abhängigkeit vom Ausland zu geraten.

Unter anderem ein Grund für die unterschiedlichen Wachstumsraten in Westeuropa und Japan ist die relativ große Zahl der IC-Hersteller in Japan, die eine bestimmte Umsatzgröße erreichen bzw. überschreiten (Bild 19). Leistungswille, Kreativität und günstigere wirtschafts- und sozialpolitische Randbedingungen, ehemals Attribute der deutschen Wirtschaft, verhelfen der japanischen Industrie zu Wachstumsraten, die selbst über denen der amerikanischen Industrie liegen.

3.0 Die Mikroelektronik in Deutschland

3.1 Begrenzungen

Die Entwicklung der Mikroelektronik in Europa und speziell in Deutschland geschah unter gänzlich anderen Vorzeichen als in Amerika.

In Amerika sind die militärischen und raumfahrttechnischen Anwendungen der Auslöser gewesen. Die enormen, staatlich finanzierten Entwicklungsbudgets dieser Bereiche versetzen die amerikanische Industrie in die Lage, kostenintensive Grundlagen- und Anwendungsforschung durchzuführen und somit die technologischen Barrieren zu überwinden. Die entstandenen Produkte wurden dazu später natürlich nicht nur für militärische und raumfahrttechnische Anwendungen genutzt, sondern auf dem gesamten Markt angeboten. So entstand die Vormachtstellung der USA auf dem EDV-Gebiet.

In Europa und der Bundesrepublik Deutschland setzte die Mikroelektronikentwicklung mit einer zeitlichen Verzögerung von einigen, allerdings entscheidenden, Jahren ein. Die Hauptgründe dafür waren

- die Anfang der 60er Jahre auf dem Elektronikgebiet immer noch wirksamen Nachkriegsfolgen

- die Zersplitterung der europäischen Märkte

- die in Deutschland fast vollständig fehlenden Bauelementemärkte für EDV und Militärelektronik.

Die deutschen Halbleiterhersteller haben durch umfangreiche Know-how-Abkommen mit amerikanischen Unternehmen, mit Ausbildungsprogrammen für Ingenieure in den USA und in Zusammenarbeit mit Hochschulen und wissenschaftlichen Institutionen den Rückstand auf technologischem Gebiet weitgehend aufgeholt.

Auf dem Produktgebiet konnte Deutschland dort Erfolge erringen, wo große geschlossene Märkte in Europa sind. So konnte die deutsche Halbleiterindustrie in den siebziger Jahren eine unbestrittene Führungsrolle in der Welt auf dem Gebiet der integrierten Schaltungen für Fernsehen erreichen.

Zum einen die Zersplitterung des europäischen Marktes und zum anderen die geringere direkte und indirekte Förderung in Europa haben zur Folge, daß die amerikanische Halbleiterindustrie in technologischer und ökonomischer Hinsicht auch weiterhin führend ist und wohl auch bleibt.

In Japan wurden durch konsequente Schwerpunktbildung zukunftsträchtige Wirtschaftszweige massiv gefördert. Seit einigen Jahren liegt der Schwerpunkt der Förderung durch das japanische Industrieministerium MITI auf Mikroelektronik und Datenverarbeitung. Dabei wird vor allem auf die Erarbeitung modernster Produktionsverfahren und innerhalb dieser wiederum auf Fragen der Ausbeutesteigerung und -sicherung größter Wert gelegt. Ohne wesentliche Raumfahrt- und Militärprogramme ist es der japanischen Industrie auf diese Weise gelungen, den amerikanischen Technologiestandard zu erreichen. Wesentliche Faktoren sind dabei auch die bekannte Technikbegeisterung der Japaner, ihr ausgeprägtes Qualitätsbewußtsein und die niedrigen Lohnnebenkosten.

Die Bundesrepublik Deutschland ist zwar in Europa führend auf dem Gebiet der Mikroelektronik. Gegenüber einem Land wie Japan reichen die derzeitigen Anstrengungen aber nicht aus, um unsere Position auf dem Weltmarkt in Innovationsprodukten zu halten oder auszubauen.

3.2 Chancen

Das Bild für unsere technische Zukunft braucht aber nicht düster gezeichnet zu werden, wenn wir rechtzeitig unsere Stärken nutzen.

Lassen Sie mich als Beispiel die mittelständische Industrie herausgreifen. Ihre Stärke war in der Vergangenheit Flexibilität und Ideenreichtum auf dem Gebiet der Mechanik. Das in diesen Bereichen vorhandene Know-how gilt es mit den Möglichkeiten der Mikroelektronik zu koppeln.[6)]

Eine Möglichkeit, wie die Mikroelektronik zur Chance für Klein- und mittelständische Unternehmen wird, ist mit dem schon erwähnten Begriff "Dezentralisierung" verbunden. Die kostengünstigen hochkomplexen Bauelemente der Mikroelektronik lassen die Realisierung von intelligenten Terminals und kleinen leistungsfähigen Rechnern zu. Die dazu notwendigen Investitionen liegen in Bereichen, die für die Kapitalausstattung kleiner Unternehmen tragbar sind. Es ist folglich nicht mehr nur dem Großunternehmen möglich, die kaufmännischen und administrativen Bereiche durch EDV-Unterstützung leistungsfähiger zu machen. Die unter der Bezeichnung Home- oder Personalcomputer in letzter Zeit bekannt gewordenen Rechner für "Jedermann", dringen schon in Anwaltskanzleien, Versicherungsagenturen, usw. vor, teilweise also bis zum Ein-Mann-Betrieb. Neben diesen autonomen Kleinrechnern kann man sich mit entsprechenden Terminals und den notwendigen Übertragungseinrichtungen Zugang zu Großrechnern verschaffen. Die Lohnbuchhaltung kann z.B. vom Terminal in der Firma mit

---

6) Die modernen Bauelemente der Mikroelektronik, wie Mikroprozessor/ Mikrocomputer und Gate-Arrays, bieten auch schon in kleinen Stückzahlen wirtschaftliche Vorteile. Die Randbedingung der Stückzahlen, die bei der herkömmlichen TTL-Logik für diese Unternehmensgruppe meist viel zu hoch lag, ist durch die o.g. Bauelemente wesentlich reduziert worden. Der Grund liegt darin, daß der Halbleiterhersteller die Bausteine in großen Stückzahlen fertigt, also preiswert anbieten kann. Erst beim Anbieter bzw. in den letzten Fertigungsschritten beim Hersteller werden diese Bausteine an die jeweilige Problemstellung angepaßt. Diese große Flexibilität bei der Geräte- und Systemkonzeption läßt die unternehmerische Initiative und technische Kreativität der mittelständischen Industrie voll zur Geltung kommen

der Großrechenanlage eines Rechenzentrums durchgeführt werden. Man spart neben dem eigenen Rechner vor allem die aufwendige Software-Wartung, die einen immer größeren Anteil bei den laufenden Kosten von EDV-Anlagen ausmacht.

Das wichtigste Bauelement der Mikroelektronik, der Mikroprozessor, eröffnet weitere Chancen für Klein- und Mittelbetriebe. Dieses Bauelement vereint die Vorteile der Großserienproduktion mit der Möglichkeit, diese Produkte auch in Klein- und Mittelserien geräte- und kundenspezifisch einsetzen zu können. Damit - und darin liegt die ökonomische Bedeutung - wird eine Entwicklungsstufe erreicht, auf der traditionelle Automations- und Rationalisierungsgrenzen durchbrochen werden und die neue Technologie auch für Klein- und Mittelbetriebe zugänglich gemacht wird. Die Vielfalt der kleineren Firmen in Deutschland, die Geräte der Meß-, Steuer- und Regeltechnik erstellen, müssen sich dieses Potential zunutze machen. Ein Beispiel hierfür sind die heute fast ausschließlich elektronisch arbeitenden Waagen. Hier bietet die Software des Mikroprozessors den entscheidenden Vorteil, daß man sich schnell und einfach über eine numerische Eingabe der veränderten Preis- und Mengenvorgaben anpassen kann. Das Know-how solcher meist alteingesessener Firmen, wurde mit der neuen Technologie verknüpft, und das Ergebnis sind Produkte, die auch international konkurrenzfähig sind.

Gerade im Bereich der Meß- und Regeltechnik kann aber der Mikroprozessor häufig nicht eingesetzt werden. Da hier die sogenannte "Echtzeitverarbeitung" notwendig ist, scheidet der Mikroprozessor aus; er ist für bestimmte Anwendungen noch zu langsam. Die in solchen Fällen notwendige "Hardwarelösung" ist in kleinen Serien aber nicht rentabel. Auch für dieses Problem bietet die moderne Mikroelektronik eine Lösung und eröffnet entsprechenden Firmen weitere Chancen. Bild 20 zeigt die verschiedenen Lösungsmöglichkeiten auf. Je nach Komplexität, erforderlicher Geschwindigkeit und Stückzahl wird man sich für eine dieser Möglichkeiten entscheiden. Die "Gate-Arrays" z.B. sind Bauelemente, die in großen Stückzahlen erstellt und erst in den letzten Fertigungsschritten mit der vom Gerätehersteller bestimmten Logik versehen werden. Mit diesem Bauelement kommt der Halbleiterhersteller dem Gerätehersteller sehr entgegen. Zum einen ist es ein Massenprodukt mit den entsprechenden Preisvorteilen, und zum anderen kann der Gerätehersteller seine individuelle Logik in einem Chip realisieren. Technisch gesehen ist das "Gate-Array" vor der kundenspezifischen Festlegung nichts weiter als eine Ansammlung logischer Schalteinheiten, den sogenannten Gattern. Diese werden in der Massenherstellung produziert, aber - und das ist das entscheidende - nicht miteinander verbunden. Diese Verbindungen der Gatter, die die logische Gesamtfunktion der Chips erst festlegen, geschehen nach dem Wunsch des Kunden während der letzten Fertigungsschritte. Dadurch wird aus dem Massenprodukt ein individueller Logikbaustein. Dieser ersetzt manchmal 50 und mehr herkömmliche Logikbausteine, was neben der höheren Zuverlässigkeit und dem geringeren Raumbedarf zu insgesamt niedrigeren Systemkosten und damit zu verbesserter Konkurrenzfähigkeit führt.

Dieses Bauelement läßt folglich auch in kleinen Serien eine individuelle und kostengünstige Hardwarelösung zu. Es vereinigt damit die Vorteile der Hardware-Logik mit der Flexibilität der Kleinserie, die für Klein- und Mittelbetriebe charakteristisch ist.

Neben der Flexibilität kleiner und mittlerer Unternehmen spielt aber auch die Geschwindigkeit der Umsetzung neuer Technologien eine große Rolle.

Für die technologische, organisatorische und finanzielle Lösung der Anpassungs- und Umstellungsprobleme wurde in der Bundesrepublik Deutschland seit einigen Jahren eine entsprechende Infrastruktur ausgebaut. Einrichtungen wie Fraunhofer-Gesellschaft, Max-Planck-Gesellschaft und verschiedene Hochschulinstitute kooperieren eng mit den einschlägigen Halbleiterfirmen, so daß neue technologische Entwicklungen sofort in industrielle Anwendungen umgesetzt werden können.

Der Technologietransfer in die klein- und mittelständische Industrie wird durch das VDI-Technologiezentrum Berlin und regionale Einrichtungen der Handelskammern und Verbände gefördert und unterstützt. Neben wissenschaftlich-technischer Beratung können im Rahmen von Förderungsvorhaben finanzielle Mittel vom Land und Bund gewährt werden.

Alle diese Maßnahmen sollen die in Bild 21 dargestellten Hindernisse bei der Anwendung der Mikroelektronik (hier am Beispiel des Maschinenbaus) überwinden helfen.

4.0 Schlußwort

Die Nutzbarmachung der Innovationskraft von Mikroelektronikprodukten stellt eine ungeheure Herausforderung für jede Industrienation dar. Es gilt die Chancen zu nutzen, um den Einsatz "sinnvoller" Technik zu stärken.

Das dominierende Problem sind aber fehlende oder nicht hinreichend qualifizierte Mitarbeiter. Die neue Technik hat veränderte Anforderungen an unser Bildungssystem und an die Struktur der Beschäftigten zur Folge. Die Lösung dieser Probleme wird letztlich darüber entscheiden, ob wir die neuen Technologien konsequent anwenden können und somit international konkurrenzfähig bleiben oder nicht.

Mein besonderer Dank gilt den Herren Dr.-Ing. Wolfgang Kern, Dipl.-Phys. Horst Schnautz und Dipl.-Ing. Peter Merkel für ihre Mitarbeit.

Literatur

[1] Schubert, J., Basisinnovationen stehen am Anfang von Wirtschaftszyklen, Technische Rundschau 54, (1978) S. 1-3

[2] Lorenz, G., Einfluß der Mikro-Elektronik auf Verbrauchsgüter und medizinische Systeme. Vortrag, gehalten anläßlich der EUROCON 1980, Stuttgart am 24.3.1980

[3] Lorenz, G., The diffusion of emerging technology among industrial countries: direction speed and channels. Symposium of emerging technology, Kiel, June 24-26, 1981

[4] Weinerth, H., Die Mikroelektronik für morgen und übermorgen. Funkschau 1980, Heft 1

[5] Biethahn, J., Staudt, E., u.a., Angewandte Innovationsforschung 2: Automation in Industrie und Verwaltung. Erich Schmidt Verlag, Berlin (1981)

[6] Lohmann, F., Mikroelektronik - Chance für die mittelständische Industrie. Elektronik 1981, Heft 1

[7] Hidden, G., Die Mikroprozessoren - Aufbau, Funktion und soziale Folgen einer Technologie. Verlag Die Arbeitswelt, Berlin (1979)

[8] Staudt, E., Innovation durch Mikroelektronik. Berichte aus der angewandten Innovationsforschung No. 10, Fachbereich Wirtschaftswissenschaften, Universität Duisburg

[9] Steinbuch, K., Maßlos informiert - Die Enteignung des Denkens. Wilhelm Goldmann Verlag (1979)

[10] Hofmeister, E., Mit der Mikroelektronik in das letzte Viertel dieses Jahrhunderts. Sonderdruck aus Siemens-Zeitschrift

[11] Weinerth, H., Mikroelektronik - wirtschaftliche und gesellschaftliche Auswirkungen. Vortragsveranstaltung des VDI für Mitglieder des Deutschen Bundestages, Bonn 26.6.1980

[12] FAZ, Blick durch die Wirtschaft vom 26.8.81

[13] Kogon, E., Die Stunde der Ingenieure - Technologische Intelligenz und Politik. VDI-Verlag GmbH, Düsseldorf (1976)

[14] Dostal, W., Beschäftigungspolitische Wirkungen der Mikroelektronik. Institut für Arbeitsmarkt- und Berufsforschung, Nürnberg, Jan. 81

[15] Hirth, B., Ein Berufsstand geht unter. Bild der Wissenschaft, Nr. 3, (1981), S. 117 ff.

[16] Industriemagazin, Den Mangel zur Chance machen. August 81, S. 12 ff.

[17] Turner, G., Die Hochschulen in den 80er Jahren. Physikalische Blätter 37 (1981), Nr. 7, S. 161 ff.

[18] Managermagazin, Der willkommene Fehlalarm. Heft 8, (1981), S. 90 ff.

[19] Ingenieurbedarf und Bildungssystem, Analyse und politische Konsequenzen. Bundesvereinigung der Deutschen Arbeitgeberverbände, Köln (1981)

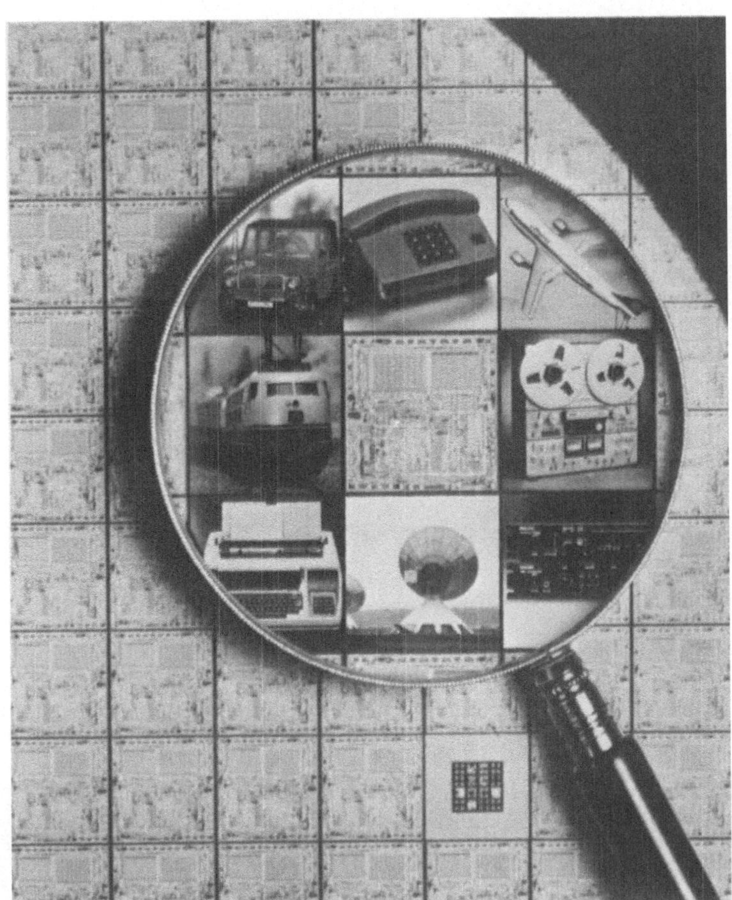

Abb. 1. Siliziumscheibe mit Mikroelektronik Chips und mögliche Anwendungsbereiche

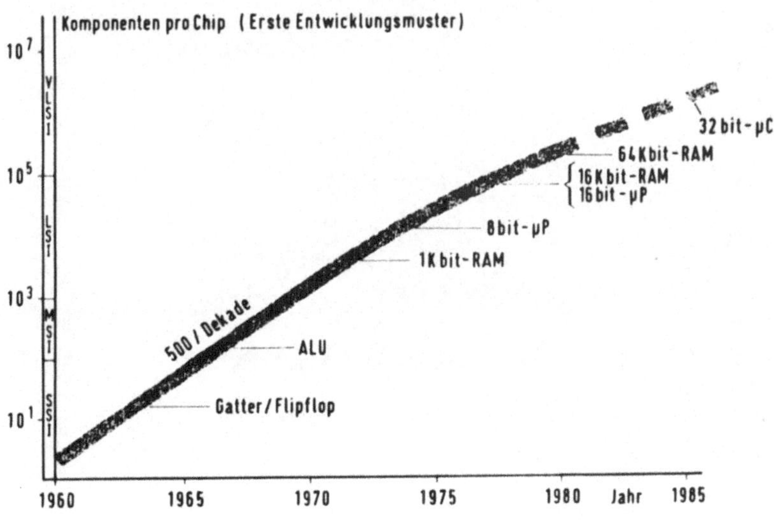

Abb. 2. Entwicklung der Komplexität bei integrierten Schaltungen

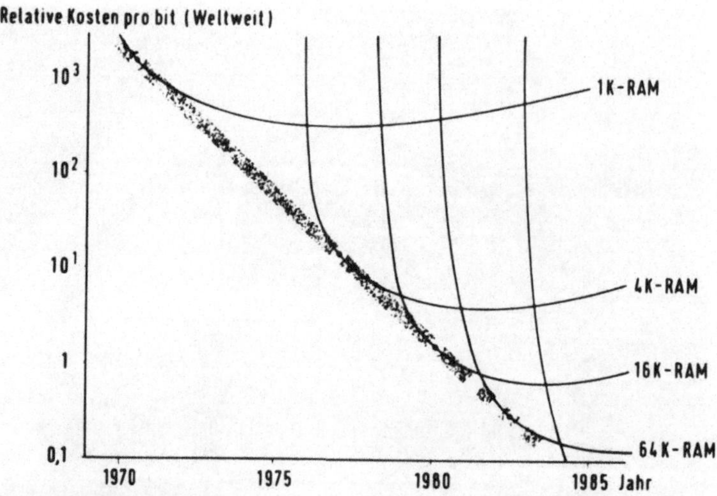

Abb. 3. Entwicklung der relativen Kosten pro bit für dynamische MOS-RAMs

Abb. 4 s.S. 45

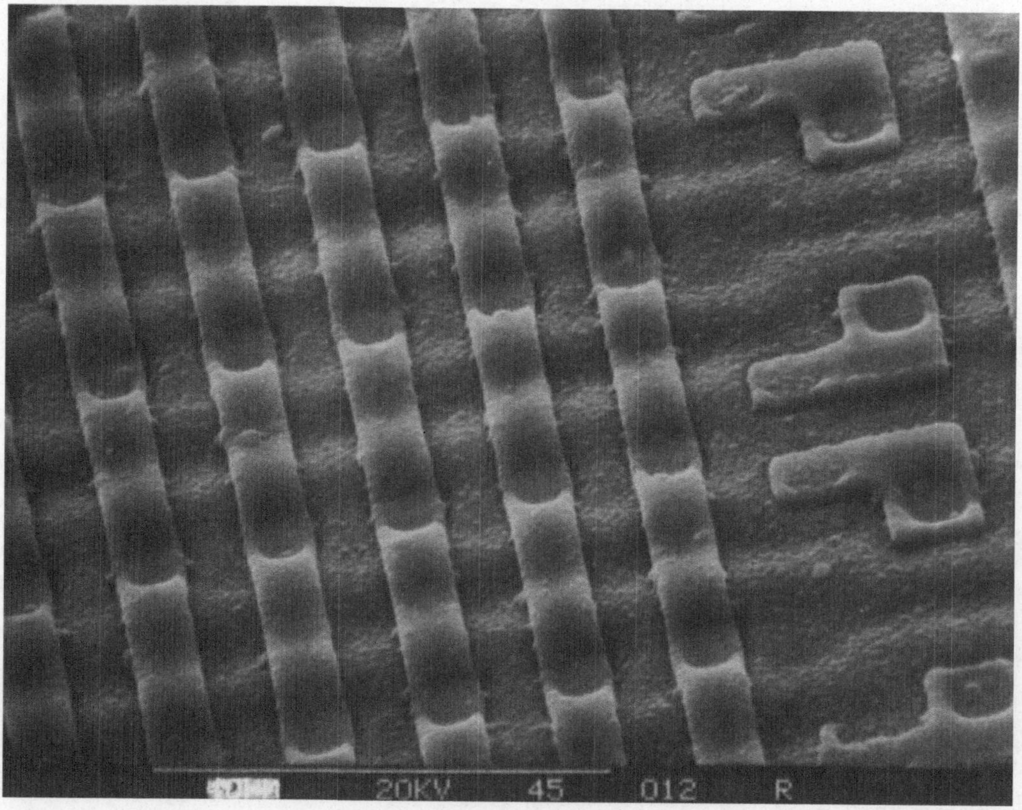

Abb. 5. Ausschnittsvergrößerung von Abb. 4

Abb. 4. Kristallphoto eines Halbleiterspeichers

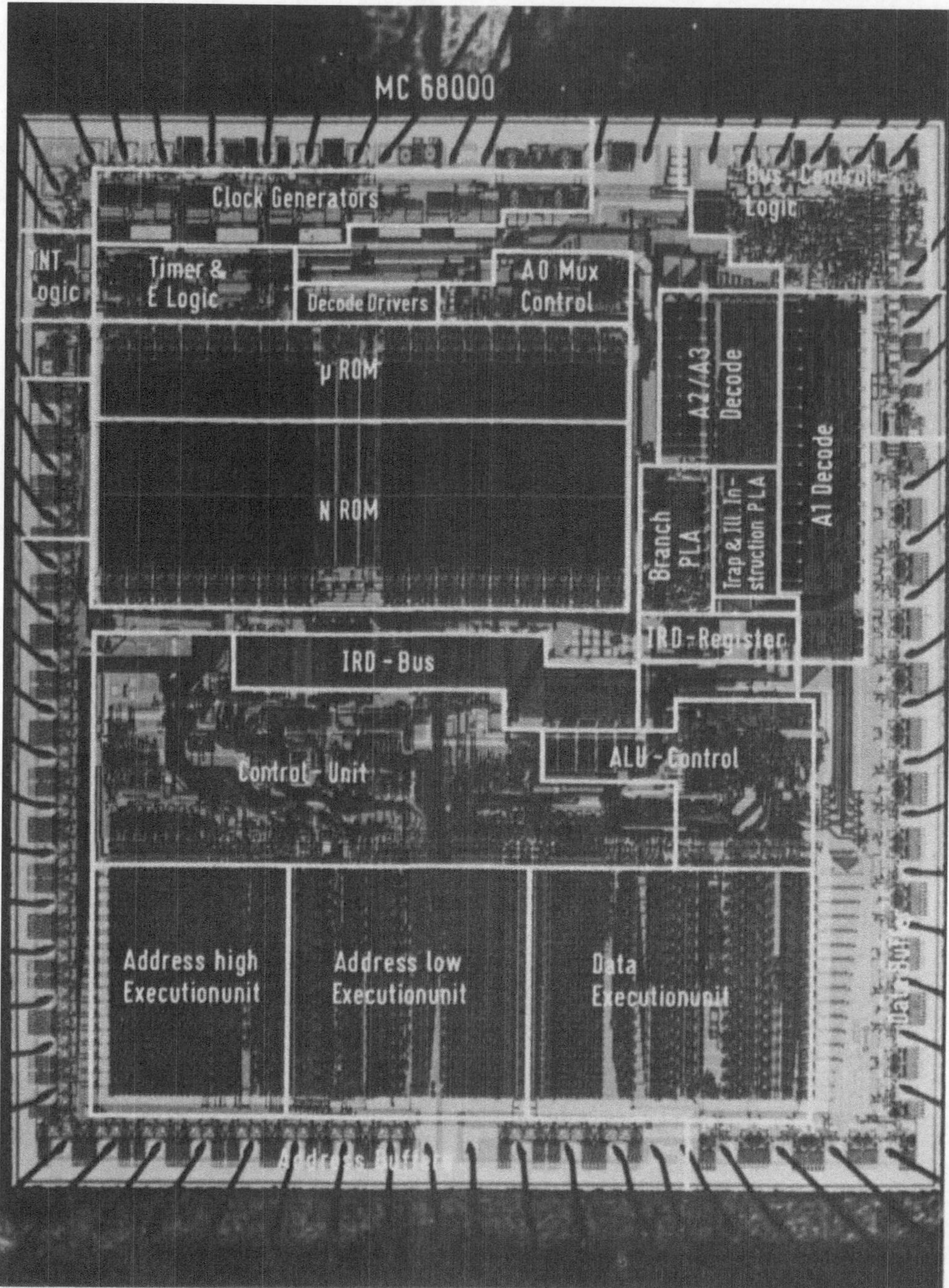

Abb. 6. Kristallphoto eines modernen Mikroprozessors

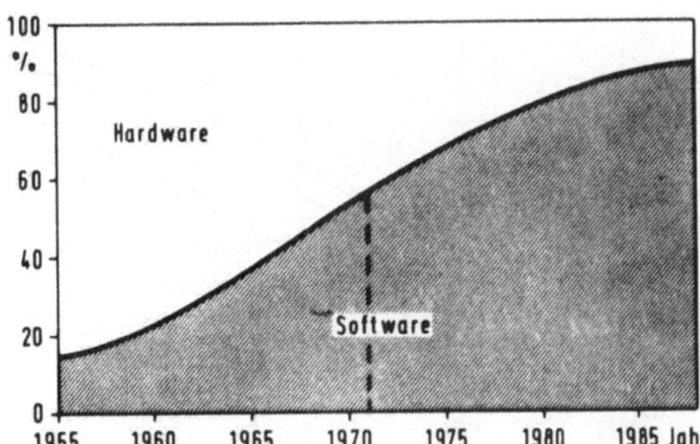

Abb. 7. Trend der Hardware/ Software-Kosten bei Großcomputern

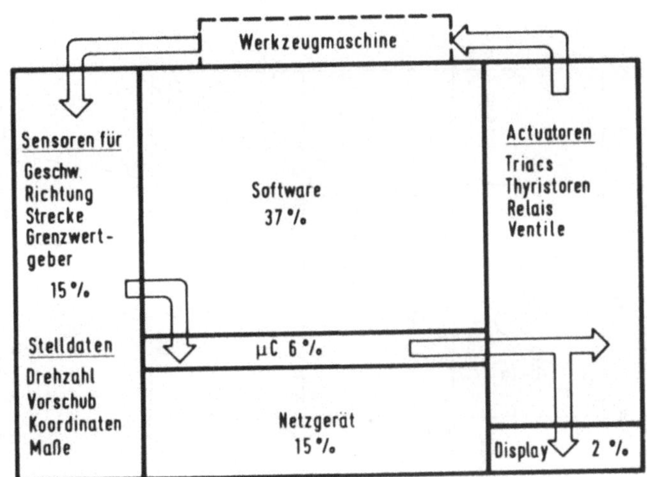

Abb. 8. Beispiel einer Werkzeugmaschinensteuerung

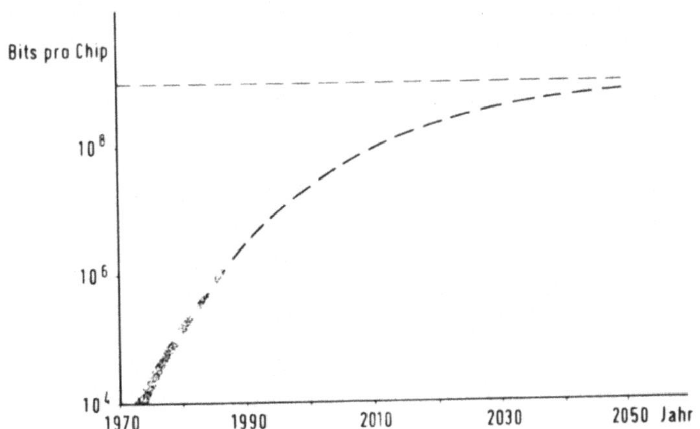

Abb. 9. Mögliche Entwicklung der Komplexität

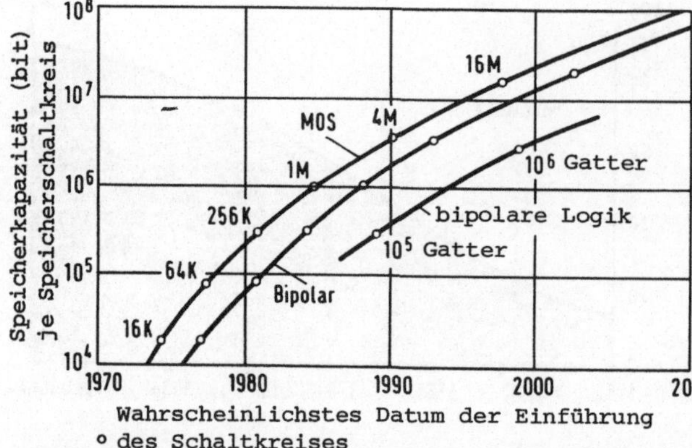

Abb. 10. Erwarteter Trend der Speicherkapazität von MOS und bipolaren Speichern als Funktion des Datums der Einführung

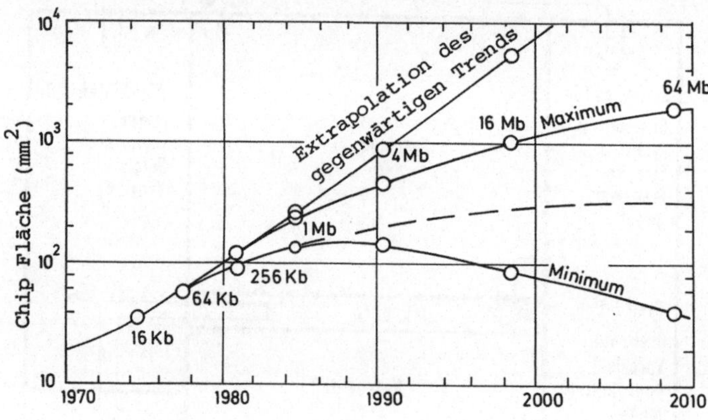

Abb. 11. Trends im Flächenbedarf von MOS Schreib/Lesespeichern zur Zeit ihrer Einführung

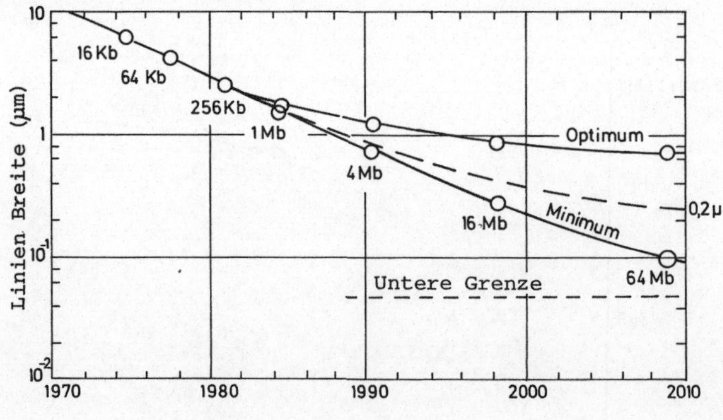

Abb. 12. Trends in der Linienbreite von MOS Schreib/Lesespeichern zur Zeit ihrer Einführung

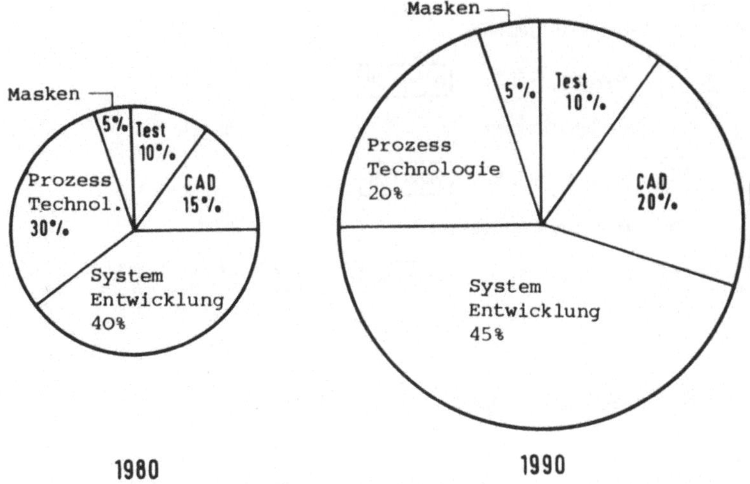

Abb. 13. Relativer Anteil der VLSI Entwicklungskosten je durchschnittlichem Entwurf

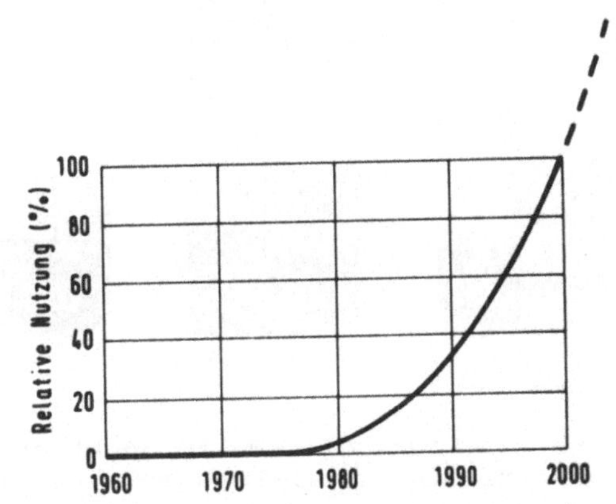

Abb. 14. Nutzung der Mikroelektronik relativ zur möglichen Nutzung im Jahre 2000

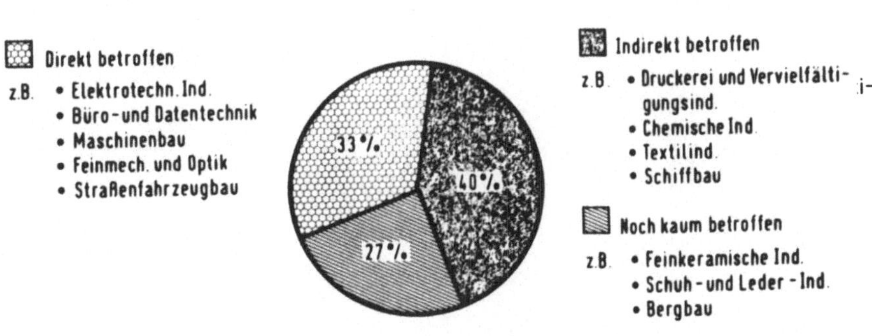

Abb. 15. Einfluß der Mikroelektronik auf Industriezweige (Industrieumsätze in %)

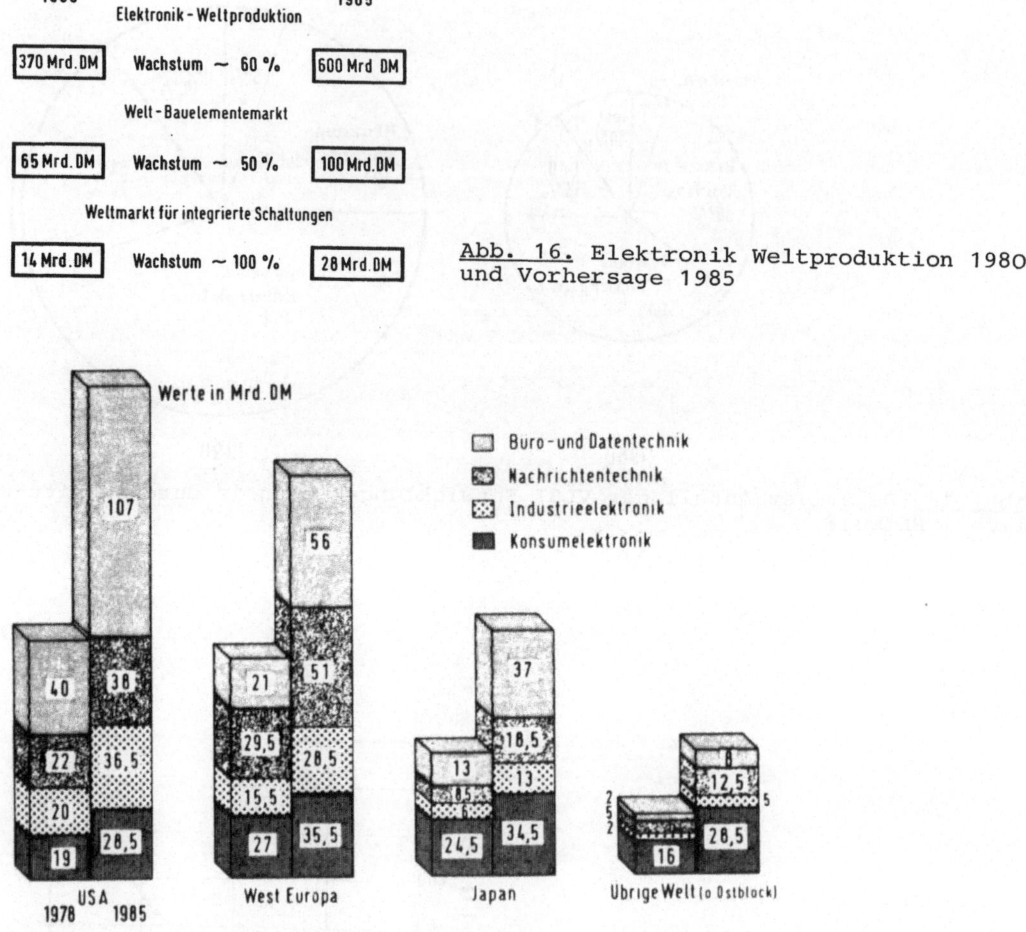

Abb. 16. Elektronik Weltproduktion 1980 und Vorhersage 1985

Abb. 17. Elektronik-Weltproduktion in Datentechnik-Nachrichtentechnik-Industrieelektronik-Konsumelektronik

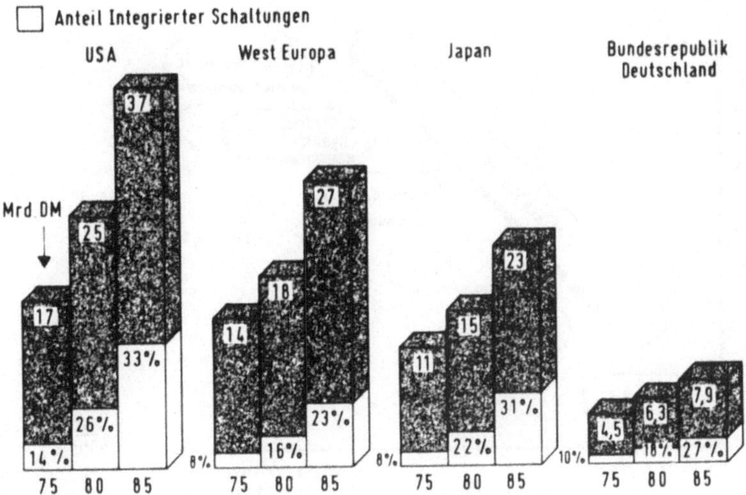

Abb. 18. Entwicklung des Welt-Bauelementemarktes von 1975 bis 1985

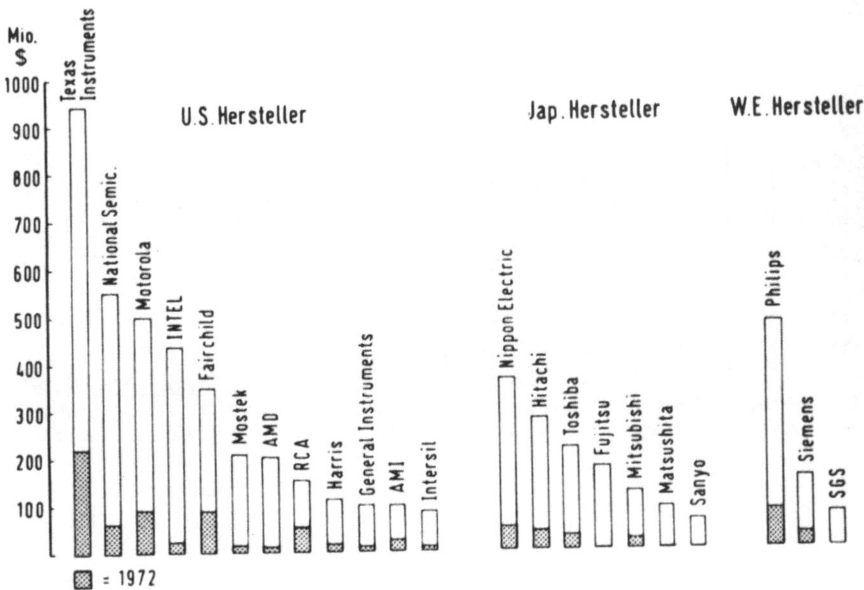

Abb. 19. Rangfolge der größten IC-Hersteller pro Region

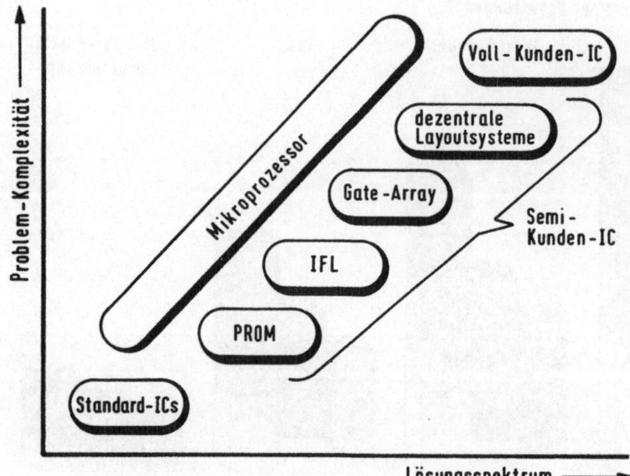

Abb. 20. Lösungsmöglichkeiten in Abhängigkeit der Problem-Komplexität

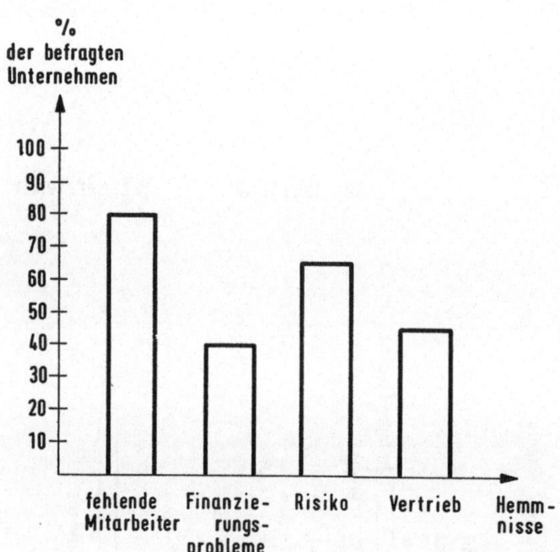

Abb. 21. Hindernisse für die Anwendung der Mikroelektronik im Maschinenbau

Auswirkungen der Entwicklungen in der Mikroelektronik auf die Fertigungstechnik

H. J. Warnecke

Fraunhofer-Institut für Produktionstechnik und Automatisierung,
Postfach 80 04 69, 7000 Stuttgart 80

1. Zur Situation des deutschen Maschinenbaus

Der Maschinenbau ist für die Industrie der Bundesrepublik Deutschland von zentraler Bedeutung. Die Gesamtbeschäftigtenzahl liegt bei 1,1 Mio. Damit ist der Maschinenbau die größte Industriegruppe der Bundesrepublik. In ihm sind 60% Lohnempfänger, davon mehr als die Hälfte Facharbeiter, tätig. Die Struktur der Maschinenbaubetriebe zeigt ein deutliches Übergewicht mittlerer und kleinerer Betriebe:

60,7 %	der Betriebe	haben	weniger	als	100,
96,6 %	"	"	"	"	"	1000
3,4 %	"	"	"	mehr	"	1000

Beschäftigte. Die letzte Gruppe repräsentiert allerdings 37,5 % aller Beschäftigten und 40,2 % des Gesamtumsatzes.

Eine Analyse der Kostenstruktur in fast 600 Maschinenbauunternehmen zeigte 1978, daß die Personalkosten rd. 42 % und die Materialkosten rd. 40 % betrugen.

Im internationalen Vergleich liegt der Maschinenbau der Bundesrepublik Deutschland umsatzmäßig an dritter Stelle, betrachtet man jedoch den Exportanteil, dann liegt er an der Spitze (bezogen auf 1979):

BR Deutschland	23,0 %	der gesamten westlichen Exporte,
USA	22,8 %	" " " ,
Japan	11,0 %	" " " .

Mit 32 Fachzweigen bietet der deutsche Maschinenbau ein weit gefächertes Produktionsprogramm an, bei dem notwendigerweise auch die unter-

schiedlichsten Produktions- und Fertigungstechniken Anwendung finden. Die nach Beschäftigten und Produktionswert größten Fachzweige sind in Bild 1 enthalten.

Vergleicht man den Jahresumsatz je Beschäftigten, so stieg dieser im Zeitraum von 1968 bis 1978 von 39 810 DM auf 97 420 DM und damit um 245 %. Im gleichen Zeitraum nahmen aber auch die Lohnkosten je Arbeitsstunde von 5,06 DM um 320 % auf 16,28 DM zu.

Da gerade im Maschinenbau die Einzel- und Kleinserienfertigung überwiegt, die beim gegenwärtigen Stand der Fertigungstechnologie nur aufwendige Rationalisierungsmöglichkeiten bieten, spielen die Lohnkosten im Verhältnis zu allen anderen Kosten eine besondere Rolle. Dabei ist zu berücksichtigen, daß 1980 neben den Löhnen für geleistete Arbeit von den Unternehmen zusätzliche Lohnnebenkosten von ca. 75 % aufgebracht werden mußten.

Betrachtet man die Automatisierung im Maschinenbau, so hat sich die numerische Steuerung als Schlüsseltechnologie entwickelt, deren wesentlicher Durchbruch in den 60er Jahren erfolgte. Die sprunghafte Entwicklung der Mikroelektronik in den 70er Jahren ermöglichte eine weitgehend dezentralisierte Anwendung der Datenverarbeitung im Maschinenbau. Der klassische Maschinenbau hatte damit seinen Abschluß gefunden. Die neue Phase des Maschinenbaus ist durch die Integration der Mikroelektronik gekennzeichnet. [1]

In Japan spricht man bei diesem Sachverhalt von "mechatronics" und bezeichnet ihren sehr rasch fortschreitenden Einsatz sogar als zweite industrielle Revolution. [2]

2. Nutzung der Computerintelligenz im Maschinenbau

Generell lassen sich zwei Anwendungsbereiche von Computerintelligenz im Maschinenbau unterscheiden:

- Der Einsatz in *Produkten* des Maschinenbaus,
- Der Einsatz in der *Produktion* des Maschinenbaus.

Beide Bereiche stellen sehr unterschiedliche Anforderungen an den Rechnereinsatz und verzeichnen deshalb auch einen unterschiedlichen Stand der Anwendung. Im folgenden soll auf beide Anwendungsbereiche näher eingegangen werden.

2.1 Anwendung der Mikroelektronik in Produkten des Maschinenbaus

Die folgenden Aussagen stützen sich im wesentlichen auf die Studie "Anwendung der Mikroelektronik im Maschinenbau" [3], die im Auftrag des VDI-Technologiezentrums Berlin durch eine Projektgemeinschaft erstellt wurde. Untersuchungsziel war die Analyse der Möglichkeiten und Wirkungen des Mikroelektronik-Einsatzes in Maschinen beim Hersteller dieser Maschinen (Bild 2).

Die Aufgaben dieser Untersuchung betrafen im einzelnen die Analyse und Bewertung folgender Fragen:

- Gegenwärtiger Einsatzstand der Mikroelektronik in Produkten des Maschinenbaus und die zu erwartende Einsatz-Entwicklung in Produkten,
- Stand der Entwicklung der begleitenden Technologien,
- Auswirkungen des Einsatzes der Mikroelektronik auf die Maschinenbaubetriebe (Maschinenhersteller),
- Analyse der Einflüsse, die den Einsatz der Mikroelektronik hemmen,
- Maßnahmen zur Nutzung der Chancen, die sich für die betroffenen Unternehmen bieten.

Im folgenden soll auf einige wesentliche Ergebnisse kurz eingegangen werden.

Ausgangssituation des Mikroelektronik-Einsatzes

Gliedert man den Steuerungsanteil von Maschinen in einzelne Teilaufgaben, so verfügt der im folgenden angegebene Prozentsatz aller Maschinenbauprodukte über derartige Teilfunktionen:

- Steuern von Vorgängen	87 %
- Regeln von Vorgängen	72 %
- Erfassen von Daten	53 %
- Prozeßführung und Optimierung	26 %
- Auswertung und Protokollieren	26 %

Insgesamt sind in 82 % aller Produktgruppen des Maschinenbaus Funktionen der oben aufgeführten Art realisiert, wobei die Unternehmen in ca. 70 % aller Produktgruppen die Mikroelektronik für einsetzbar halten. Dies verdeutlicht das erhebliche Einsatzpotential für die Mikroelektronik im Maschinenbau.

Die Vertreter der Unternehmensleitungen erwarten positive Effekte in folgenden Bereichen:

- Technische Verbesserung der Produkte durch Steigerung der Leistungsfähigkeit der Steuerungen 67 %
- Wirtschaftliche Vorteile durch Kosteneinsparungen 20 %
- Soziale Verbesserungen (hier ist eine Aufqualifizierung von Mitarbeitern gemeint) 8 %
- Verbesserung der Marktposition 5 %

Negative Auswirkungen werden mit folgender Häufigkeit erwartet:

- Negative personelle Auswirkungen (Mikroelektronik-Fachpersonal nicht vorhanden, Schulungsprobleme) 35 %
- Negative Auswirkungen auf die Kostenstruktur 31 %
- Negative technische Auswirkungen (Mikroelektronik ist unzuverlässig und störanfällig etc.) 29 %
- Verschlechterung der Marktposition 5 %

Einsatzstand der Mikroelektronik in den Produkten des Maschinenbaus

Von 100 mikroelektronik-relevanten unterschiedlichen Produkten, die 1979 im deutschen Maschinenbau hergestellt wurden, waren 5 mit einer Steuerung auf Mikroelektronik-Basis ausgestattet.

Aufgrund relativ langer Entwicklungszeiten wird die Intensität, mit der sich die Unternehmen mit dem Mikroelektronik-Einsatz auseinandersetzen, erst bei Betrachtung der Einsatzphasen der Mikroelektronik in den Unternehmen deutlich:

- 7 % haben sich überhaupt noch nicht mit Mikroelektronik beschäftigt,
- 56 % der Unternehmen befinden sich in der Informationsphase und Planungsphase,
- 25 % der Firmen befinden sich bereits in der Entwicklungs- und Erprobungsphase,
- 12 % der Firmen fertigen und vertreiben bereits Produkte mit Mikroelektronik-Anteilen.

Dabei gibt es zwischen den einzelnen Fachgemeinschaften des Maschinenbaus deutliche Unterschiede im Anwendungsstand.

Am stärksten ist die Mikroelektronik bereits in folgenden Fachgemeinschaften vorgedrungen:

- Prüfmaschinen
- Büro- und Informationstechnik
- Waagenbau
- Werkzeugmaschinen
- Näh- und Bekleidungsmaschinen
- Druck- und Papiermaschinen.

Eine Analyse der Randbedingungen der Mikroelektronik-Verwendung im deutschen Maschinenbau läßt folgende Zusammenhänge deutlich werden:

- Kleinere Betriebe weisen in der Intensität der Beschäftigung mit Mikroelektronik einen deutlichen Rückstand gegenüber größeren Betrieben auf.
- Je stärker die Qualität des Produktes von der Leistungsfähigkeit der Steuerung bestimmt wird und je höher der Kostenanteil der Steuerung an den Gesamtkosten des Produkts ist, um so intensiver haben sich die entsprechenden Firmen mit Mikroelektronik befaßt.
- Eine positive Korrelation ist zwischen der Inanspruchnahme staatlicher Förderungsprogramme und den Unternehmen zu erkennen, die Mikroelektronik anwenden.

Insgesamt kann festgestellt werden, daß der Anwendungsstand der Mikroelektronik in weiten Bereichen des Maschinenbaus noch relativ niedrig ist. Bei einem fast 60 %-Anteil von Firmen und Produktgruppen, die noch in der Informations- und Planungsphase sind, ist in bezug auf die Anwendungshäufigkeit jedoch eine wesentliche Steigerung zu erwarten.

Chancen und Probleme des Mikroelektronik-Einsatzes im Maschinenbau

Dem relativ niedrigen Einsatzstand der Mikroelektronik in den Produkten des Maschinenbaus steht die Einschätzung der Maschinenbauer gegenüber, daß die Mikroelektronik die Technologie mit den höchsten Steigerungsraten in der Zukunft ist.

Etwas über 90 % der Firmen halten Mikroelektronik für verwendbar in den eigenen Produkten. Nur knapp 10 % sehen überhaupt keine oder nur erheblich eingeschränkte Verwendungsmöglichkeiten.

Die Erwartungen, die mit dem Einsatz der Mikroelektronik verbunden werden, lassen sich in 5 Hauptpunkte fassen:

Flexibilität: Die Trennung der Steuerungsfunktionen in Soft- und Hardware erlaubt eine relativ einfache Anpassung an wechselnde Kundenwünsche.

Zuverlässigkeit: Mikroelektronik führt zur Substitution von verschleißbehafteten mechanischen und elektromechanischen Teilen, reduziert die Komponentenzahl und erhöht somit die Zuverlässigkeit des Gesamtsystems. Durch geeignete Konzeption können wartungsärmere Anlagen realisiert werden (automatische Fehlerdiagnose, Maschinenüberwachung).

Leistungsumfang: Durch Einsatz der Mikroelektronik lassen sich die Maschinen in wichtigen funktionellen Eigenschaften (Verarbeitungsgeschwindigkeit, Genauigkeit, Leistungsverbrauch usw.) optimieren.

Bedienfreundlichkeit: Die Mikroelektronik unterstützt durch Datenaufbereitung, Datenreduktion und Fehlerkorrektur die Bedienung von Maschinen.

Raumersparnis: Mikroelektronik führt zur Raum-, Gewichts- und Materialeinsparung und wird aus diesen Gründen in einer Reihe von Anwendungsfällen wichtig.

Als Hinderungsgrund für einen stärkeren Einsatz der Mikroelektronik werden u.a. folgende Argumente vorgebracht:

a) Wenig Personal mit Kenntnissen und Erfahrungen im Einsatz der Mikroelektronik auf dem Arbeitsmarkt verfügbar. (Dies gilt in besonderem Maße für Softwarespezialisten)

b) Schulungs- und Umschulungsprobleme.

Auswirkungen des Mikroelektronik-Einsatzes in den Unternehmen

Die Maschinenbau-Unternehmen müssen beim Einsatz der Mikroelektronik eine Reihe zusätzlicher Problemstellungen bewältigen:

a) Ein zentraler Engpaß beim Mikroelektronik-Einsatz ist der Mangel an Mikroelektronik-Spezialisten mit Einsatzerfahrung. Auf dem Personalmarkt sind geeignete Kräfte im Augenblick kaum zu finden.

b) Bei Einstellungen von Hard- und Softwarespezialisten fehlen in der Regel klare Kriterien zur Beurteilung der erforderlichen Qualifikation.

c) Es muß eine Entscheidung über den Aufbau eigener Mikroelektronik-Entwicklungskapazität oder die Zusammenarbeit mit einem Systemhaus gefällt werden.

d) Die Geschäftsleitungen der Maschinenbau-Unternehmen verfügen in aller Regel nicht über die speziellen Kenntnisse und Erfahrungen für den Mikroelektronik-Einsatz. Dies bedeutet, daß unternehmenspolitisch wichtige Fragen praktisch von dem Entwickler entscheidend vorbestimmt werden:

- die Entscheidung, ob der Mikroelektronik-Einsatz in den eigenen Produkten sinnvoll ist oder nicht;
- die technische Auslegung des Systems (Hardware und Software), bis hin zur Auswahl des Bauteilelieferanten (mit den Problemen Abhängigkeit, Second Source);
- Die Abschätzung des Zeit- und Kostenaufwands der Entwicklung angesichts der völlig anderen Bemessungsgrößen für den Mikroelektronik-Einsatz;

- die frühzeitige Berücksichtigung gesetzlicher Normen, die den Hardware- und Software-Einsatz in den Produkten betreffen:
- die Auswirkungen auf weitere Betriebsbereiche (Einkauf, Fertigung, Qualitätswesen, Vertrieb).

Diese komplexen Zusammenhänge des Mikroelektronik-Einsatzes machen es erforderlich, daß zukünftig auch die Unternehmensleitungen über Mikroelektronik-Grundkenntnisse verfügen, um Probleme richtig beurteilen zu können.

Maschinenbau-relevante Tendenzen der Mikroelektronik-Entwicklung

Von der zukünftigen Weiterentwicklung der Mikroelektronik-Technologie, insbesondere der Halbleitertechnologie, sind im Hinblick auf die speziellen Anforderungen des Maschinenbaus folgende Beiträge zu erwarten:

- Erzielung hinreichender Zuverlässigkeit sowie die Lösung sicherheitsrelevanter Aufgaben (Gerätesicherheitsgesetz, Produzentenhaftung, TÜV) werden durch verbesserte Produktionsprozesse, erweiterte Prüftechniken, höhere Integrationsdichte u.a. zur Erzielung interner Fehlerdiagnoseschaltungen und fehlerkompensierender Strukturen angestrebt.
- Unempfindlichkeit gegen Umwelteinflüsse wird durch zunehmend leistungsärmere Technologien (CMOS, SOSMOS, I^2L), Schaltungstechniken mit größerem Störabstand, galvanische Entkopplungsmöglichkeiten und neue Gehäusetechniken erzielt.
- Realisierung der "Maschinenschnittstelle" durch leistungselektronische Bauelemente, Halbleiter-Relais, Koppler für digitale und analoge Signale und der Schaffung intelligenter, bus-fähiger Sensoren und Stellglieder.
- Vereinfachung der Systementwicklung. Zur Senkung der Entwicklungskosten und -zeiten entstehen leistungsfähigere Prozessoren, die bei hohen Verarbeitungsleistungen spezielle Hardware-Entwicklungen erübrigen. Neue, auf die Mikroprozessorenanwendung abgestimmte, höhere Programmsprachen (z.B. PEARL) bauen die Nachteile gegenüber maschinennaher Pro-

grammierung bezüglich Ausführungszeiten und Speicherplatz ab. Durch Standard-Bus-Systeme (IEEE 488, PDV-Bus, MPST-Bus) und durch die Bus-Ankopplung unterstützende Bauelemente wird eine wesentliche Verschiebung der Aufwandskriterien erreicht.

Neben diesen zahlreichen Detailverbesserungen werden neue Entwicklungen bei den Schlüsselkomponenten Mikroprozessor, Speicherbaustein, -medium und Ein/Ausgabe-Baustein zusätzliche Anwendungsmöglichkeiten erschließen.

Der sehr raschen Entwicklung im Bereich der Mikroelektronik steht allerdings eine deutliche Zurückhaltung auf seiten der Anwender gegenüber: Der Gesichtspunkt der "erfolgreichen Erprobung" steht gerade hier vor dem Wunsch, immer den letzten Stand der Technik einzusetzen. Der Engpaß liegt heute zweifellos bei der Anwendungstechnik. Die heute verfügbaren Produkte der Mikroelektronik entsprechen weitgehend den Anforderungen der häufigsten Maschinenbauanwendungen - die Aufgabe besteht darin, diese Produkte richtig zu nutzen.

2.2 Rechnereinsatz in der Produktion des Maschinenbaus

Betrachtet man die Informationsverarbeitung im Gesamtbereich der Produktion, so muß man zwischen einem technischen und einem technisch-organisatorischen Informationssystem unterscheiden (Bild 3):

Im Rahmen des technischen Informationssystems werden die zu fertigenden Produkte entwickelt und konstruiert. Im Anschluß daran wird die Technologie ihrer Herstellung bestimmt. Zum technischen Informationssystem gehört schließlich die Überwachung des Fertigungsprozesses hinsichtlich der technischen Ergebnisse, also insbesondere der Qualität. Im Rahmen des technisch-organisatorischen Informationssystems werden nach Aufstellung des Produktionsprogrammes alle Aktivitäten ermittelt, die innerhalb des Produktionsprozesses zur Erfüllung des Produktionsprogrammes erforderlich sind. Der Anstoß dieser Aktivitäten ist Aufgabe der Steuerung. Die Überwachung hinsichtlich Mengen und Terminen ist gleichfalls dem technisch-organisatorischen Informationssystem zuzuordnen.

Aus der Vielfalt der Rechneranwendungen in den aufgezeigten Bereichen (CAD ... CAM) sollen im folgenden drei Schwerpunkte vertieft werden, bei denen sich bezüglich des Rechnereinsatzes noch starke Entwicklungschancen bieten.

Entwicklung "intelligenter" optischer Sensoren

Im CAM-Bereich hängt die Zunahme der Automatisierung im wesentlichen von der Entwicklung geeigneter "intelligenter" optischer Sensoren ab. Betrachtet man die Montage- und Handhabungstechnik, so werden hier als Hauptproblempunkte, die es noch zu lösen gilt, wiederholt praxisgerechte, optische und taktile Sensoren genannt [5]. Ähnliches gilt für die Automatisierung von Sichtprüfarbeiten [6]. Im folgenden soll daher eine Entwicklungsrichtung im Bereich der Mustererkennung vorgestellt werden:

Das Automatisieren der Mustererkennung beruht auf der Möglichkeit, optische Informationen in elektrische Informationen zu wandeln, diese zu digitalisieren und mit Hilfe von Prozessrechnern auszuwerten. Als optoelektronische Wandler stehen heute Fernsehkameras, Halbleiterkameras sowie Laser-Scanner zur Verfügung. Der Einsatz von Fernsehkameras mit Rechnerkopplung, die Entwicklung komplexer optischer Sensoren und die Kombination unterschiedlichster Sensorik zu "intelligenten Sensoren" läßt die Automatisierung von Teilaufgaben in Montage- und Handhabungstechnik sowie in der Sichtprüfung für die nächste Zeit technisch und wirtschaftlich möglich erscheinen [6].

Bild 4 zeigt den Aufbau eines Entwicklungssystems zur Mustererkennung mit Hilfe der Fernsehtechnik, mit dem am IPA gearbeitet wird. Mit den eingesetzten Kameras ist es möglich, ein Bild mit bis zu 1024 x 1024 Bildpunkten zu digitalisieren. Mit der implementierten 8-bit Digitalwandlung können innerhalb des Schwarz-Weiß-Signals für jeden Bildpunkt 256 diskrete Graustufen erzeugt werden. Der eingesetzte Prozeßrechner ist ein 16-bit Prozessor mit einer Speicherkapazität von 32 k-Worten.

Das Kernstück der Systemkonfiguration bildet der Halbleiterspeicher mit einer Kapazität von 256 x 512 Worten zu je 8 bit für jedes der zwei Halbbilder des Fernsehsignals. Mit Hilfe dieses Echtzeitbildspeichers kann eine Bildszene von 512 x 512 Bildpunkten mit einer Grauwerttiefe von 256 Graustufen pro Bildpunkt in Fernsehfrequenz digitalisiert und gespeichert werden.

Wie bei optischen Darstellungen im Mikroskop unterscheidet man in der Bildanalyse zwei Beleuchtungsarten, die Durchlicht- und die Auflichtbeleuchtung. Mit der Durchlichtbeleuchtung wird ein Werkstück in seiner Schattenkontur dargestellt. Die Auflichtbeleuchtung erlaubt die topografische Darstellung des Werkstückes und seiner Struktur. Mit Bildanalysesystemen ist es möglich, Schwellen innerhalb des Schwarz-Weiß-Signals zu setzen. Damit können an beliebigen Stellen des Bildes aus 8-bit Grauwertbildern Binärbilder erzeugt werden. Diese Binärbilder enthalten nur schwarze und weiße Bildpunkte. Durch diese Form der Bildverarbeitung ist eine Datenreduktion und damit verbunden eine schnellere und einfache Bildauswertung möglich.

Bild 5 zeigt ein Spritzgußwerkstück der Elektroindustrie mit montierter Klemmeinrichtung. Auf dem Monitorbild (Bild 5) ist der zu detektierende Fehler, eine fehlende Schraube, links unten zu erkennen. Bild 6 zeigt das gleiche Werkstück nach der Binarisierung in einer alphanumerischen Darstellung.

Reicht die Binärbildverarbeitung nicht aus, dies ist meist bei Auflichtproblemen der Fall, so müssen mehrere Graustufen verarbeitet werden. Bild 7 zeigt das gleiche Werkstück in einer alphanumerischen Darstellung mit 18 Graustufen.

Je mehr Information zur Bildverarbeitung nötig ist, desto größer muß der Spreicher des Rechners sein, desto komplexer werden die Verarbeitungsprogramme und desto höher wird die Verarbeitungszeit. Einfache Erkennungsaufgaben im Binärbild können heute innerhalb von 50 ms durchgeführt werden. Der Ersatz visueller Prüfaufgaben im industriellen Anwendungsfall erfordert aber heute noch Verarbeitungszeiten von 10 bis 20 s und darüber. Eine "Echtzeit"-Bildverarbeitung kann deshalb nur mit schnellen digitalen Bildspeichern am "eingefrorenen" Bild durchgeführt werden. Solche Bildspeicher werden heute bereits in großer Zahl und in unterschiedlichstem Bedienungskomfort angeboten. Einige Systeme besitzen bereits eigene Bildverarbeitungssprachen zur Bearbeitung von Standardaufgaben und zu Bildmanipulationen. Es ist unbestritten, daß diese Bildspeicher die Anwendungsbreite der Fernsehtechnik in der automatisierten Sichtprüfung erweitern werden. Nach unserer Meinung muß der Schwerpunkt der Entwicklung von fernsehtechnischen Anlagen für die Fertigungsprüfung beim Einsatz flexibler dezentralisierter Einrichtungen liegen. Solche Systeme können unabhängig von Großrechnern komplette Prüfaufgaben oder wesentliche Teilaufgaben mit hoher Flexibilität lösen.

Ziel muß es sein, problemorientierte Programmoduln zu erstellen, die dann kundenspezifisch für die Prüfaufgaben zusammengebaut werden [6]. Beispiele hierfür sind: Bestimmen des Durchmessers einer Bohrung aufgrund des Flächeninhalts, Bestimmen von Formabweichung von Bohrungen.

Wegen der Vielzahl der auftretenden und noch zu lösenden Probleme beim Einsatz von Fernsehsystemen in der industriellen Prüfung stellt sich für den Anwender und für den Entwickler die Frage, ob die Fernsehtechnik eine Alternative zu anderen optischen Geräten und Verfahren sein kann. Die Einschränkungen bei der Anwendung von Fernsehsystemen zur Automatisierung der visuellen Prüfung wie hoher Investitionsaufwand, hoher Aufwand für die Programmentwicklung, lange Prüfzeiten und großer Speicherbedarf lassen heute Lösungen mit der Fernsehkamera in vielen Fällen unwirtschaftlich erscheinen. Dies gilt nach unserer Meinung nicht für die Zukunft. Speicherbausteine und Mikroprozessoren hoher Integrationsdichte, schneller Zugriffszeit und höherer Zuverlässigkeit werden in Zukunft immer kostengünstiger hergestellt und angeboten. Universelle "Hardware- oder Software-orientierte" Programmpakete und Module werden verstärkt angeboten werden. Damit eröffnet sich die Möglichkeit, dezentrale Prüfeinheiten hoher Flexibilität zu installieren. Bereits bei der Stückzahl 2 erreicht man hiermit einen Rationalisierungseffekt.

Gelingt es in Zukunft, flexible industriefähige Systeme zu entwickeln, ist die Fernsehtechnik eine wirtschaftliche Alternative zu anderen Prüftechniken in der industriellen Fertigung [6].

Betriebsdatenerfassung

Obwohl die gesteigerte Leistungsfähigkeit der EDV-Systeme die Verarbeitung größerer Datenmengen in kürzeren Zeiten ermöglicht, können noch nicht alle Probleme in betrieblichen Informationssystemen als gelöst betrachtet werden. In Fertigungsunternehmen hat sich vielmehr im Vorfeld der Datenverarbeitung insbesondere die Datenerfassung als Mengen-Zeit-Engpaß erwiesen [7]. Beim EDV-Einsatz für die Fertigungssteuerung (Bild **8**) ist ein Entkoppeln von Datenerfassung und -verarbeitung aus Gründen der Funktionsfähigkeit meist nicht akzeptabel.

Dagegen sollte mit Blick auf die Rationalisierung und Integration der Datenerfassung der Grundsatz gelten:

> Entsprechend der zeitkritischsten Anwendung einmal erfassen und die Daten den zeitlich nachfolgenden Anwendungen zur Verfügung stellen.

Von der Hardware-Entwicklung her wird die Dezentralisierung von Verarbeitungsleistung bis zur Produktionsmaschine oder bis in bereichsweise installierte Terminals weiter begünstigt. Die Datenerfassung direkt an der Maschine wird weiterhin begünstigt durch den zunehmenden NC-Maschineneinsatz.

Der Durchbruch der dezentralen Betriebsdatenerfassung zu einer breiten Anwendung hat dennoch bisher nicht stattgefunden - was mit am hohen Anteil der Software-Kosten liegt. Der Widerspruch besteht nämlich darin, daß nicht die "gerätetechnische Intelligenz", bestehend aus Hardware- und Software-Komponenten, in zunehmendem Maße verfügbar, sprich kostengünstiger wird, sondern elektronische Bauelemente, die für sich allein ebensowenig "Intelligenz" besitzen wie beispielsweise eine einfache Drehmaschine ohne - analoge oder digitale - Steuerung.

Ein wesentlicher Ansatzpunkt für das Ausschöpfen von Rationalisierungsreserven bei einer dezentralen Betriebsdatenerfassung ist das Senken der Kosten für die Software-Erstellung. Dafür sind Voraussetzungen zu schaffen - eine Herausforderung nicht nur für Hersteller von Betriebsdatenerfassungssystemen!

Weiterhin müßten überbetriebliche Konventionen geschaffen und eingehalten werden - nicht nur von Herstellern der Betriebsdatenerfassungssysteme, sondern vor allem von potentiellen Anwendern, im Hinblick auf eine automatisierte Primärdatenerfassung, aber auch von Herstellern der Investitionsgüter (beispielsweise Werkzeugmaschinen, automatisierte Transporteinrichtungen). Ein gewisses Maß der "Konfektionierung" von Lösungen für die Betriebsdatenerfassung könnte die Vorteile einer Dezentralisierung der Betriebsdatenerfassung - treffender: der Betriebsdatenverarbeitung - kostengünstiger gestalten.

Instandhaltungsbereich

Die rechnerunterstützte Erfassung und Analyse von Ausfall-, Schadens- und Aufwandssachverhalten ist grundlegende Voraussetzung für eine organisierte Instandhaltung. Dabei dient die auf das Betriebsmittel bezogene historische Betrachtung der Ereignisse

- der schnelleren Schadensursachenermittlung (Abfrage von Vergangenheitswerten) und
- aufgrund von Kennzahlenbildungen einer genaueren Bestimmung des Ersatzzeitpunktes eines Betriebsmittels (Investitionen).

Darüberhinaus liefern die Auswertungen wichtige Anhaltspunkte für die Planung und Steuerung der auszuführenden Arbeiten im Instandhaltungsbereich. So führen die von einem Rechner erzeugten Informationen über Betriebsmittel (Garantiezeitüberwachung, Lebenslauf) über Ersatzteile (Bestand, Beschaffungszeiten u.a.), über die Arbeitsplan- (Arbeitsplanverwaltung, Sammelarbeitsplanerzeugung) und Auftragsvergabeorganisation (Terminierung) zu einer effizienten Instandhaltungsorganisation.

Ein modular aufgebautes Programmsystem (<u>Bild 9</u>) das z.Z. im Rahmen eines Forschungsvorhabens entwickelt wird, erfüllt diese Anforderungen [8]. Eine Breitenuntersuchung [9] hat gezeigt, daß etwa 80 % der befragten Unternehmen den EDV-Einsatz im Instandhaltungsbereich für notwendig und wünschenswert erachten.

Die o.a. EDV-orientierten Aufgaben können ergänzt werden durch die Anwendung von Test- und Diagnoseprogrammen, die im Falle von instandhaltungsrelevanten Störungen die Analyse wesentlich erleichtern. Die Weiterentwicklung dieser Vorgehensweise führt dazu, daß die Betriebsmittel, Baugruppen und Bauteile nicht mehr nach Erreichen bestimmter Laufzeiten gewechselt, sondern aufgrund von technischen Zustandsangaben anhand von Kontrollparametern überwacht werden. Die Zusammenarbeit von Hersteller und Instandhalter wird hierbei eine bedeutende Rolle spielen, da durch mitgelieferte hochentwickelte Fähigkeiten des Betriebsmittels zur Selbstdiagnose eine Schadensursachebestimmung über die Datenfernverarbeitung (Instandhaltungsproblemdatenbanken) vom Hersteller wirksam unterstützt werden kann.

3. Ausblick

Der sich sehr stark intensivierende EDV-Einsatz in allen Bereichen des Maschinenbaus zwingt dazu, die EDV-Anwendungen systematisch zu integrieren. Durch eine solche Integration werden die Voraussetzungen dafür geschaffen, daß von verschiedenen Anwendungsbereichen benötigte Daten nur einmal erfaßt und gespeichert werden und bei anderen Anwendungen von einem gleichen aktuellen Informationsstand ausgegangen werden kann.

Im Hinblick auf technisch-organisatorische Informationssysteme lassen sich drei Integrationsformen unterscheiden:

- Integration einzelner Anwendungen innerhalb eines der Informationssysteme

- Integration von Anwendungen des technischen und des technisch-organisatorischen Informationssystems (z.B. Maschinensteuerung und Arbeitsgangterminierung)
- Verknüpfung zu anderen Informationssystemen (Bereitstellung von Daten aus dem technischen oder technisch-organisatorischen Informationssystem für kommerzielle Anwendungen)

Aufgabe von Rechnerherstellern, Softwarehäusern und Systemlieferanten muß es deshalb sein, diesen Integrationsprozeß durch Bereitstellung geeigneter Produkte zu unterstützen.

Literatur

[1] Spur, D., Stand und Trend der Automatisierung im Maschinenbau in der Bundesrepublik Deutschland. Tagungsunterlagen zum AWF-Kongreß "Fertigungsautomatisierung", Böblingen, 4.-6. Mai 1981

[2] Kobayashi, H., Stand und Trend der Automatisierung im Maschinenbau in Japan. Tagungsunterlagen zum AWF-Kongreß "Fertigungsautomatisierung", Böblingen, 4.-6. Mai 1981

[3] IPA Stuttgart (Prof. Dr.-Ing. H.J. Warnecke);
IRP Stuttgart (Prof. Dr.-Ing. A. Lauber);
IPR München (Prof. Dr.-Ing. G. Färber);
Fa. Töpfer, Planung u. Beratung,
Nieder-Roden: Anwendung der Mikroelektronik im Maschinenbau. Vorstudie im Auftrag des VDI-Technologiezentrums, Berlin (1980)

[4] Bullinger, H.-J., Kölle, J.H., Rechnereinsatz in der Produktion, NC-Report (1981) Nr. 1, S. 106-114

[5] Abele, E., Walther, J., Entwicklungsstand der Industrierobotertechnik 1980 bt-Z. ind. Fertig. 70 (1980) Nr. 10, S. 649-650

[6] Bläsing, J.P., Melchior, K., Probleme mit der Sichtprüfung: Ist die Fernsehtechnik eine Alternative? Industrieanzeiger 101 (1979), Nr. 100, S. 36-40

[7] Dauser, R., Betriebsdatenerfassung - Engpaß des betrieblichen Informationssystems. DER ERFOLG (1980), Nr. 4, S. 72-76

[8] Warnecke, H.-J., Jacobi, H.F., Konzeption eines EDV-unterstützten Instandhaltungssystems. VDI-Z 122 (1980), Nr. 17, S. 199-203

[9] Warnecke, H.J., Kraus, Th., Instandhaltungsorganisation in der Fertigungsindustrie. wt-Z. ind. Fertig. 70 (1980), Nr. 6, S. 393-397

Fachzweig	Beschäftigte	Produktion Mrd. DM	Export %
Werkzeugmaschinen	100 000	8,599	61,9
Antriebstechnik	84 425	6,876	46,6
Büro- u. Informationstechnik	74 811	7,657	58,6
Nahrungsmittelmaschinen u. Verpackungsmaschinen	61 500	5,015	69,6
Fördertechnik	61 000	6,373	49,9
Landmaschinen und Ackerschlepper	60 863	7,538	48,4
Gesamtmaschinenbau	1 069 162	110,761	56,0

Abb. 1. Vergleich der größten Fachzweige des deutschen Maschinenbaus im Jahre 1979

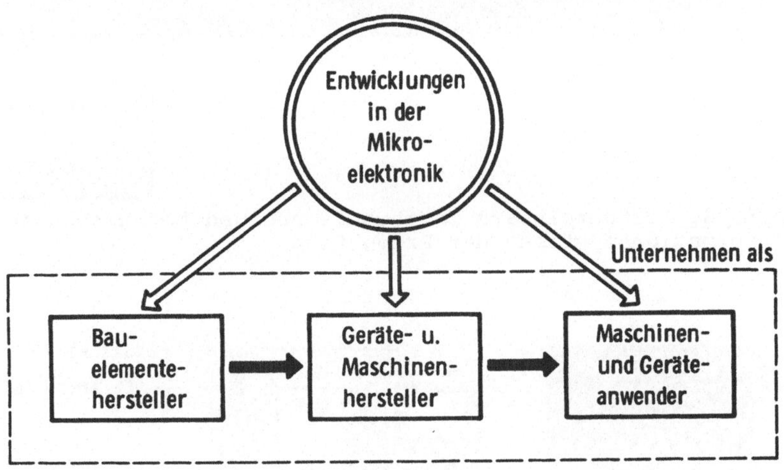

Abb. 2. Auswirkungen von Veränderungen in der Halbleitertechnik

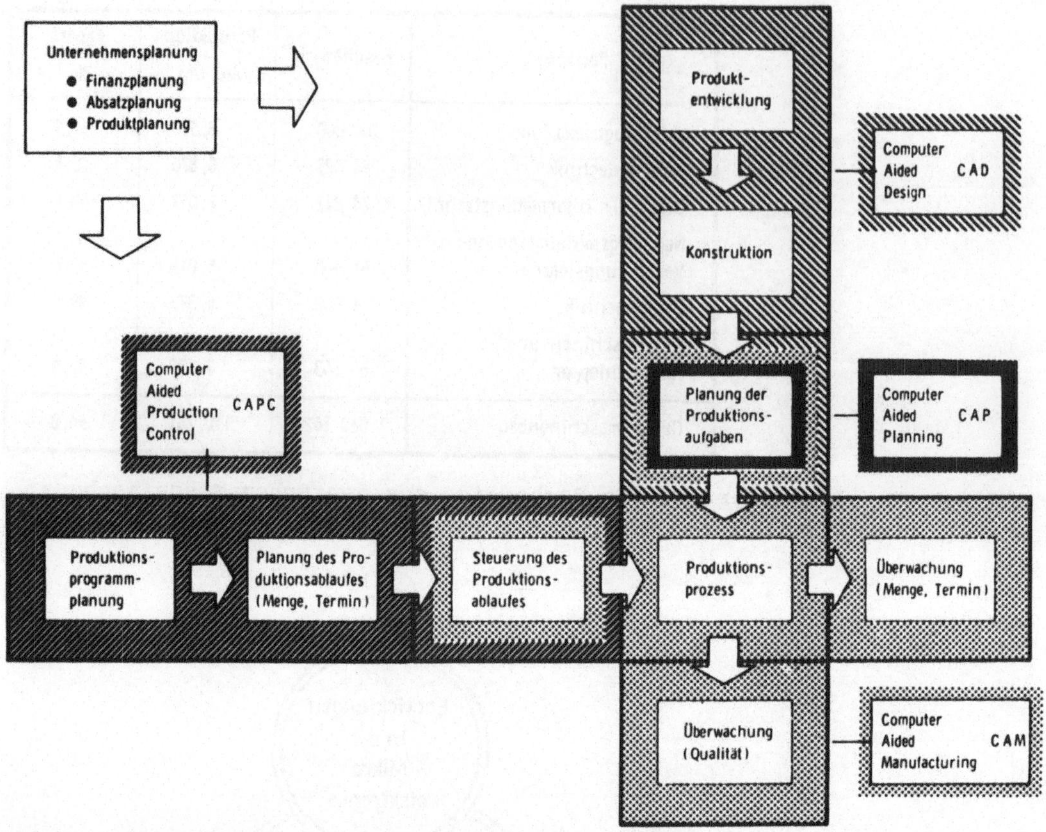

Unternehmensplanung
• Finanzplanung
• Absatzplanung
• Produktplanung
Produkt-entwicklung
Konstruktion
Computer Aided Design CAD
Computer Aided Production Control CAPC
Planung der Produktions-aufgaben
Computer Aided Planning CAP
Produktions-programm-planung
Planung des Pro-duktionsablaufes (Menge, Termin)
Steuerung des Produktions-ablaufes
Produktions-prozess
Überwachung (Menge, Termin)
Überwachung (Qualität)
Computer Aided Manufacturing CAM

Abb. 3. Rechnereinsatz in technischen und technisch-organisatorischen Informationssystemen der Produktion

Schwarz-weiss Monitor
Farbmonitor
Terminal
Bildspeicher
Kamera
Color-Display
Camera-Control
Objekt
Prozessrechner
Floppy-Disk
Drucker

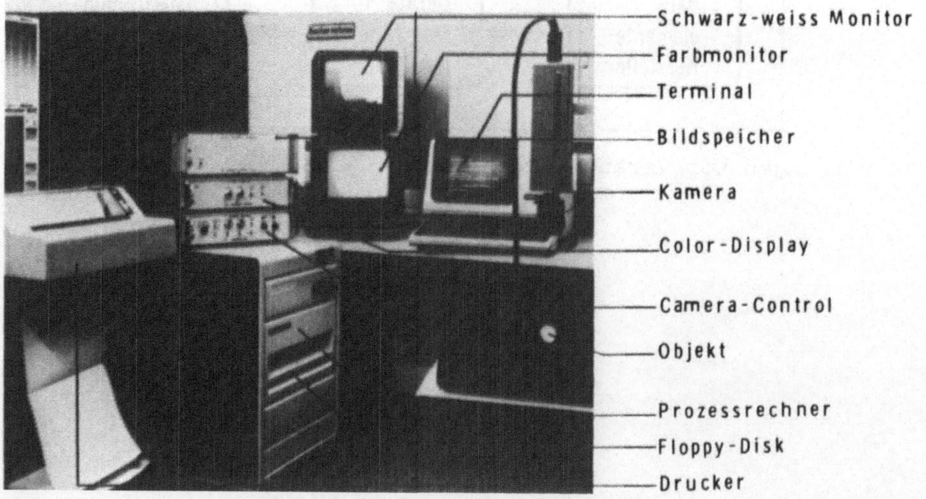

Abb. 4. Entwicklungssystem des IPA zur Bildanalyse mit hochauflösender TV-Kamera

Abb. 5 (links). Monitorbild eines Werkstückes (Fehler: Fehlende Schraube)

Abb. 6 (rechts). Alphanumerische Darstellung eines rechnerinternen Binärbildes

Abb. 7. Alphanumerische Darstellung eines rechnerinternen Graubildes, verringerte Auflösung, 18 Graustufen

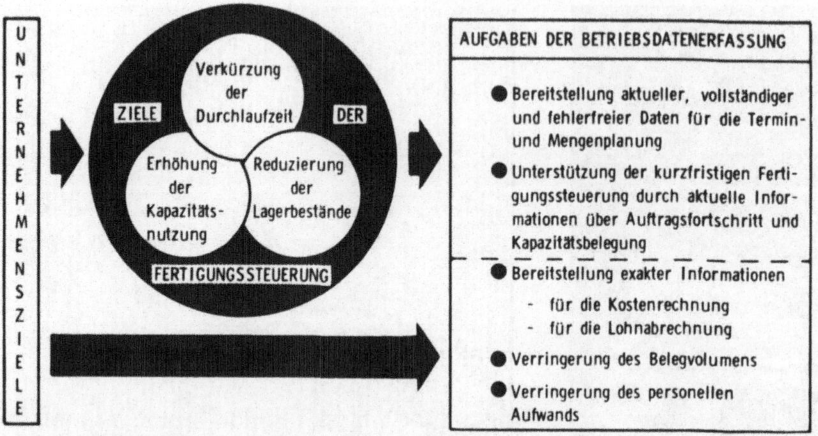

Abb. 8. Aufgaben der Betriebsdatenerfassung

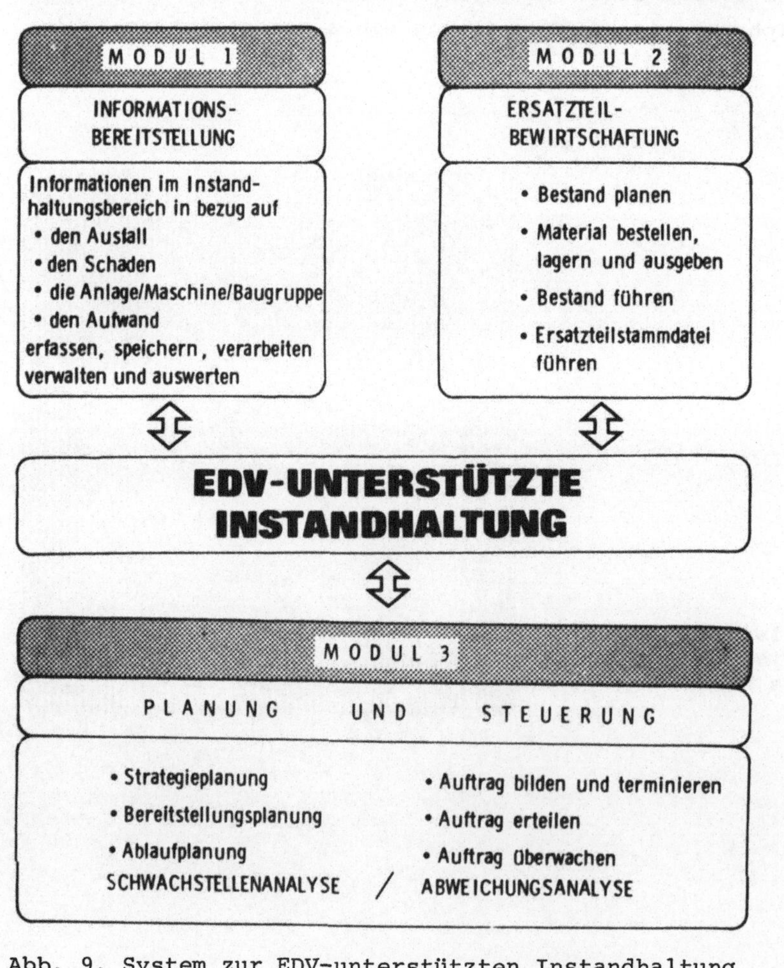

Abb. 9. System zur EDV-unterstützten Instandhaltung

Neue Text- und Datenkommunikationsdienste der DBP auf der Basis neuer Technologien

H. Kunze

Fernmeldetechnische Zentralamt der Deutschen Bundespost, Postfach 50 00, 6100 Darmstadt

Die Mikroelektronik ermöglicht die Einführung zahlreicher neuer Dienste bzw. Verfahren auf dem Gebiet der Sprach-, Daten- und Textkommunikation. Die Variationen der Realisierung mit mikroelektronischen Schaltkreisen sind zahlreich. Daher werden lediglich die neuen Text- und Datenkommunikationsdienste vorgestellt, die, basierend auf mikroelektronischen Techniken, von der DBP eingeführt wurden bzw. demnächst eingeführt werden.

Grundlage der Nachrichtenkommunikation sind Basisnetze, die Grundleitungen für die unterschiedlichsten Anwendungen bereitstellen. Mit reinen Transportfunktionen im Netz sind jedoch "value added services" nicht darstellbar.

Im ersten Teil werden heutige und zukünftige Netzkomponenten diskutiert. Hierbei werden auch aktive Netzfunktionen (Prozedur/Format-Wandlungen, Netzunterstützung) behandelt.

Im zweiten Teil werden die vom CCITT definierten Benutzerklassen vorgestellt. Hierbei zeigt sich, daß praktisch alle allgemeinen Anwendungsfälle mit den notwendigen Schnittstellen für heutige und zukünftige Datenübermittlung einschließlich der notwendigen Netzübergänge bereits spezifiziert sind. Die Realisierung in bereits bekannten Netzen ist dabei möglich. Die Notwendigkeit *besonderer* value added *networks* ist nicht zu erkennen.

Im dritten Teil werden die neuen Dienste

- Bildschirmtext
- Telefax
- Teletex
- Videotext

beschrieben, die ebenfalls von normierten Datenübertragungsverfahren Gebrauch machen. Zusätzlich werden jedoch bestimmte Zeichenvorräte und

Prozeduren definiert, die dann auch bestimmend für die Gestaltung der Endeinrichtungen sind. Diese Dienste stehen alle in Zusammenhang mit dem Oberbegriff "electronic mail".

Im Jahre 1974 wurde in der Bundesrepublik Deutschland die "Kommission für den technischen Ausbau des Kommunikationssystems (KtK)" durch den Bundesminister für das Post- und Fernmeldewesen eingesetzt mit dem Ziel, neue Dienstleistungen auf dem Gebiet der Telekommunikation zu definieren und Empfehlungen für die Realisierung zu geben. Bereits 1976 legte die Kommission ihren Abschlußbericht vor.

Zwei Zielsetzungen waren zu erkennen:

1. Nutzung *vorhandener* Netze bei Einführung neuer Dienste
2. Schaffung neuer Netze für Zwecke der Breitbandkommunikation. Breitbandkommunikation ist der Oberbegriff für Bewegtbildinformation *und* schnelle Datenübertragung (>> 64 kbit/s).

In diesem Beitrag werden nur Text- und Datenkommunikationsdienste behandelt, die sich in heutigen Netzen realisieren lassen. Die für diesen Bereich wichtigen Empfehlungen bzw. Feststellungen zeigt die Tabelle 1.

Kommission für den techn. Ausbau
des Kommunikationssystems (KtK)

Empfehlungen (E) und Feststellungen (F)

Neue Fernmeldedienste:

E 6: Einführung von TELETEX

E 7: Einführung von TELEFAX

E 8: Forschung auf dem Gebiet von neuen Endeinrichtungen für die Darstellung von Text u. Festbildern

Weitere Empfehlungen:

- "Elektronische Post (electr. mail)"
- Facsimile-Zeitung
- Videotext (ARD/ZDF)
- Fernsprechkonferenz

E 3: Verbesserung/Erweiterung des integrierten Fernschreib- und Datennetzes → DATEX-P

F 33: Förderung der techn. und wirtschaftlichen Bedingungen für die Einführung von BILDSCHIRMTEXT

E 6 und E 7 sind bereits von der DBP realisiert worden. E 8 ist durch umfangreiche Aktivitäten ein Dauerthema der heimischen Industrie, wobei eine stetige Weiterentwicklung zu erkennen ist. Auch VIDEOTEXT und Fernsprechkonferenz sind in Betrieb. Die Empfehlung E 3 wurde durch Einführung der Datenpaketvermittlung (DATEX-P) und neue Leistungsmerkmale bei DATEX-L und TELEX realisiert. F 33 wurde so stark gefördert, daß mittlerweile ein BILDSCHIRMTEXT-Feldversuch läuft mit dem Ziel, diesen Dienst 1983 einzuführen.

Aufgabe der Postverwaltungen ist es nun, Netze bereitzustellen, die dauernd auf dem neuesten Stand der Technik zu halten sind und die Dienstleistungen anzubieten, die von den Kunden verlangt werden. Dabei ist eine Beschränkung auf reine Transport-Funktionen ausgeschlossen, weil zahlreiche neuere Dienstleistungen aktive Netzunterstützung brauchen. Bild 1 zeigt am Beispiel des Fernsprechnetzes das weltweite Netz mit 4 wesentlichen Ebenen:

- Anschlußleitung mit Endeinrichtung
- nationales Ortsnetz
- nationales Fernnetz
- internationales Fernnetz.

In jedem dieser Teilsysteme müssen vermittlungs- und Übertragungstechnische Bedingungen so festgelegt werden, daß eine Verbindung innerhalb eines Ortes und eine Verbindung zu anderen Kontinenten für den Teilnehmer annähernd gleiche Bedingungen (Geräusch, Verständlichkeit, usw.) aufweist. Aktive Netzunterstützung durch Protokollwandlungen, Geschwindigkeitsumwandlungen, Code-Wandlungen u.ä. wird dabei zunehmend erforderlich. Nur beide Komponenten, reine Transportfunktion *und* eigenständige Netzdienstleistungen der DBP, ermöglichen zusammen optimale Telekommunikation. Hierzu zählen ganz besonders auch Übergangsmöglichkeiten zwischen verschiedenen Netzen.

Telekommunikation wird bei allen Verwaltungen heute im Grundsatz in 3 verschiedenen Netzen abgewickelt:

- Fernsprechnetz
  - analog 0,3 - 3,4 kHz
  - digital 64 kbit/s

  einschließlich Datenübertragung im F-Netz
  (Wählnetz und HfD, Hauptanschluß für Direktruf)

- Datennetze
  digital $\leq$ 48 kbit/s
  bzw.64 kbit/s

- Breitbandnetz

Funk:	Videosignal	5 MHz
Kabel:	Videosignal	5 MHz
	Digitalsignale als Einzelkanal	> 64 kbit/s

In diesen Netzen werden nun neben der Transportfunktion zahlreiche neue Dienstleistungen angeboten. Es sollen nur tabellarisch die wesentlichen Neuerungen erwähnt werden.

Für das Fernsprechnetz gilt:

- verbesserte Leistungsmerkmale im Sprachbereich (Fernsprechkonferenz, Kurzwahl, Anklopfen, Ruhe vor dem Telefon)

- Bildschirmtext

- Datenübertragung bis 9,6 kbit/s über Modems

- Fernkopieren, TELEFAX

- Elektron. Post (auf Basis TELEFAX); Elektron. Briefübermittlung (EBÜ); TELEBRIEF

- Anrufweiterschaltung (GEDAN)

- Gebührenübernahme durch den angerufenen Teilnehmer (Dienst 130) entsprechend den 800er-Diensten in den USA

Für Datennetze ist zu erwähnen:

- verbesserte Leistungsmerkmale für TELEX (Fernschreiben) entsprechend CCITT-Empfehlungen

- DATEL-Dienste bis 48 kbit/s und Leistungsmerkmalen entsprechend CCITT

- TELETEX (Bürofernschreiben)

- Erweiterte Datendienste mit Netzunterstützung DATEX-P (packet switching)

EURONET

- Netz der EG zum Verbinden von wissenschaftlichen Datenbanken

TELENET, TYMNET (USA)

- Zugang für deutsche Teilnehmer über spezielle zentrale Netzknoten

Für Breitbandnetze ist von Bedeutung:

Funknetze

- Fernsehversorgung auch über Satelliten (TV-Satellit)

- Satelliten-Übertragung für Breitbandkommunikation einschl. schnelle Datenübertragung

- Videotext/Bildschirmzeitung

Kabelnetze

- Schnelle Datenübertragung >> 64 kbit/s

- Kabelfernsehen KTV (reines Verteilen von Programmen)

- Breitbandkommunikation mit (breitbandigen) Rückkanälen

- Kabeltext/Bildschirmzeitung

- Bildfernsprechen (VIDEOPHON)

- Bildkonferenz (VIDEOKONFERENZ)

Grundlage aller neuen Dienste sind transparente Datenübertragungsverfahren. Diese Verfahren gestatten die Realisierung der Transportfunktion. Im Bereich der DBP werden Daten im Fernsprechnetz (FN)und im integrierten Datennetz (IDN) übertragen. Für die Datenübertragung (DÜ) im FN müssen die elektrischen Signale jedoch von der ursprünglich digitalen Form erst in den Sprachbereich überführt werden. Hierfür sind besondere Modulations-Demodulationseinrichtungen (MoDem) erforderlich, die bereits zum Netz der DBP gehören. Für die teilnehmereigenen Endeinrichtungen sind international Schnittstellen zu den Modems festgelegt worden (V-Schnittstellen CCITT), die einen freizügigen Anschluß von Endeinrichtungen zulassen.

Für den Bereich der Datennetze (IDN) sind international ebenfalls Schnittstellen der X-Serie festgelegt worden, die entsprechende Zugänge zu den Netzen erlauben. Unabhängig davon wurden 11 Benutzerklassen (CCITT X.1) definiert (Tabelle 2). Die hier genannten Klassen werden von zahlreichen Postverwaltungen als transparente Übertragungskanäle mit den angegebenen Geschwindigkeiten zur Verfügung gestellt.

Benutzerklassen CCITT Empfehlung X.1	
	<u>Start-Stop (asynchron), leitungsvermittelt</u>
1	300 bit/s, 11 Elemente/Z
2	50-200 bit/s, 7,5 - 11 Elemente/Z
	<u>Synchronbetrieb, leitungsvermittelt</u>
	DATEX-L
3	600 bit/s
4	2400 bit/s
5	4800 bit/s
6	9600 bit/s
7	48000 bit/s
	<u>paketorientierter Betrieb</u>
	DATEX-P
8	2400 bit/s
9	4800 bit/s
10	9600 bit/s
11	48000 bit/s

Leitungsvermittelter Betrieb besagt folgendes:

Unabhängig von der Übertragung von irgendwelchen nicht code-gebundenen Signalen (Sprache, Daten) wird eine Hin- und Rückleitung zur Verfügung gestellt. Dabei wird zwangsläufig, speziell bei Dialoganwendungen, immer eine Richtung nicht benötigt, aber bereitgestellt. Sprechverkehr zeigt das besonders deutlich: Bei gleichmäßiger Belastung beider Teilnehmer je Richtung nur 50% der Zeit, durch Pausen während des Sprechens *echte Nutzung* nur zu ca. 30%. Paketorientierter Betrieb dagegen nutzt die Leitung nur, wenn etwas übertragen werden soll (Bild 2). In den Datenstationen werden bestimmte Informationsmengen (z.B. 155 Byte) gesammelt, mit einer Zieladresse versehen und in das Netz eingespeist. Entsprechend den Zieladressen werden die "Pakete" A, B usw. an den Empfänger weitergeleitet. Damit kann eine Leitung "quasi gleichzeitig" für die Übertragung verschiedener Nachrichten genutzt werden. Da die Leitung physikalisch betrachtet nicht dauernd zur Verfügung steht, spricht man von virtuellen Verbindungen. Falls Teilnehmer-Endeinrichtungen diese Paketierungsfunktion beherrschen, werden sie über die Schnittstelle X.25 an das Dx-P-Netz der DBP angeschlossen (Dienst DATEX-P 10). Die meisten Endeinrichtungen aus anderen Netzen (DATEX-L, Fernsprechnetz, Telex) werden über Anpassungseinrichtungen (PAD = packet-assembly-disassembly) angeschlossen (Bild 3). Verbindungen dieser Art werden also durch Netzeinrichtungen unterstützt. Neben der Paketbildung werden auch Prozedur- und Geschwindigkeitswandlungen vorgenommen, wobei der eigentliche Nachrichteninhalt unverändert weitergegeben wird. Bei der Bereitstellung dieser "DATEL-Dienste" muß nun geprüft werden, ob wirklich Bedarf für sogenannte "value added networks (VAN)" vorliegt? Hierunter versteht man das Anbieten von Dienstleistungen, die über die Transportfunktion hinausgehen, also z.B. Prozedur- oder Geschwindigkeitswandlungen oder auch Speicherfunktionen. Hier ist von besonderem Interesse die Zwischenspeicherung von digitalen Sprach- und Datensignalen. Durch die Möglichkeit eines späteren Abrufs übernimmt das Netz eine Briefkastenfunktion (TELEMAIL, USA). Die Schaffung getrennter Netze ist hierfür jedoch keinesfalls notwendig, weil auch für Speicherfunktionen zentrale Netzbausteine bereitgestellt werden können, die über die oben geschilderten Netzelemente erreicht werden.

Einen Überblick über die im Netz der DBP vorhandenen Datenanschlüsse gibt Bild 4.

Andere Regeln gelten für die Textkommunikationsdienste Bildschirmtext, Telefax, Teletex und Videotext. Hier müssen Codes und Prozeduren zwischen Endeinrichtungen und dem Netz vereinbart werden. Aufbauend auf den X-Schnittstellen des CCITT müssen auch weitergehende Prozeduren und Protokolle anläßlich der Zulassung dieser Geräte dann auch geprüft werden. Für die Dienste Bildschirmtext, Teletex und Videotext wurde international (ISO/TC 97) eine Codetabelle festgelegt, die neben den bei TELEX üblichen kleinen Buchstaben auch alle großen Buchstaben und zahlreiche Sonderzeichen enthält (Bild 5). Zur Darstellung bestimmter Buchstaben wird die Kompositionsmethode angewendet. Der Buchstabe ö z.B. wird durch Übermitteln der Information ·· an erster Stelle (Spalte 12/Zeile 8) mit nachfolgendem o (Spalte 6/Zeile 15) gebildet. Der Zeichengenerator in der empfangenden Endeinrichtung bringt dann das ö zum Abdruck/zur Anzeige. Dadurch konnte die eigenständige, aufwendige Definition dieser Buchstaben vermieden werden.

Zu einer gewissen Verwirrung bezüglich der neuen Dienste haben auch die zahlreichen internationalen Bezeichnungen beigetragen (Bild 6). In diesem Bild sind jeweils gleiche Dienste mit demselben Symbol versehen worden. Das Zeichen X z.B. kennzeichnet jeweils den Dienst VIDEOTEXT, der in der Bundesrepublik durch ARD/ZDF angeboten wird. Der Punkt • kennzeichnet die verschiedenen Varianten von BILDSCHIRMTEXT. Schließlich ist noch der Begriff ELECTRONIC MAIL zu sehen, der eigentlich alles umfaßt. Die Definition sagt aus: Übermittlung von Texten/Vorlagen aller Art auf elektrischem Wege, wobei Sender/Empfänger sein kann

- Büromaschine (Drucker)
- Bildschirm
- Faksimilegerät.

Die grundlegende Netzstruktur des Dienstes BILDSCHIRMTEXT (international Videotex Interactive) zeigt Bild 7. Über die Fernsprechleitung und Vermittlungen des Fernsprechnetzes wird eine Bildschirmtext-Zentrale (Btx-Z) der DBP angewählt. Nach dem Empfang eines Kenntones von der Btx-Z wird durch Tastendruck am Telefon das besonders ausgerüstete Fernsehgerät als Heimterminal über einen Modem an die Fernsprechleitung gekoppelt. Nun werden über die Fernbedienung des TV-Gerätes durch Drücken von Tasten Signale zur Btx-Z gesendet. Nach Auswertung dieser Signale in der Btx-Z werden jetzt aus dem Speicher Daten einer sogenannten "Btx-Seite" zum TV-Gerät übertragen und über einen Zeichengenerator (Zusatzteil im TV-Gerät) auf dem Bildschirm sichtbar gemacht. Die Seite besteht in der Regel aus 24 Zeilen mit jeweils 40 Zeichen. Die Speicherkapazität der Btx-Z der DBP ist dabei begrenzt. Hier werden vorzugsweise die Informations-Anbieter "ihre Seiten" speichern, die nur wenig Speicherkapazität benötigen. Diese Netzstruktur entspricht der in Großbritannien bisher vorhandenen PRESTEL-Struktur. Für mehrere Btx-Z muß dann in allen Btx-Z die gleiche Information bereitgehalten werden. In der Bundesrepublik wurde Btx um den Rechnerverbund erweitert (Bild 8). Die erste Btx-Z wird jeweils im Fernsprech-Nahbereich (20 km, Gebühr: eine Einheit für jeweils 8/12 Minuten) erreicht. Die einzelnen Btx-Z werden als "Teilnehmer" an das DATEX-P-Netz der DBP angeschlossen. Auch private Informationsanbieter mit Großdatenbanken verbinden ihre Anlagen mit diesem Netz. Der Btx-Teilnehmer ist nun in der Lage, durch Anwahl der "Btx-Seiten" dieser Anbieter *direkt* Informationen mit diesen Datenbanken auszutauschen. Die Btx-Z der DBP dient dabei nur als öffentliche Vermittlung von Datenverkehr zwischen Heimterminal (TV-Gerät) und Datenbank eines Informations-Anbieters. Mit diesem Verfahren sind dann z.B. elektrische real-time-

Bestellvorgänge möglich. Auch Fahrplanauskünfte der DB könnten dann direkt eingeholt werden.

Die wesentlichen Leistungsmerkmale von BILDSCHIRMTEXT sind durch folgende Aufstellung gekennzeichnet:

- Übertragungsgeschwindigkeit:
  Vorwärtskanal (Zeichen) 1200 bit/s
  Rückwärtskanal 75 bit/s

- Zeichenvorrat:
  begrenzt, jedoch ausreichend

- Seitenzahl:
  praktisch unbegrenzt, Auffinden durch Suchbaumstruktur, Suchbäume mit unterschiedlichen Suchkriterien möglich

- Anwendung:
  1. Verteilung von Informationen an Alle nach Anforderung (Dialogbetrieb, kein Rundfunk) z.B. durch Versandhandel, Tageszeitungen u.a.
  2. Bilaterales Übermitteln von Nachrichten (genormte Texte mit Individual-Daten, freie Texte bei Verwendung der alphanumerischen Zusatz-Tastatur)
  3. Geschlossene Benutzergruppen (Banken, Reisebüros u.ä.)

Zusätzlich zur Fernbedienung, die im Wesentlichen nur Ziffern enthält, kann auch eine alphanumerische Tastatur mit dem vollen Zeichenvorrat einer Büroschreibmaschine angeschlossen werden. Damit wird es dann möglich, von Teilnehmer zu Teilnehmer (bilateral) "elektronische Briefe" zu übermitteln und im Teilnehmerspeicher des empfangenden Btx-Teilnehmers abzulegen. Jederzeitiger Abruf durch den Empfänger ist dann möglich (elektronischer Briefkasten). Der Dienst BILDSCHIRMTEXT soll ab 1983 regulär angeboten werden. Zuerst soll dabei schwerpunktmäßig die geschäftliche Kommunikation im Vordergrund stehen. Es wird 1986 mit ca. 1 Million Btx-Teilnehmern gerechnet. Einen Überblick über die dabei verwendete Technik gibt Bild 9.

Während BILDSCHIRMTEXT zwei DBP-Netze als Transportmedium benutzt (F-Netz, DATEX-P), beschränkt sich der Dienst TELEFAX auf die Nutzung des F-Netzes. Hier wird wieder zuerst eine Verbindung zwischen 2 Teilnehmern hergestellt.

Anschließend werden bei automatischen TELEFAX-Geräten Kenntöne ausgetauscht, die die Betriebsbereitschaft signalisieren. Anschließend beginnt die Informationsübertragung. Bei TELEFAX wird die Sendevorlage (DIN A 4-Blatt) mit einem Lichtstrahl abgetastet. Das reflektierte Licht wird ausgewertet. Dabei werden schwarze Stellen der Vorlage eindeutig von weißen Stellen unterschieden. Naturgemäß können dann aber Grautöne nur bedingt oder gar nicht wiedergegeben werden. Je nach dem Auflösungsverfahren werden die Geräte nach ihrer Übertragungszeit für eine DIN A 4-Seite klassifiziert.

Die wesentlichen Leistungsmerkmale sind:

- Übertragungsgeschwindigkeit:
  abhängig von verlangter Auflösung und Art der Prozedur (Redundanz-Reduktion)
- Zeichenvorrat:
  unbegrenzt, Auflösung abhängig von Zeilenzahl/mm (horizontal und vertikal)
- Seiten DIN A 4/Minute (Mittelwerte):
  Gruppe 1: 6 min/Seite
  Gruppe 2: 3 min/Seite (2 min möglich)
  Telefax-Dienst der DBP
  Gruppe 3: 1 min/Seite
- Anwendung:
  1. Übertragung von Text- und Bildvorlagen zwischen Teilnehmern in öffentlichen Netzen (Fotos nur bedingt)
  2. Verteilen von Vorlagen (Faksimile-Zeitung)
  3. Sammeln von Vorlagen (z.B. Unterschriftsproben im Bankverkehr)

Geräte der Gruppen 1 und 2 (6 bzw. 3 min) tasten dabei mit einer Genauigkeit von 3,85 Zeilen/mm Schrifthöhe ab, Geräte der Gruppe 3 (1 min) mit 7,7 Zeilen/mm. Aufgabe der DBP war es schwerpunktmäßig, eine internationale Standardisierung herbeizuführen:

1976 - Empfehlung der KtK
- Bildung eines Arbeitskreises (DBP/Spitzenverbände)

1977 - Empfehlung für Dienstgestaltung
- PostVerwRat beschließt grundsätzliche Diensteinführung

Dienstgestaltung

- Fernkopierer Gruppe 2 (3/2 min-Gerät)
- Fax-Hauptanschluß (einschl. NStAnl)
- Gerätebereitstellung < privat, Firmenwartung / DBP, Wartung DBP

  DBP bietet eigenes Gerät an. Daher echter Wettbewerb.
- Verantwortung für Dienstqualität allein bei DBP (nur zugelassene Geräte)
- DBP-Teilnehmerverzeichnis <u>und</u> Auskunft

Der Dienst TELEFAX wurde 1979 eingeführt. Bis dahin vorhandene, nicht standardisierte Geräte können weiterbetrieben werden. Weil in der Regel nur Geräte des jeweils gleichen Herstellers miteinander kommunizieren können, werden die Inhaber dieser Geräte *nicht* in das Teilnehmerverzeichnis aufgenommen. 1985 wird mit ca. 50 000 standardisierten Geräten gerechnet.

Der Dienst TELETEX (Bürofernschreiben) wird z.Z. noch in einem Feldversuch getestet. Im Jahr 1982 wird der reguläre Betrieb aufgenommen. Als Transportnetz wird DATEX-L mit 2400 bit/s verwendet. Auch die Einführung von TELETEX (Ttx) basiert auf einer Empfehlung der KtK. Grundgedanke war, die Büro-Schreibmaschine mit einem elektrischen Speicher und einem Kommunikations-Baustein auszurüsten, damit die Daten direkt auf elektrischem Wege dem Empfänger zugeführt werden können. Das Prinzip der Ttx-Endeinrichtung zeigt Bild 10.

Die wesentlichen Ttx-Merkmale sollen wieder tabellarisch dargestellt werden:

- Neues Terminal mit vollständigem Zeichenvorrat einer Büro-Schreibmaschine
- Unabhängige Lokalfunktion
- Unabhängige Übermittlungsfunktion zwischen Speichern der beteiligten Maschinen

Daher muß eindeutige Schnittstelle zwischen Lokal- und Übermittlungsteil vorhanden sein.

- Übergang TELETEX/TELEX muß von Anfang an möglich sein.

Daher muß Netz Übergang ermöglichen (Value Added Service)

- Weitere Übergänge vorstellbar, z.B. TELETEX/Bildschirmtext

Noch nicht spezifiziert

- Einsatz in NStAnl

Daher auch Übergang zu Fernsprech-NStAnl vorstellbar mit Endziel Kommunikations-Anlage.

Die Bürotätigkeit läuft nun folgendermaßen ab: über die Tastatur T wird ein Text in den Lokalspeicher LSP eingegeben, der gleichzeitig mit dem Drucker D und zusätzlich auf einem Bildschirm BS (Sonderausstattung) sichtbar gemacht werden kann. Fehler können durch Übertippen behoben werden, weil das "Original" elektrisch gespeichert wird. Nach Fertigstellung wird der Text vom Lokalspeicher LSP in den Senderspeicher S-SP überführt und über das Netz DATEX-L zum Empfänger übermittelt. Dort erfolgt die Speicherung im Empfangsspeicher. Auf der Sendeseite wurde gleichzeitig die Reinschrift ausgedruckt. Die Übertragung einer Seite DIN A 4 mit 2500 Zeichen (40 Zeilen mit je 63 Zeichen) erfolgt in ca. 8 Sekunden. Falls auf der Empfangsseite der Lokalteil gerade benötigt wird, kann die Nachricht im Empfangsspeicher E-SP abgelegt werden (nicht möglich bei TELEX!). Der Eingang einer Nachricht wird optisch angezeigt. Das Aussenden von Nachrichten kann auch automatisch verzögert erfolgen. Damit können Nacht-Zeiten bzw. auch Zeitversatz (Fernost) genutzt bzw. überbrückt werden. Selbstverständlich müssen TELEX-Teilnehmer von Ttx-Sendern und umgekehrt erreicht werden können. Hierfür werden im Netz der DBP TELETEX-TELEX-Umsetzer (TTU) bereitgestellt . Hier finden Zwischenspeicherung der Nachricht, Geschwindigkeits- und Prozedur-Wandlung statt. Die Netzkonfiguration für TELETEX/TELEX zeigt Bild 11. Auch Textautomaten können bei Einhaltung der TELETEX-Bedingungen an diesem Dienst teilnehmen.

Die Auswirkungen bzw. Möglichkeiten von TELETEX sollen kurz erläutert werden. Die Vorhersage für die Zahl der Ttx-Maschinen zeigt Bild 12. In einer Studie über Briefverkehr wird ausgesagt:

- 36 Mio Sendungen/Tag
- Quellen: Wirtschaft/Behörden 14 Mio
  Privat 22 Mio

Hiervon können ca. 20 Mio/Tag elektronisch übertragen werden. Ein Flußdiagramm (Bild 13) zeigt nun, daß die zwischen Geschäftsteilnehmern laufende Post wahrscheinlich zu 100% elektrisch übertragen werden kann (8 Mio Sendungen/Tag). Kosten-Studien haben ergeben, daß bei Ansetzen aller Kosten für die Brief-Erstellung (Lohn, Material, Interne Postverteilung) Ttx bei verschiedenen Betriebsfällen u.U. schon bei 2 Briefen/Tag kostendeckend wird (Bild 14). Auch für die inhouse-Kommunikation ergeben sich neue Möglichkeiten (über 60% des Postaufkommens eines größeren Betriebes sind betriebsintern).

Als letzter Text-Kommunikationsdienst ist VIDEOTEXT (international videotex broadcast) zu nennen. Als Übertragungsmedium wird das Fernsehsignal verwendet. Die in Deutschland gebräuchliche Norm sieht für den Aufbau des Video-Bildes 625 Zeilen mit je 800 Bildpunkten vor. Dieses Gesamtsignal muß jetzt noch mit sogenannten Halbbildern 50 mal pro Sekunde gesendet werden. Im auf der Bildröhre nicht sichtbaren Teil dieses Signals sind nun Zeilen frei, die für die Datenübertragung genutzt werden können. Auch diese Datensignale müssen von einem Zeichengenerator im TV-Gerät aufgenommen und nach Umwandlung in ein Fernsehbild mit 24 Zeilen zu je 40 Zeichen auf der Bildröhre sichtbar gemacht werden. Der Zeichenvorrat entspricht der Codetabelle nach Bild 5. Die Informations-Seiten werden nun zyklisch nacheinander dauernd über die Fernseh-Sender ausgestrahlt (1. Programm: ARD; 2. Programm: ZDF/DBP). Die Auswahl einer bestimmten Seite erfolgt mit Hilfe der Fernbedienung. Bei Eintreffen der gewünschten Seite erfolgt das Abspeichern und Abbilden auf der Bildröhre. Dabei können wegen des zyklischen Anbiet-Vorgangs erhebliche Wartezeiten auftreten.

Die Leistungsmerkmale von VIDEOTEXT zeigt die folgende Aufstellung:

- Übertragungsgeschwindigkeit:
  abhängig von Zahl der verfügbaren Bildzeilen in der Vertikallücke. Mit Sicherheit z.Z. 2 Zeilen verfügbar
  ($\triangleq$ ca. 21 kbit/s)
  kein Rückwärtskanal vorhanden
- Zeichenvorrat:
  begrenzt, jedoch ausreichend
- Seitenzahl:
  abhängig von Zahl der verfügbaren Zeilen und der zumutbaren Zykluszeit!
  Auffinden durch Adressierung der Seite mit Warten auf Erscheinen der Seite im Sendezyklus

Beispiel: Bei Schwellwert 15 sec.
2 Zeilen ≙ 75 möglichen Seiten: 4 Zeilen ≙ 150 Seiten usw.
Max. 10 Zeilen ≙ 375 Seiten vorstellbar

- Anwendung:
  1. Verteilung von Informationen an Alle durch gezielten Zugriff
  2. Fernsehbild-"Unterstützung" (Untertitel)

Der Dienst wird als Versuchsbetrieb seit 01.07.1980 von 16.00^h bis Sendeschluß angeboten. Die DBP stellt für die Übertragung der Videosignale ein weit verzweigtes Übertragungs- und Modulations-Leitungsnetz zur Verfügung.

In naher Zukunft werden auch Satelliten für die TV-/Rundfunk-Übertragung sowie für Datenanwendungen eingesetzt werden. Für den Bereich der DBP spielen zwei Projekte eine wesentliche Rolle: TV-SAT und ECS (european communications satellite). Das Satelliten-Fernsehen erfordert einen TV-Sat, der, von einer Erde-Funkstelle gespeist, max. 5 Fernseh-Programme zur Erde zurückstrahlt (Bild 15). Jedem Land wird nach einer internationalen Vereinbarung (WARC 77) ein Satellit mit einer entsprechenden Orbit-Position und einer Ausleuchtzone (Bild 16) zugestanden. Dieses Bild zeigt deutlich, daß auch "fremde" TV-Signale im Bereich der Bundesrepublik empfangen werden können. Beispielhaft sind die Ausleuchtzonen von Deutschland, Frankreich und Italien stärker hervorgehoben worden. Außerhalb dieser Zonen ist, mit schlechterer Qualität, auch noch Empfang möglich.

Das Gemeinschaftsprojekt ECS soll 1983/84 realisiert werden. Die Ausleucht-Zonen dieses Satelliten zeigt Bild 17. Neben einem Eurobeam und drei kleineren Ausleuchtzonen (spots) wird auch für Fernseh-Zwecke eine besondere Ausleucht-Zone realisiert (EBU coverage). Dieser Satellit wird Bestandteil eines digitalen europäischen Fernmeldesystems werden und für schnelle Datenübertragung genutzt werden.

Vorversuche mit dem orbital test satellite (OTS) laufen zur Zeit erfolgreich. Außerdem wird der französische Satellit Télécom 1 etwa gleichzeitig den Betrieb aufnehmen. In diesem Satelliten hat die DBP Nutzungsrechte für entsprechende Anwendungsfälle erworben. Damit haben die europäischen Verwaltungen sichergestellt, daß auch heute noch unbekannte Anforderungen bezüglich schneller Datenübertragung und VIDEO-Anforderungen kurzfristig realisiert werden können.

Teilsystem
CT1
CT2
CT3
N1
N2
N3
N4
O1
O2
O3
Internationales
Fernnetz
Nationales
Fernnetz
Nationales
Ortsnetz
Netzunter-
stützung
Anschlußleitung
als Teilnehmersystem
mit EE
EE
EE
Telekommunikation

Abb. 1

X
Paket der virtuellen Verbindung
DPVST Paketvermittelte Datenvermittlungsstelle
Datenverarbeitungs-
anlage
Host-Rechner
Datenstation
Mehranschluß
DPVST
DPVST
DPVST
Datexnetz mit
Paketvermittlung
zwischen
Schnittstellen
X. 25
A
B
C
D

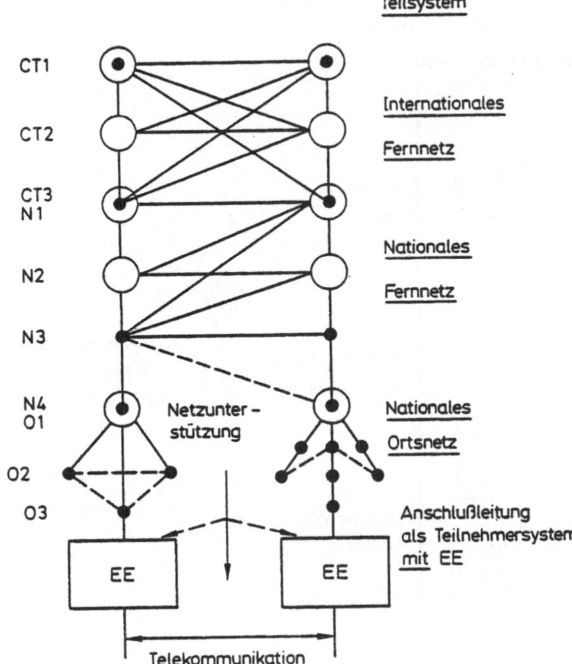

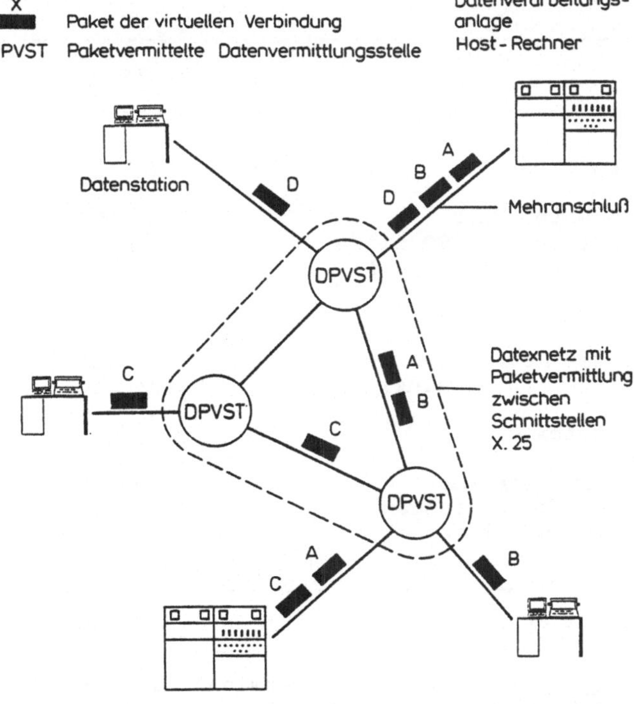

Abb. 2

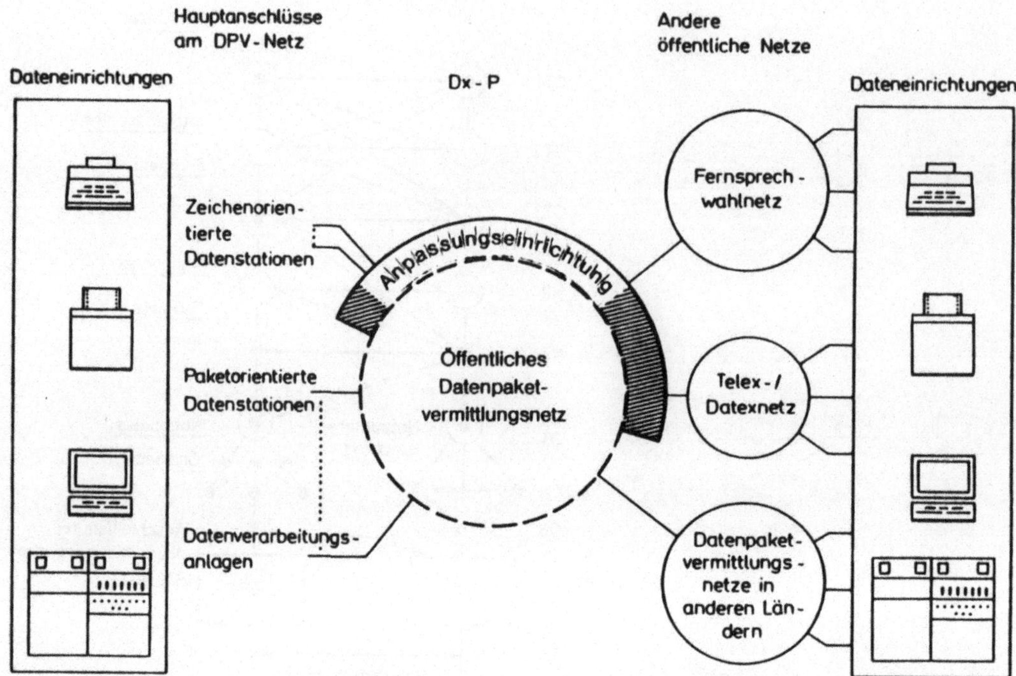

Abb. 3. Zusammenhang zwischen öffentlichem Datenpaketvermittlungsnetz und anderen öffentlichen Netzen

	1980	1981
PSTN	40 000	≈49 300
CS-Daten Netz (200 - 9 600 bit/s, asyn. and syn.)	4 500	≈ 7 000
PS-Daten Netz	-	635
Telex Netz Daten	450	380
(Telex)	(135 000)	(≈140 000)
Teletex	-	450
Daten Netz für feste Verbindungen (nat. und internat.)	70 000	73 100
Summe etwa	114 950	130 765

Abb. 4. Zahl der Daten Terminals in der BRD (Ende des Jahres) (Wachstumsrate ≈ 15% p.a.)

je 4 bit →

↓	00	01	02	03	04	05	06	07	08	09	10	11	12	13	14	15
00			SP	0		P		p				°			Ω	ĸ
01			!	1	A	Q	a	q			¡	±	`		Æ	æ
02			"	2	B	R	b	r			¢	2	´		Đ	đ
03				3	C	S	c	s			£	3	^		ª	ð
04			&	4	D	T	d	t			$	×	~		Ħ	ħ
05			%	5	E	U	e	u			¥	µ	¯			ı
06				6	F	V	f	v			#	¶	˘		IJ	ij
07			'	7	G	W	g	w			§	•	˙		L•	l•
08			(	8	H	X	h	x			¤	÷	¨		t	t
09			)	9	I	Y	i	y							Ø	ø
10				:	J	Z	j	z					˚		Œ	œ
11			+	;	K	[	k				«	»	¸		º	β
12			,	<	L		l	|				1/4	_		Þ	þ
13			–	=	M	J	m					1/2	˝		F	ŧ
14			•	>	N		n					3/4	˛		Ŋ	ŋ
15			/	?	O	_	o					¿	ˇ		ŉ	

<u>Spalten 00, 01, 08, 09 Steuerzeichen</u>
Spalten 10, 11 Sonderzeichen
Spalte 12 diakritische Zeichen
Spalten 14, 15 Sonderbuchstaben
Spalte 13 Reserve

<u>Kompositionsmethode:</u>
â erhält man aus 12/3+6/2 (^+a)
ö erhält man aus 12/8+6/15 (¨+o)

<u>Abb. 5.</u> Neue Dienste, Code-Tabelle (Ttx, btx)

• Captain

• Bildschirmtext

x Oracle

\Teletex

x Videotext

• Titan

o Fernschreiben

- Kabeltext

x Ceefax

• Viewdata

+ Fernkopieren

x Teletext

o Telex

• Videotel

• Prestel

+ Telefax

x Bildschirmzeitung

• Teletel

- Bildschirmzeitung

x Teletekst

• Videotex interactive

+ Facsimile

\Bürofernschreiben

x Videotex broadcast

• Antiope

+ Elektronische Post

•Teledon

Electronic Mail

Abb. 6

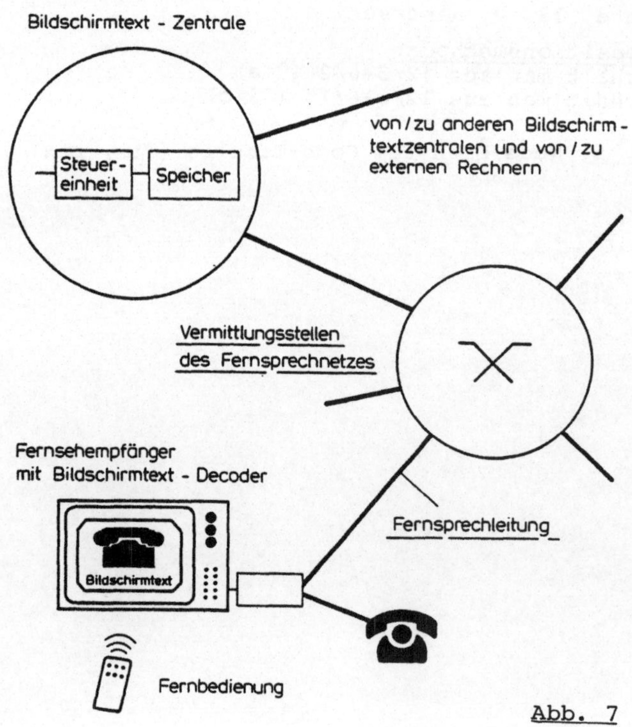

Abb. 7

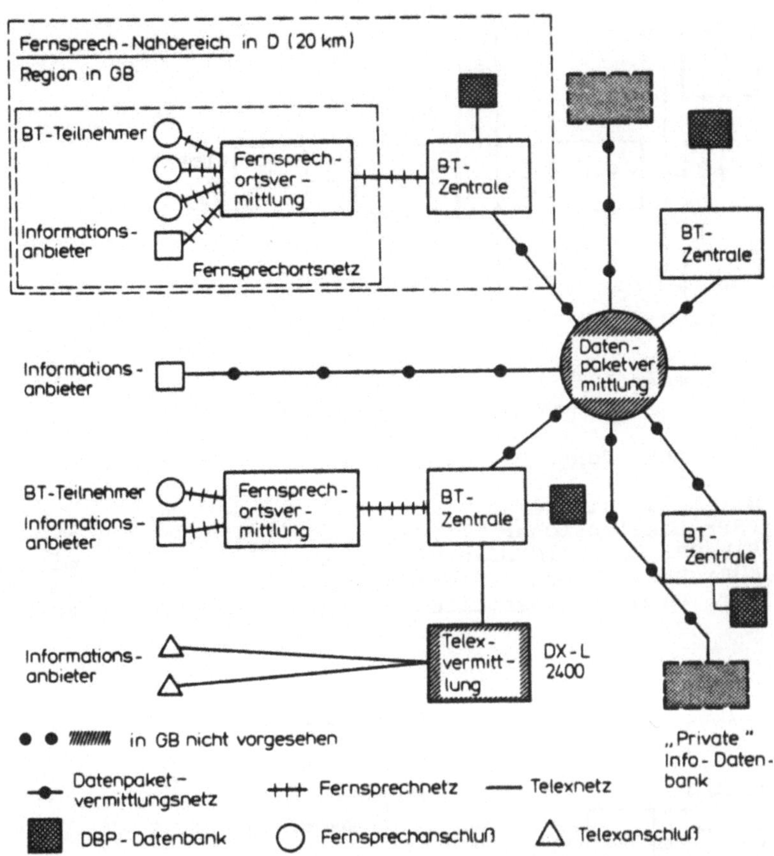

Abb. 8

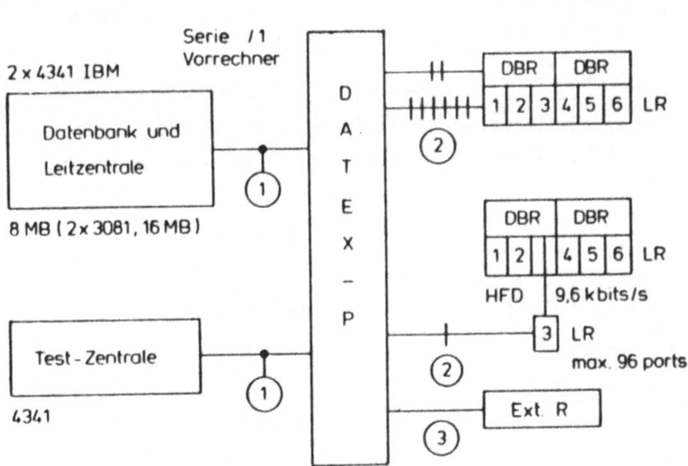

DBR: Datenbankrechner
LR: Leitungsrechner
1 : n x 48 kBit/s
2 : 9,6 kBit/s
3 : Bitrate entsprechend der Verkehrsmenge
Schnittstelle X.25 + EHKP
Ext.R: private INFO-Anbieter

Abb. 9

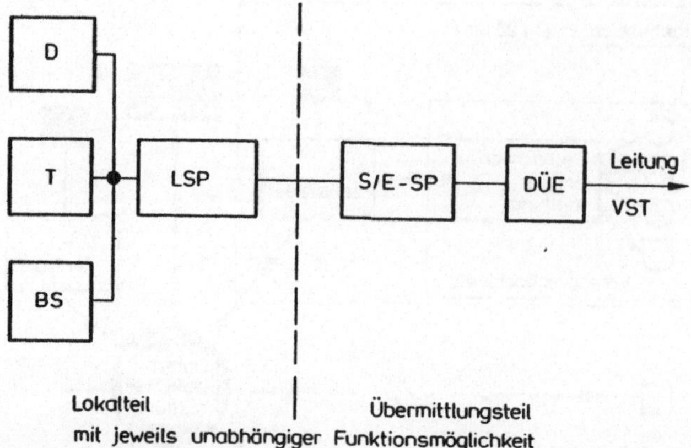

D: Druck-(Schreib-) Einrichtung
T: Tastatur
BS: Bildschirmgerät
LSP: Lokalspeicher
SIE-SP: Sende (Empfangs-Speicher)
DÜE: Daten-Übertr.-Einrichtung
VST: Vermittlungsstelle

Abb. 10. Lokalteil/Übermittlungsteil mit jeweils unabhängiger Funktionsmöglichkeit

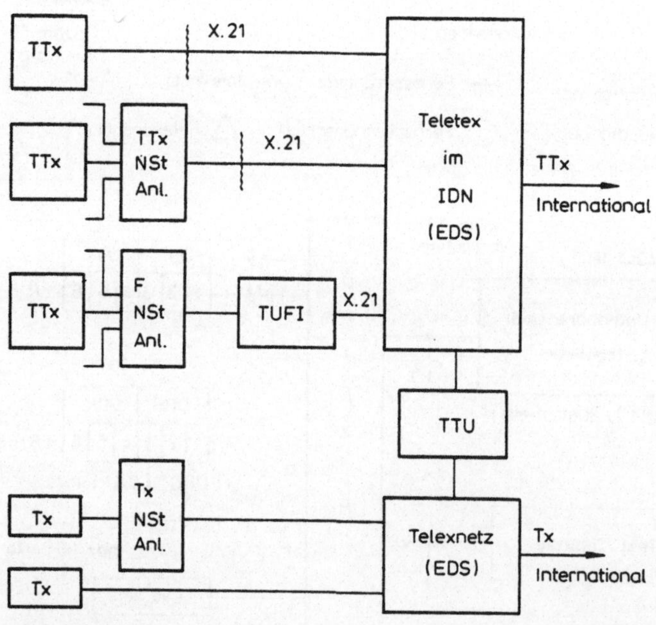

Tx: Telex
TTx: Teletex
NStAnl.: Nebenstellenanlage
TUFI: Teletex-Umsetzer für Fernsprechen/IDN
TTU: Teletex/Telex-Umsetzer
EDS: Elektron.Datenverm.-System

Abb. 11

240
220
200
180
160
140
120
100
80
60
40
20
0
Total
Telex
Teletex
1980
1982
1984
1986
1988
1990 Year end

Abb. 12

100% ≙ 20 Mio. / Tag
Geschäfts - teilnehmer
79%
Privat
21%
40
39
8
13
40
8
39
13
Geschäfts - teilnehmer
48%
Privat
52%

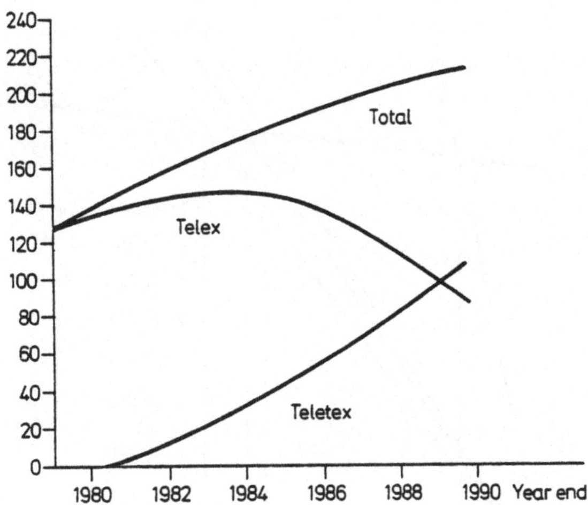

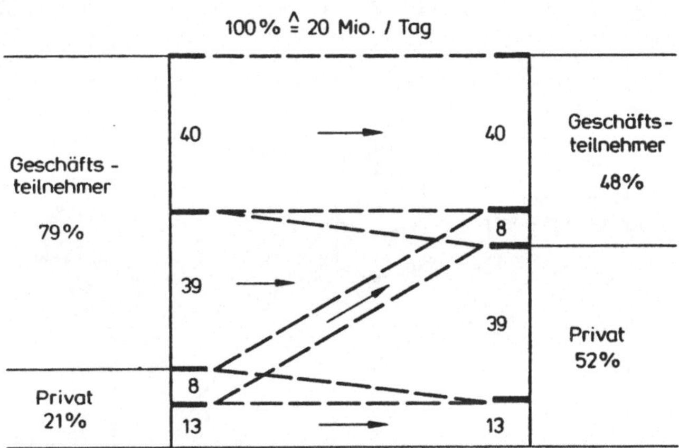

Abb. 13

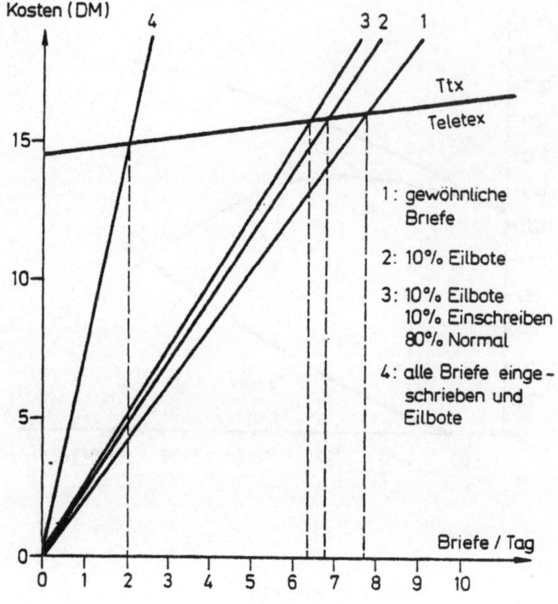

Abb. 14. Vergleich Briefpost/TELETEX

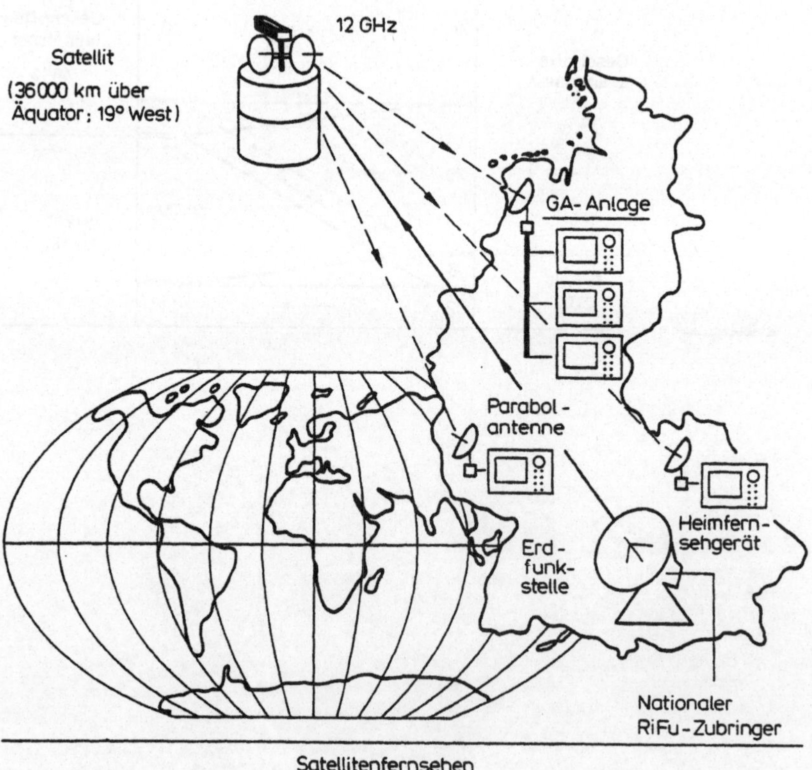

Abb. 15

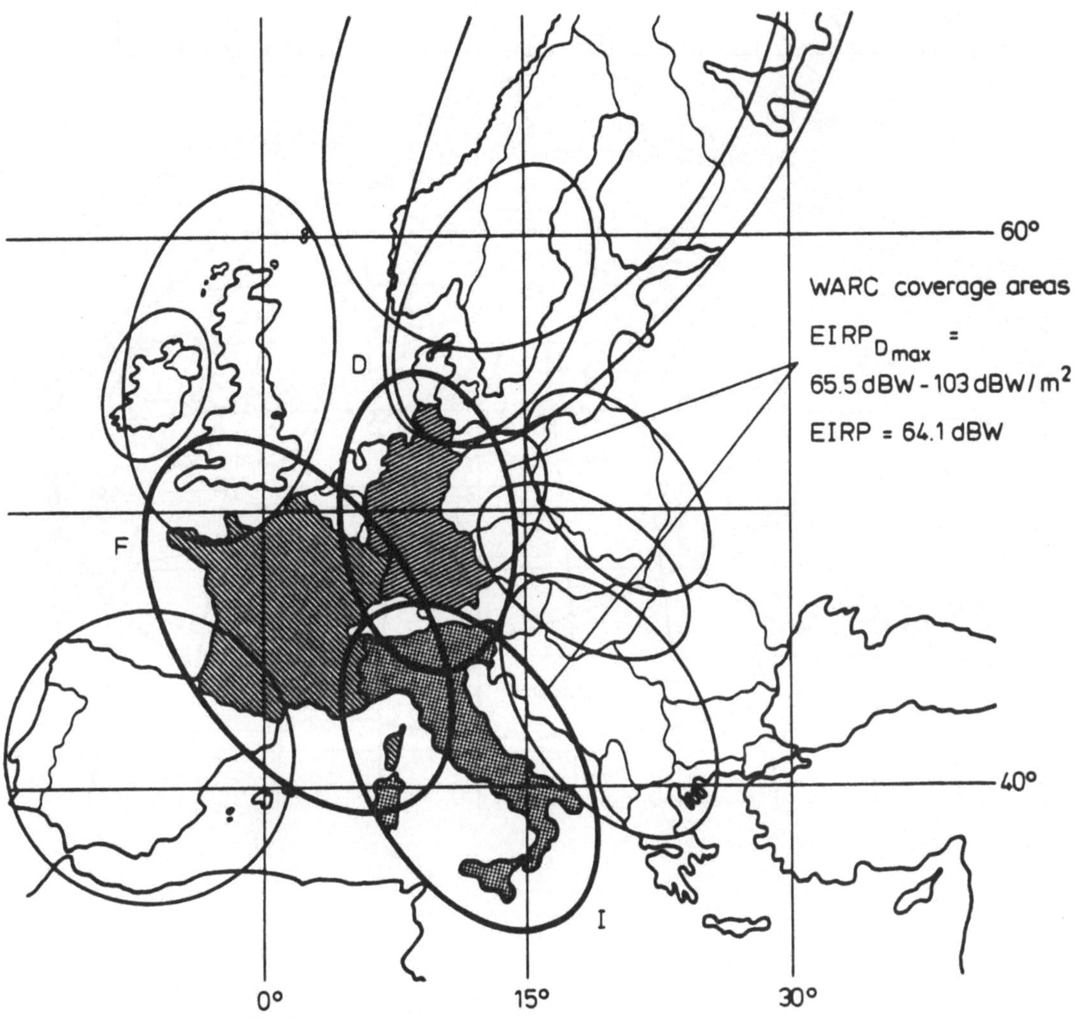

Abb. 16. Ausleuchtzonen nach WARC 77

4°
3°
2°
1°
0°
1°
2°
3°
Spot West
Spot East
Rye
Oslo
Hel
60°
Sto
Ams
Lon
Bonn
Par
Vie
Bel
Spot Atlantic
Mad
Rom
Lis
Azo
Tun
Ank
Alg
Ath
Tri
Mde
Rab
Nic
Lap
Eurobeam
ECS
(--- Basic EBU coverage)

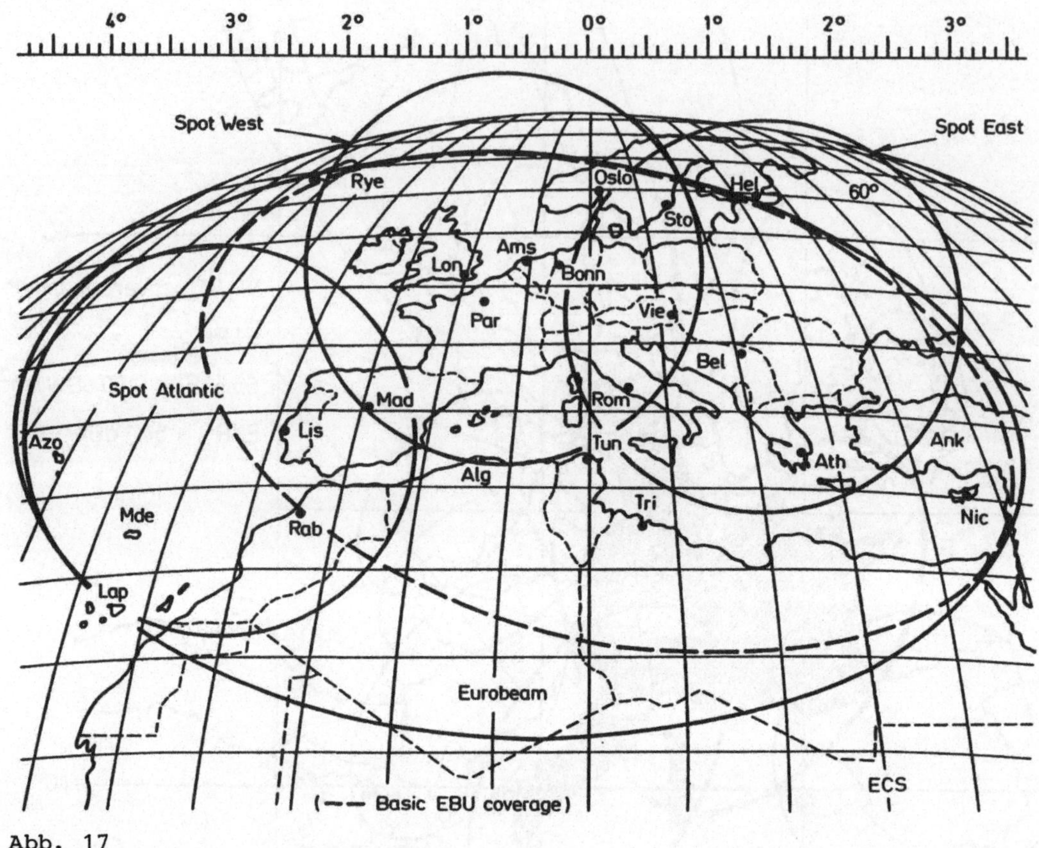

Abb. 17

Nutzen und Schaden der elektronischen Datenverarbeitung

P. Mertens

Universität Erlangen-Nürnberg, Lange Gasse 20, 8500 Nürnberg

1. Einleitung

Im vergangenen Jahrzehnt konnte durch elektronische Datenverarbeitung, Mikroelektronik und verwandte Informationstechniken viel Nutzen gestiftet werden. In den letzten Jahren wird aber auch verstärkt Kritik an der Informationsverarbeitung geübt. Höhepunkte dieser Kritik in der Bundesrepublik Deutschland waren ein Streik im Zusammenhang mit der Einführung neuer computergestützter Techniken in der Druckindustrie und ein von der Gesamthochschule Kassel veranstalteter Kongreß. Auf der Abschlußveranstaltung dieses Kongresses wurde die Forderung angemeldet, man solle eine Art Moratorium von drei Jahren Dauer verordnen, währenddessen keine neuen EDV-Systeme eingeführt werden dürfen. (Es verwundert nicht, daß gerade diese Forderung von der Presse aufgegriffen und in ihren Schlagzeilen wiedergegeben wurde.)

In einem Brief der "Revolutionären Arbeitslosenzelle" an die Redaktion der Nürnberger Nachrichten, mit dem die Verantwortung für einen Bombenanschlag auf die Bundesanstalt für Arbeit in Nürnberg übernommen wurde, wird als Begründung u.a. angegeben: "Die gerade beginnende Computerisierung der Vermittlungstätigkeit, die uns die letzte Einflußmöglichkeit auf die Arbeitsvermittlung nimmt und uns endgültig zur Computernummer degradiert".

Des Bundeskanzlers Worte, er könne seine Stromrechnung nicht mehr lesen, gehören zu den meistzitierten Passagen einer Regierungserklärung.

Es kann nicht ausgeschlossen werden, daß die Widerstände gegen die Weiterentwicklung der Datenverarbeitung eine ähnliche Stärke erreichen wie die gegen andere Entwicklungen des Industriezeitalters. Daher hatte ich zusammen mit Mitarbeitern eine Untersuchung durchgeführt, um positive und negative Effekte der modernen Informationstechnik zu bilanzieren. Dieser Beitrag basiert auf dieser Studie. Abb. 1 zeigt den Untersuchungsgang.

Ausgangspunkt war eine Sammlung von ca. 1800 Berichten über die Einführung von EDV-Systemen. Diese Berichte wurden dem wissenschaftlichen Fachschrifttum, der Praktikerliteratur, Kongreßpublikationen, gewerkschaftlichen Zeitungen usw. entnommen. Alles, was zwischen 1970 und 1980 in der deutschen und angelsächsischen Literatur erschienen und uns zur Kenntnis gelangt war, haben wir dokumentiert, unter Verwendung eines Kataloges von rund 350 Deskriptoren klassifiziert und schließlich in eine einfache Datenbank abgespeichert. Wir nennen diesen Teil unserer Studie die Sekundäruntersuchung.

Die Datenbank konnten wir in die verschiedensten Richtungen auswerten, u.a. dazu, Hypothesen für eine Serie von Interviews, d.h. weitgehend strukturierten Gesprächen, zu formulieren. Diesen zweiten Teil nennen wir die Primäruntersuchung.

Die Ergebnisse wurden mit Hilfe unseres hauseigenen Methodenbanksystems SAMBA ausgewertet. Ich will jedoch in diesem Beitrag nicht aufstatistische Einzelheiten eingehen, zumal es sich um höchst konventionelle Methoden der Feldforschung ohne jeden wissenschaftlichen Reiz handelt.

Bei den meisten Auswirkungen der Informationstechnik ist der positive oder negative Charakter unumstritten. Bestimmte medizinische Analyseverfahren, etwa die völlig schmerz- und risikolose Computertomografie, die die schwierige und für den Patienten äußerst unangenehme Hirnangiografie teilweise ablöste, werden wohl von niemandem abgelehnt, wenn man einmal von Vertretern extremer religiöser Positionen absieht, die jeden ärztlichen Eingriff mißtrauisch sehen.

Manche Auswirkungen können hinsichtlich ihres positiven oder negativen Charakters umstritten sein. Die Einführung eines Aufzeichnungen des Betriebssystems nutzenden Leistungslohnsystems bei der Datenerfassung mag von einer Datentypistin als Weg zur gerechteren Honorierung ihres Fleißes, von ihrer Kollegin als zusätzlicher unangenehmer Leistungsdruck empfunden werden.

2. Ebenen der Betrachtung

Als Rahmen für die Einordnung der Wirkungseffekte der Informationstechnik möge die folgende Unterscheidung in vier Betrachtungsebenen dienen.

Individualebene

Hierunter lassen sich diejenigen Effekte einordnen, die den *einzelnen Menschen* direkt betreffen. Sie unterscheiden sich weiterhin in die verschiedenen Lebensbereiche bzw. Rollen, in denen ein Individuum Wirkungen der Informationstechnik ausgesetzt ist, z.B. als Staatsbürger, als Verbraucher, als Arbeitnehmer, als Patient beim Arzt oder im Krankenhaus.

Mikroebene

Die Nutzeffekte bzw. Schäden, die ein *Betrieb* durch die Nutzung der Informationstechnik erfährt, lassen sich einmal funktional nach betrieblichen Aufgabenfeldern (Vertrieb, Produktion, Materialwirtschaft) gliedern, zum anderen nach Wirtschaftszweigen (Industrie, Kreditinstitute und Versicherungen, Krankenhaus).

Makroebene

In diese Betrachtungsebene werden alle Effekte eingeordnet, die den *Staat* bzw. seine Institutionen (Legislative, Exekutive, Judikative) betreffen, sowie die *Volkswirtschaft* als Ganzes.

Globalebene

Effekte der Informationstechnik, die über den nationalen Rahmen hinaus für *andere Staaten* von Bedeutung sind (d.h. deren Interessen positiv oder negativ beeinflussen können), sowie solche, die die *Menschheit* insgesamt tangieren können, werden dieser Klasse zugeordnet. Dies gilt auch für Anwendungen der DV-Technik etwa im Forschungsbereich, im Umweltschutz oder bei der Energieversorgung.

3. Primärstudie

3.1 Auswahl der Betriebe

Bei der Auswahl der Betriebe wurde primär angestrebt, die wichtigsten Wirtschaftszweige in der Stichprobe vertreten zu haben (vgl. Abb. 2). Ein besonderer Schwerpunkt wurde auf Banken und Versicherungen gelegt, weil dort wegen der zu erwartenden großen Bildschirmdichte (Bildschirme pro 100 Mitarbeiter) und wegen der für die kommenden Jahre angestrebten und vorwiegend mit moderner Informationstechnik zu erreichenden Produktivitätsfortschritte besonders ernste Probleme auftreten können.

3.2 Durchführung der Interviews

Die Verfasser erhielten Gelegenheit, 51 Gespräche in 39 Betrieben mit 60 leitenden Damen und Herren aus den Abteilungen Organisation/Datenverarbeitung und 20 Vorsitzenden bzw. Mitarbeitern von Betriebsräten bzw. Personalräten zu führen. Die ursprüngliche Absicht, zu jeder DV-Einführung sowohl eine(n) Vertreter(in) des Bereiches Organisation/Datenverarbeitung und eine(n) Vertreter(in) der Mitarbeiter zu hören, ließ sich nicht realisieren. In der statistischen Auswertung wurde dies berücksichtigt.

3.3 Einzelne Gesprächspunkte

Unsere erste Frage zielte darauf, auf welchen Teilbereichen gegenwärtig der größte Problemdruck lastet, der zur Einführung neuer EDV-Systeme bzw. zur Weiterentwicklung vorhandener führt. An erster Stelle wurden Dispositionsprobleme genannt, an zweiter Stelle rangierte das Streben, die Kundenbedienung zu verbessern. Die Personalkosten erscheinen an dritter Stelle. Weit abgeschlagen finden wir Personalsorgen, wie z.B. Probleme bei der Anwerbung von Mitarbeitern oder mangelnde Zuverlässigkeit der Mitarbeiter. Dies steht in gewissem Gegensatz zu der zuweilen ausgesprochenen Vermutung, die Unternehmen wollten unzuverlässigere Menschen durch zuverlässigere Automaten ersetzen.

Speziell bei den Kreditinstituten fiel noch auf, daß es die modernen EDV-Systeme offenbar erlauben, die Bedienung des Kunden wieder stärker zu individualisieren, während die vorherige Phase der Stapelverarbeitung weniger der individuellen Kundenbedienung als vielmehr der Rationalisierung des Massengeschäftes diente.

Mittlere Werte (zwischen 30 und 40% positive Nennungen) bekamen wir für die typischen DV-Nutzeffekte im Fertigungsbereich, z.B. verbesserte Kapazitätsauslastung, kürzere Durchlaufzeiten, niedrigere Rüstkosten durch computergestützte Produktionsplanung und -steuerung.

Sehr hohe Nennungen erhielten wir für die allerdings schwer quantifizierbaren Nutzeffekte "Höhere Zufriedenheit der Kunden", "Größere Planungs- und Prognosegenauigkeit", "Bessere Koordination betrieblicher Abläufe", "Größere Flexibilität" und "Wirksamere Information des Managements". Zu einigen dieser Kriterien antworteten alle Betriebe, daß sie sie erreicht hätten.

In der Liste der negativen Effekte dominiert eindeutig die größere Verletzlichkeit des Unternehmens bzw. seine stärkere Abhängigkeit von der Datenverarbeitung. Wir erkennen daran, wie wichtig gegenwärtig eine hohe Verfügbarkeit bzw. eine niedrige Störanfälligkeit des DV-Systems geworden ist.

In 55% aller Fälle gab es bei der Einführung Schwierigkeiten mit irgendeiner Gruppe von Beteiligten. Die Abb. 3 zeigt, mit welchen Gruppen in welchem relativen Umfang diese Probleme auftraten. Es tauchten zwar in 43% dieser Fälle Schwierigkeiten mit Mitarbeitern auf (das sind bezogen auf alle Fälle 24%), jedoch handelte es sich in der Regel nur um Probleme mit einzelnen Damen und Herren. Um einen Eindruck zu gewinnen, wie gravierend diese waren, haben wir nachgefragt, in welchem Ausmaß sie Gespräche, Schriftwechsel oder weiterreichende Aktionen zur Folge hatten: dabei zeigte sich, daß die meisten Schwierigkeiten durch Gespräche, allenfalls durch formaleren Schriftwechsel gelöst wurden. Es sind uns keine Arbeitskampfmaßnahmen und nur ein Arbeitsgerichtsverfahren begegnet.

Abb. 4 faßt die Auswirkungen auf die Zahl der Arbeitsplätze zusammen. Man erkennt, daß sich per Saldo in 47% der Fälle die Zahl der Arbeitsplätze verringert hat.

Wie ist diese Verringerung der Arbeitsplätze erreicht worden?

Das nächste Bild (Abb. 5) verdeutlicht uns, daß die natürliche Fluktuation teilweise in Verbindung mit Umbesetzungen innerhalb des Betriebes das wesentliche Vehikel zur Personalreduktion ist, Entlassungen spielen praktisch keine Rolle. Man sieht also, daß die Mitarbeiter nur indirekt betroffen werden. Sie verlieren nicht ihren aktuellen Arbeitsplatz, jedoch wird das Angebot an Arbeitsplätzen für die Gesamtheit der Arbeitnehmer bei derartigen Effekten natürlich geringer.

Wie die Gegenüberstellung in Abb. 6 zeigt, schätzen etwa 58% der Gesprächspartner, daß die Arbeitsplätze nach Einführung des neuen EDV-Systems höhere Qualifikationen verlangen, nur 18% meinten, daß tendenziell die Qualifikationsanforderungen gesunken seien. Den höheren qualitativen Anforderungen ist in etwa einem Viertel der Fälle auch eine Eingruppierung in eine höhere Gehaltsstufe gefolgt.

Mit der Tendenz zu Arbeitsplätzen mit einer im Zweifel höheren Qualifikation stimmt die Antwort auf unsere Frage überein, ob die Arbeitsplätze jetzt eher einen reicheren oder einen ärmeren Inhalt bieten. Es dominiert mit rund 60% klar die Auffassung, daß eine Arbeitsbereicherung stattgefunden habe.

Relativ viele Gesprächspartner (42 bzw. 43%) schätzen die physische und auch die psychische Belastung der Bildschirmarbeitsplätze höher ein als die der Vorgänger-Arbeitsplätze (Abb. 7 und 8). Hier zeigt sich die Bedeutung des Mischarbeitsplatzes.

In mehr als zwei Dritteln der Fälle wurde uns angegeben, daß ältere Mitarbeiter mehr Probleme bei der Umstellung auf den Bildschirm haben als jüngere. In einigen Fällen wurde ergänzend spezifiziert, daß sich die Einarbeitungsprobleme vor allem in einer längeren Einarbeitungszeit manifestieren: nach Überwindung der Umstellungshürde würden ältere Mitarbeiter oft die Möglichkeit des Bildschirm-Systems - z.B. zur Kundenberatung am Bankschalter - gründlicher nutzen als die jüngeren.

Die Zufriedenheit am Arbeitsplatz wurde in etwa der Hälfte der Fälle als höher als vorher und nur in 14% als niedriger eingeschätzt.

Die sogenannte Isolationsthese, wonach moderne DV-Systeme dazu führen, daß Mitarbeiter in der Arbeitswelt weniger miteinander sprechen, weil sie mehr auf das EDV-System bezogen sind, findet in unserer Untersuchung kaum Bestätigung: vielmehr waren etwa zwei Drittel der Antwortenden der Auffassung, daß sich hier keine Änderungen ergeben hätten. In einigen Fällen, in denen eine verminderte Kommunikation angenommen wurde, erhielten wir den ergänzenden Hinweis, daß es sich früher um überwiegend unangenehme Kommunikationsvorgänge, wie z.B. Klärung von Kundenbeschwerden über fehlerhafte Kontoauszüge, gehandelt habe, die mit dem EDV-System weggefallen seien.

Die Leistungskontrollen am Arbeitsplatz sind in 30% der Fälle stärker als früher. Sie dienen jedoch nur in weniger als einem von fünf Fällen als Basis für leistungsorientierte Bezahlung. Der Hauptzweck ist die Dimensionierung der Systeme, z.B. auf der Grundlage der Ausnützung von Datenerfassungsplätzen . Unter Leistungskontrollen darf man sich nicht nur einfache Messungen der Arbeitsgeschwindigkeit, wie z.B. die Zahl pro Stunde durch Datentypistinnen eingegebenen Zeichen, vorstellen, vielmehr ist hierunter auch die Kontrolle von Manager-Tätigkeiten eingruppiert, wie z.B. der Fehldispositionen, die einem Einkaufsleiter unterlaufen sind. Hierzu erhielten wir die interessante Einzelmeinung, daß derartige Leistungskontrollen eigentlich von den Gewerkschaften begrüßt werden müßten, weil so z.B. festgestellt werden könne, ob der Leiter der Filiale eines großen Handelsunternehmens seine guten Kennzahlen eher einer intelligenten Warendisposition oder verstärktem Leistungsdruck auf sein Personal verdanke.

In jenen Fällen, wo der Betriebs- bzw. Personalrat aktiv oder beratend in die Systemeinführung eingeschaltet war, haben wir die etwas provozierende Frage gestellt, ob die Nutzeffekte des Systems dann, wenn der Betriebsrat nicht mitgewirkt hätte, höher geworden wären. Diese Frage wurde in drei Fällen bejaht und in sechs Fällen verneint. Das deutet auf konstruktive Mitwirkung der Betriebsräte hin. Wegen der sehr geringen Stichprobe müssen wir jedoch dieses Ergebnis mit großer Vorsicht werten.

Besonders aufschlußreich erscheint das Antwortprofil auf die Frage, ob es im Unternehmen auch Beschwerden von Mitarbeitern darüber gegeben habe, daß sie *keinen* Bildschirm zugeordnet bekamen. In 62% der Fälle kam es zu solchen Beschwerden.

4. Sekundärerhebung

4.1 Überblick

Als erster Anhaltspunkt für die Bedeutung eines positiven oder negativen Effektes dient uns die Zahl der Nennungen des entsprechenden Deskriptors in unserer Literaturmenge (Abb. 9, 10, 11).

4.1.1 Individualebene

Bei der Betrachtung des Individuums als *Bürger* dominiert mit 46 Nennungen die Hilfe für Behinderte.

Danach rangieren der Beitrag zur verbesserten Lehre, z.B. mit Hilfe einer computergestützten Organisation des Fernstudiums, und Einzeleffekte zum Komplex "Schutz vor mehr oder weniger einschneidenden Lebenszwischenfällen", wie z.B. Unfällen oder Verbrechen. Dazu kommt ein verbesserter Service der öffentlichen Verwaltung für den Bürger als freilich schwer beweisbarer Tatbestand.

Am *Arbeitsplatz* finden wir bei der Auszählung der Nennungen annähernd ein Gleichgewicht mit 94 Positionen, in denen von einer durch Datenverarbeitung erreichten Humanisierung die Rede ist, und 52 bzw. 56 Positionen für höhere physische und psychische Belastung.

43 mal wird von einer Aufwertung der Arbeitsplätze berichtet, 67 mal von einer Dequalifikation.

Bei der Betrachtung des Individuums als *Verbraucher* fällt mit 56 Nennungen der verbesserte Kundenservice ins Auge, wie er z.B. durch die Bedienung im modernen Schalterraum einer mit einem Online-System ausgerüsteten Bank oder durch aussagekräftigere Rechnungen, die an einer elektronischen Kasse ausgeworfen werden, zustande kommt.

Besonders oft werden Nutzeffekte für das Individuum als *Patient* berichtet, so z.B. bessere und risikolosere Diagnose in 40 Nennungen, bessere und risikolosere Therapie in 56 Nennungen.

Der Preis, der für die Nutzeffekte zu zahlen ist, wird in erster Linie bei Datenschutzproblemen vermutet. Sie rangieren mit 57 Nennungen an erster Stelle unter den schädlichen Effekten auf der Individualebene.

4.1.2 Mikroebene

Auf der Mikroebene rangieren Begriffe vorn, die sehr wenig aussagekräftig sind, wie "Geringere Kosten", "Zeitersparnis" oder "Höhere Produktivität". Mittlere Werte erhielten wir für die typischen DV-Nutzeffekte der Fertigung, etwa "Bessere Lieferbereitschaft", "Kürzere Lieferzeiten", "Bessere Kapazitätsauslastung". Darauf wird teilweise weiter unten noch eingegangen.

4.1.3 Makroebene

Auf der volkswirtschaftlichen Ebene dominieren nicht ökonomische Effekte im engeren Sinn, sondern die Verbesserung staatlicher Leistungen, und zwar sowohl administrativer als auch planerischer Art. Letzten Endes sollen sie in mehr Bürgerservice, verbunden mit der vielbeschworenen Einzelfallgerechtigkeit, münden. Den datenintensiven Methoden, die mit der EDV in die Staatsverwaltung Einzug halten, steht die Gefahr gegenüber, daß die gleichen Daten und Techniken für eine engere Kontrolle des Bürgers durch den Staat genutzt bzw. mißbraucht werden.

4.1.4 Globalebene

Spitzenreiter der Nennungen auf der globalen Ebene ist die Effizienzsteigerung bei der wissenschaftlichen Forschung, dicht gefolgt vom Umweltschutz und der Energieeinsparung.

4.2 Ausgewählte Effekte in Teilbereichen

4.2.1 Individualebene : Behinderte

In sehr vielen verschiedenen Varianten ist uns die Unterstützung *Behinderter* oder die Überwindung körperlicher oder geistiger *Handikaps* durch Datenverarbeitung begegnet. Den Schwerpunkt bildet die teilweise Behebung technischer Kommunikationsschwierigkeiten bei der Abgabe und Aufnahme von Informationen auf der "Ein-und Ausgabeseite" des Menschen.

Als Beispiele für die "Ausgabeseite" mögen computergestützte Systeme dienen, mit deren Hilfe Gelähmte Signale durch Blasen und Saugen geben oder Rollstühle über gesprochene Befehle steuern. Komplexere Informationen können mit Hilfe von einfachen erzeugt werden, wenn am Bildschirm Auswahlantworten angeboten werden, die der Behinderte nur durch Ja-Nein-Entscheidungen fixiert, oder wenn der Behinderte nacheinander mehrere einfache Signale gibt, die der Computer in einem Verkodungsverfahren zur Gesamtinformation zusammensetzt (im Grenzfall kommt man dann mit binären Darstellungen aus, während z.B. zur normalen schriftlichen Kommunikation das gesamte Alphabet und die Ziffern gehören).

Auf der "Eingabeseite" fällt sofort die enorme Hilfe auf, die Blinden gewährt werden kann, insbesondere dadurch, daß natürlichsprachige Texte elektronisch in Braille-Schrift übersetzt werden, wodurch besonders die Produktion von Massendrucksachen, wie z.B. Fahrplänen, für Blinde rationalisiert wird. Lloyds Bank in England erstellt auf diese Weise Kontoauszüge für ihre blinden Kunden. Für andere Zwecke bietet sich die Ausgabe von Nachrichten an Blinde über computergestützte Sprachsynthese an, so daß man den intakten Hörkanal des Blinden nutzt.

Auch die für die Zukunft mit den erleicherten Telekommunikationsmöglichkeiten zu erwartenden Chancen vermehrter Heimarbeit dürften nicht zuletzt behinderten Menschen zugutekommen.

Zur Förderung Behinderter im weiteren Sinne gehört auch die Überwindung sprachlicher Handikaps am Arbeitsplatz. So wird etwa aus einigen Betrieben berichtet, daß für Gastarbeiter die Meldung von Fertigungsdaten an Computerterminals einfacher sei als das Ausfüllen der konventionellen Rückmeldebelege.

4.2.2 Individualebene : Ergonomie

Schon vergleichsweise weit ist die Diskussion über die *ergonomischen Vor- und Nachteile* der Bildschirmarbeit gediehen. Im Gegensatz zu anderen Teilbereichen der Wirkungsforschung hat man es hier mit Untersuchungsgegenständen zu tun, die einer Messung und Quantifizierung eher zugänglich und daher näher an den exakten Wissenschaften angesiedelt sind.

Aus Arbeiten anerkannter arbeitswissenschaftlicher Experten und Institutionen kann man folgende Zusammenfassung ziehen:

1) Die Strahlenbelastung, die von Bildschirmen ausgeht, entspricht der der Schwarz-Weiß-Fernseher, und der Basiswert liegt unterhalb des zulässigen Grenzwertes.

2) Es wird über Sehbeschwerden und über Nacken- und Kopfschmerzen geklagt. So wurde z.B. auf dem 26. Arbeitswissenschaftlichen Kongreß der Universität Hamburg eine Untersuchung des Insituts für Hygiene und Arbeitsphysiologie in Zürich präsentiert, wonach die Arbeit am Bildschirmgerät Zwangshaltungen erzeugt, die zu Muskelschmerzen im Rücken und Nacken führen [1].

In einer Arbeit von Gerald W. Radl vom Technischen Überwachungsverein Rheinland heißt es: "Nach dem gegenwärtigen Erkenntnisstand der Arbeitsphysiologie und der Ergonomie ist es möglich, Geräte und Arbeitsplätze für die Textverarbeitung mit Bildschirmen derart zu gestalten, daß die auftretenden Belastungen durch die Körperhaltung und durch die optische Informationsaufnahme nicht höher sind als an konventionellen gut gestalteten Schreib-Arbeitsplätzen. Bei bewußter Nutzung ergonomischer Erkenntnisse läßt sich die Arbeitsbeanspruchung des Mitarbeiters im Bereich der Textverarbeitung an Plätzen mit Bildschirmen durchaus unter das Ausmaß der Beanspruchung an entsprechenden Plätzen ohne Bildschirm reduzieren" [2].

Aus diesen Befunden und Zitaten können wir als Zwischenbilanz entnehmen, daß zwar einerseits die Gefahr von Erkrankungen und Beschwerden durch

Bildschirmarbeit gesehen werden muß, andererseits jedoch Optimismus berechtigt ist, allerdings unter der Voraussetzung, daß arbeitsphysiologischen und ergonomischen Erkenntnissen Rechnung getragen wird.

Aus ökonomischer Sicht wird man durch weitere Entwicklungen zu diesem Optimismus legitimiert:

1) Die Büromaschinenindustrie hat die in der ergonomisch vorteilhaften Gestaltung von Bildschirm-Arbeitsplätzen liegende Marktchance erkannt und wirbt teilweise aggressiv mit entsprechenden Argumenten. So wird von einem auf Bürostühle spezialisierten Unternehmen die bundesdeutsche Marktkapazität für Bildschirm-Arbeitsplatz-Stühle auf 850.000 Einheiten geschätzt. Es sind uns Fälle bekannt geworden, wo die Außendienstmitarbeiter von Bildschirm-Herstellern unmittelbar die Betriebsräte aufgesucht haben und diese zu motivieren versuchten, im Unternehmen auf Ablösung der Schwarz-Weiß-Bildschirme durch Farb-Bildschirme zu drängen.

2) Nach unseren Beobachtungen geht die Entwicklung immer mehr zum Mischarbeitsplatz hin und vom reinen Bildschirm-Arbeitsplatz weg. Letzteren findet man im wesentlichen nur noch in der Datenerfassung. Im Zuge moderner Lösungen des Datenerfassungsproblems (z.B. automatische Lesung von Ursprungsbelegen, mobile Terminals, zwischenbetrieblicher Datenträger- und Datenaustausch usw.) wird aber die Zahl der reinen Datenerfassungsplätze ohnehin allmählich reduziert.

Bei der Diskussion der ergonomischen Fragen ist darauf zu achten, daß nicht der Datenverarbeitung Probleme angelastet werden, die ihre Ursache anderswo haben. So wie es nicht angeht, das Automobil zu verteufeln, weil bei Untersuchungen auf Sehtüchtigkeit vor der Vergabe eines Führerscheins zuweilen Farbblindheit erkannt wird, werden bei der Bildschirmarbeit oft Sehschäden offenbar, die schon vorher vorhanden waren (vielleicht sind sie durch übermäßiges Fernsehen unter ungünstigen Bedingungen mit verursacht oder verstärkt worden). Ebenso können Schwierigkeiten, die bei der Bildschirmarbeit entdeckt werden, ihre Ursache in längerdauerndem Medikamentenkonsum haben, der die allgemeine Konzentrations- und Reaktionsfähigkeit beeinträchtigt.

Unter volkswirtschaftlichen Aspekten soll noch die folgende Überlegung zur Diskussion gestellt werden:

Natürlich wird niemand für einen direkt gesundheitsschädigenden Arbeitsplatz plädieren, auch nicht dafür, daß mit erträglichen Mehrkosten erreichbare Humanisierungsmaßnahmen unterbleiben. Betrachtet man jedoch jene Fälle, wo ein relativ hoher Aufwand getrieben werden müßte, um nur marginale Verbesserungen am Arbeitsplatz zu erzielen, so gilt es zu bedenken, daß durch die damit verbundenen Produktivitätsverluste auf volkswirtschaftlicher Ebene und unter Berücksichtigung des internationalen Wettbewerbs eine große Zahl von Arbeitsplätzen verloren gehen könnte und daß das dann relativ oder absolut sinkende Sozialprodukt zur Leistungseinschränkung, z.B. im Ausbildungssektor, in der Krankenversorgung, bei der Rentensicherung oder beim Umweltschutz, zwingen würde.

Daher lohnt es, einmal zu fragen, welchen Anteil die Zeit am Arbeitsplatz für den Durchschnittsbürger, bezogen auf andere Anteile, wie z.B. Ausbildungszeit, Freizeit oder Rentenalter, hat.

Abb. 12 zeigt in grober Form diese Anteile. Man entnimmt, daß der Durchschnittsbürger nur ca. 13% seiner Lebenszeit am Arbeitsplatz verbringt. Bezieht man auf die Lebenszeit ohne Schlaf, so ergeben sich ca. 19%. So gesehen ist die Warnung berechtigt, Humanisierungsmaßnahmen am Arbeitsplatz nicht ein zu hohes Gewicht zu geben.

4.2.3 Mikroebene: Schnellere und pünktlichere Kundenbedienung

Die rasche und pünktliche Kundenbedienung im weitesten Sinne ist ein wesentliches Gütekriterium eines Betriebes, einer Branche, einer Volkswirtschaft oder eines ganzen Wirtschaftssystems.

Von Gesprächspartnern aus sozialistischen Ländern wurde uns berichtet, daß dort die durch Lieferverzögerungen auf betrieblicher Ebene ausgelösten Störungen in anderen Betrieben und in der Volkswirtschaft sehr große Verluste verursachen. Dies führt wieder dazu, daß in der Produktionslenkung der Industriebetriebe die Termineinhaltung sehr hohe Priorität genießt und damit im Konflikt liegende Ziele, wie z.B. Rüstkostenersparnisse und bessere Kapazitätsausnutzung durch Losbildung, zurückdrängt, wodurch wiederum Kostenoptima verfehlt werden.

Exporteure wissen zu melden, daß es die verhältnismäßig kurze Lieferzeit und die Lieferzuverlässigkeit der bundesdeutschen Industriebetriebe erlauben, Positionen auf dem Weltmarkt zu verteidigen, wo dies wegen des hohen Kostenniveaus der deutschen Produktion bereits schwer geworden ist.

In der Folge soll die Kundenbedienung während der Phasen von der Angebotsstellung bis zur Fakturierung auf Beschleunigungsmöglichkeiten durch EDV-Einsatz untersucht werden.

Angebotswesen

Um den sachlichen Inhalt eines Angebotes festzulegen, ist das Auswählen von Bausteinen aufgrund bestimmter Elemente des Kundenwunsches erforderlich. In Verbindung damit sind in vielen Branchen nicht unerhebliche Berechnungen durchzuführen, ferner die Rechenarbeiten im Zusammenhang mit der Kalkulation. Schließlich fallen stark standardisierbare Schreibarbeiten an.

Die genannten Arbeitselemente "Suchen", "Rechnen" und "Schreiben bzw. Textverarbeitung" lassen sich durch EDV stark beschleunigen.

Bei relativ überschaubaren Verhältnissen ist es möglich, dem Kunden noch während eines Gesprächs bzw. Telefongesprächs alternative Angebote zu unterbreiten, wenn sich der Mitarbeiter des Unternehmens einer Dialoglösung bedienen kann.

Ein beachtliches Problem für die Mitarbeiter im Außendienst ist es, dem Kunden in der Angebotsphase einen Liefertermin zu nennen, der auch gehalten werden kann. Hier wirkt sich die aktuelle Lagerbestandsführung positiv aus, zumal wenn der Lagerbestand mit Hilfe mobiler Terminals vom Außendienstmitarbeiter während des Besuches beim Kunden abgefragt werden kann.

Auftragsabwicklung

Hat der Kunde einen Auftrag erteilt, so tragen die folgenden durch die EDV gebotenen Möglichkeiten zu seiner raschen Abwicklung bei:

1) Frühe Erfassung in maschinell lesbarer Form, z.B. über beleglesefähige Datenträger, bereits durch den Außendienstmitarbeiter.

2) Bearbeitung wesentlicher Teile durch *einen* Sachbearbeiter, der im Dialog mit der Rechenanlage steht.

3) Computergestützte Detailkonstruktion in Abhängigkeit von Kundenwünschen; sie ist vor allem dort hilfreich, wo mit der Konstruktion umfangreiche Berechnungen verbunden sind wie im Wärmetauscherbau und/oder das Produkt in sehr vielen Varianten vorkommt, die mit Hilfe eines Baukastensystems erzeugt werden (siehe vorn). Allein durch Plotten der Konstruktionszeichnungen können im Vergleich zum konventionellen Zeichnen Tage gespart werden.

4) Größere Wahrscheinlichkeit, daß alle benötigten Baugruppen und Einzelteile verfügbar sind: diese höhere Verfügbarkeit ist die Folge computergestützter Materialdisposition mit ihrem typischen Detailnutzeffekt "Höhere Lieferbereitschaft bei gleichen Beständen". Dieser Nutzeffekt wird in größerer Zahl berichtet, z.B. erscheinen in der Studie von Graber in 36 schweizer Unternehmen wiederholt Steigerungen des Lieferbereitschaftsgrades aus der Gegend von ca. 90% in die Gegend von 98% [3].

Fertigung

Während der Abwicklung des Auftrages in der Fertigung selbst werden Verringerungen der Durchlaufzeit zwischen 10 und 30% berichtet, in einem Fall soll durch den Einsatz eines Modularprogrammes zur Kapazitätsterminierung die Durchlaufzeit von 80 auf 45 Tage zurückgegangen sein [4].

Zu dieser Durchlaufzeitreduzierung trägt zunächst die raschere Bereitstellung der Fertigungsunterlagen bei. So erstellt z.B. die Firma Theves-Thompson die Arbeitspläne zur Fertigung von Kolbenringen mit Hilfe der Entscheidungstabellentechnik [5]. Aus der Voith GmbH wird berichtet, daß die Zeit zur Erstellung der Fertigungsunterlagen von 14 bis 18 Tagen auf ein bis drei Tage verkürzt werden konnte [6].

Durchlaufzeitverkürzend wirken sich auch die z.B. mit der NC- oder DNC-Technik verbundenen Möglichkeiten zur schnelleren Umrüstung der Werkzeugmaschinen aus.

Durch computergestützte Instandhaltung kann die Verfügbarkeit der Maschinen und Anlagen erhöht werden, so daß Aufträge seltener wegen ausgefallener Betriebsmittel liegen bleiben.

Versand

Im Anschluß an die Fertigung liegen Möglichkeiten einer Durchlaufzeitverkürzung von Aufträgen noch bei der computergestützten Kommissionierung, z.B. bei der Zusammenführung von einzelnen zu einem Auftrag gehörenden Produkten mit Hilfe prozeßrechnergestützter physischer Sortieranlagen oder prozeßrechnergelenkter Zähl-, Meß- und Wiegeverfahren.

Termintreue

Selbst wo die Durchlaufzeiten nicht verkürzt werden können, bestehen noch Möglichkeiten einer genaueren Einhaltung der Terminzusagen, die für die Dispositionen des Kunden ebenfalls eine große Bedeutung hat. In der Tat tauchen sehr häufig in den Berichten zur Einführung von betrieblichen DV-Systemen Wendungen wie "größere Termintreue", "weniger Termindruck", "weniger Lieferrückstände", "man kann realistischere Termine angeben" oder "Beruhigung der Termindiskussion" auf.

Bezahlung

Nach der Lieferung an den Kunden fehlen zur endgültigen Abwicklung des Auftrages noch die Fakturierung und die Bezahlung. Auch hierzu werden verhältnismäßig häufig Beschleunigungseffekte gemeldet, die in der elektronischen Fakturierung und Debitorenbuchführung begründet sind, wie z.B. "Zeit zwischen Auslieferung und Berechnung um 75% reduziert", "trotz 35%-iger Erhöhung des Umsatzes Forderungen um 35% abgebaut" oder "bei Umsatzsteigerungen um 43% Erhöhung der Debitorenbestände nur um 13%".

4.2.4 Makroebene: Entwicklungsländer

Eine Reihe bekannter Persönlichkeiten wie der Bundesminister für Forschung und Technologie, Hauff [7], der Zukunftsforscher Alvin Toffler [8] oder der Computerpionier Licklider [9], aber auch das Internationale Arbeitsamt in Genf [10] äußern die Befürchtung, daß die elektronische Datenverarbeitung und die Mikroelektronik das *technologische Gefälle zwischen hoch- und weniger entwickelten Ländern noch verstärken* könnten, weil es den Entwicklungsländern besonders schwer fallen dürfte, die komplizierte Technologie zu übernehmen, und weil die durch die modernen Technologien in den Industrieländern ermöglichten Produktivitätsfortschritte die Arbeitskostenvorteile der Entwicklungsländer entwerten.

4.2.5 Globalebene: Energieeinsparung

Beim Einsatz der Datenverarbeitung zur *Energieeinsparung* können wir drei Kategorien unterscheiden:

1) Neue Maschinen und Anlagen werden energiesparend konstruiert bzw. ausgelegt. Hierhin gehört z.B. der Entwurf von Automobilmotoren oder Karosserien mit geringem Energieverbrauch mit Hilfe von computerunterstützten Modelluntersuchungen oder die Ermittlung von Altbausanierungsmaßnahmen mit günstiger Wirkung auf den Energieverbrauch.

2) Vorhandene Anlagen können energiegünstig gesteuert werden. Man denke insbesondere an die durch einen Prozeßrechner gelenkte zeit-, temperatur- und belastungsabhängige An- und Abschaltung von Heizung, Beleuchtung und Belüftung in großen Verwaltungsgebäuden oder das Vermeiden von Belastungsspitzen dadurch, daß der Prozeßcomputer die Aggregate nicht gleichzeitig, sondern stufenweise einschaltet. IBM gibt an, 1977 in die Energiesteuerung ihrer Hauptverwaltung 190.000,-- DM investiert und eine Einsparung von 300.000,-- DM pro Jahr zu damaligen Energiepreisen erreicht zu haben [11].

3) Erhebliche Energiesparreserven liegen offenbar in der verfeinerten computergestützten Verkehrsregelung. Man denke etwa an Systeme zur Umleitung des Verkehrsflusses bei Stau auf Autobahnen, an die Lenkung der Autofahrer auf freie Parkplätze, an industrielle Fuhrparksteuerungssysteme oder schlicht an die von den meisten unter uns wohl noch als verbesserungsbedürftig empfundene Regelung der Ampelzyklen in den Städten.

5. Kritik an der Kritik

Es werden der modernen Informationsverarbeitung Nachteile zugerechnet, die andere, meist tiefergehende Ursachen haben. Beispielsweise haben viele Gesetze im Wohlfahrtsstaat zur Voraussetzung, daß Behörden detaillierte Daten über den Empfänger von Sozialleistungen (Einkommen aus verschiedenen Quellen, Ersparnisse, Einkommen von Angehörigen, Wohnungsgröße, gesundheitliche Beeinträchtigungen u.v.a.m.) kennen und bei ihren Berechnungen verwenden. Der Wohlfahrtsstaat ist "datenhungrig". Daraus ergeben sich Datenschutzprobleme, die aber nicht der elektronischen Datenverarbeitung angelastet werden dürfen, sondern ihren Ursprung in den verstärkten Staatseingriffen in die Lebensführung des Einzelnen haben.

Zahlreiche Folgen der Gesetzgebung wären ohne leistungsfähige EDV überhaupt nicht beherrschbar, mit Datenverarbeitung sind sie es oft mehr schlecht als recht. Die Änderungshektik bei Gesetzen und Vorschriften auf dem Gebiet der Energieversorgung führt dazu, daß die Abrechnungsprogramme in den Energieversorgungsunternehmen immer wieder geändert werden und daß die ausgegebenen Rechnungen sehr viele Details enthalten müssen. Abb. 13 faßt skizzenartig ein Beispiel zusammen. Für diese Änderungshektik ist die politische Führung verantwortlich. Es muß gerade die EDV-Spezialisten, die versuchen, die gesetzgeberischen Auflagen mit ihren Instrumenten so gut wie möglich zu erfüllen, enttäuschen, wenn schließlich der aufgrund seiner Richtlinienkompetenz auch für diese Entwicklung im Gesetzgebungsprozeß letztlich verantwortliche Bundeskanzler beklagt, daß er seine Stromabrechnung nicht mehr lesen könne.

6. Empfehlenswerte Maßnahmen

Auf der *Individualebene* scheint es wichtig, sich die Fähigkeit zur Anpassung an neue Entwicklungen zu erhalten: dazu gehört auch, an sich die Fähigkeit zum Umgang mit Symbolen und anderen abstrakten Gegenständen zu fördern.

Auf der *betrieblichen Ebene* (Mikroebene) sehen wir folgende Strategien als richtig und wichtig an:

- Es sollte gefördert werden, wenn die Mitarbeiter in der Datenverarbeitung erfahrene Kolleginnen und Kollegen in die Betriebs- bzw. Personalräte wählen. Wo diese Kenntnisse fehlen, dürften sich Investitionen in die DV-Ausbildung der Betriebs- bzw. Personalräte lohnen. So wie in den sechziger Jahren in vielen Unternehmen zunächst die Leiter der Fachabteilungen EDV-Kenntnisse vermittelt bekamen, damit sie die - wie wir inzwischen wissen - unbegründete Angst verloren, ihre Tätigkeit würde sich durch die Einführung der EDV kurzfristig gravierend ändern, so sind heute entsprechende Weiterbildungsmaßnahmen für Mitarbeiter und ihre Vertreter angezeigt. Die vom betriebswirtschaftlichen Standpunkt gefährlicheren Situationen entstehen nicht durch die Mitbestimmung Qualifizierter, sondern dann, wenn wegen mangelnden DV-Wissens fachlich überforderte Betriebs- oder Personalräte dem Rat von betriebsunerfahrenen Ideologen, ausgesetzt werden, die die Unzufriedenheit über neue DV-Systeme für ihre "nicht-technokratischen" Ziele ausbeuten.

- In der kritischen Phase der Einführung neuer und die Arbeitsplätze stark verändernder DV-Systeme sollten risikoverstärkende Experimente in der Nachbarschaft dieser Systeme vermieden werden. Beispielsweise werden Schwierigkeiten mit dem Lärmpegel oder mit der Belüftung in neu eingerichteten Großraumbüros leicht auf die dort ebenfalls neu installierten Bildschirmgeräte oder gar das gesamte DV-System projiziert.

- In der Einführungsphase sollte Verfügbarkeit (einschließlich erträglicher Antwortzeit bei interaktiven Systemen) vor maximaler Kapazitätsausnutzung rangieren. In unserer Untersuchung sind uns wiederholt Fälle begegnet, wo der Computerhersteller eine zu knappe Maschinenkonfiguration angeboten hatte und nicht zuletzt auf die Beschwerden der Systembenutzer in den Fachabteilungen über zu lange Antwortzeiten hin bald nachrüsten mußte. Derartige Vorgänge können auch nicht im wohlverstandenen Interesse der DV-Industrie liegen.

- Bei öffentlichkeitswirksamen Systemen, insbesondere solchen, mit denen sogenannte Multiplikatoren (Politiker, Journalisten, Studenten) in Kontakt kommen, ist es nicht nur eine Pflicht der DV-Hersteller im Rahmen ihrer Geschäftsbeziehungen, sondern eine gesellschaftspolitische Aufgabe, für eine behutsame, sorgfältige Systemeinführung mit hinreichenden Sicherheitsvorkehrungen zu sorgen und die Strategie des "trial and error" ebenso zu vermeiden wie eine "Salamitaktik", bei der mit einer zu kleinen Konfiguration gestartet wird, die man erst dann an den echten Bedarf anpaßt, wenn die Notwendigkeit dazu - etwa weil die Antwortzeiten oder die Verfügbarkeit unzumutbar geworden sind - nicht mehr zu übersehen ist.

Auf der *Makroebene* erscheinen folgende strategische Maßnahmen sinnvoll: Beim Entwurf von Lehrplänen auf allen schulischen Ebenen gilt es zu bedenken, daß ein großer Teil der ausgebildeten Menschen in der Umgebung von Informationssystemen leben wird. Daher sollte frühzeitig ein Wissen vermittelt werden, das dem Rechnung trägt. Die Fähigkeit zum für die Informatik typischen abstrakten Denken sollte hinreichend entwickelt werden. Dabei sind die Lehrenden gleichzeitig gefordert, alles zu tun, damit einer Mystifizierung der modernen Informationstechnik vorgebeugt wird. Der Rechtswissenschaftler H.H. Rupp weist darauf hin, daß der Computer die Beherrschung sehr komplexer Verhältnisse erlaubt: daraus entstehe die Gefahr, daß sich diejenigen, die den Anschluß beim Verständnis verlieren, in Heilslehren flüchten [12].

Literatur

[1] O.V., Die Bildschirm-Arbeit führt zu Beschwerden. Nürnberger Nachrichten vom 8./9.3.1980

[2] Radl, G.W., Ergonomische und arbeitspsychologische Fragen bei der Textverarbeitung mit Bildschirmterminals. Köln (1980) S. 3

[3] Graber, B., Computergestützte Informationssysteme in kleineren bis mittleren Unternehmungen. Bern-Stuttgart (1978)

[4] Mierzowski, K., Wirksame Fertigungssteuerung bringt Transparenz und erhöhte Renditen. Online 12 (1979), S. 1014 ff.

[5] Zobel, H. u.a., Entscheidungstabellen zur automatischen Erstellung von Fertigungsaufträgen in Verbindung mit dem Terminierungsprogramm CLASS. IBM Nachrichten 20 (1970), S. 239 ff.

[6] Beck, W., Kolnik, W., Das Lesen von Lohn-, Material- und Terminbelegen mit dem Mehrfunktionsbelegleser IBM 1287 im Produktionsbereich eines Maschinenbauunternehmens. IBM Nachrichten 24 (1974), S. 44 ff.

[7] O.V., Mikroelektronik: Chancen und Risiken. Nürnberger Nachrichten vom 20./21.10.1979

[8] O.V., Die komplizierte Technik als Fluch der Armen? Frankfurter Allgemeine Zeitung vom 29.12.1979

[9] Licklider, J.C.R., Vezza, A., Applications of Information Networks. Proceedings of the IEEE 66 (1978) 11, S. 1342

[10] O.V., Abhängig von Chips? Computerzeitung vom 27.12.1979

[11] O.V., Ohne Knausern und Verzicht. IBM Nachrichten 29 (1979) 247, S. 70 f.

[12] Rupp, H.H., Computersysteme morgen. Data Report 8 (1973) 1, S. 4 ff.

CA. 1.800 BERICHTE
THEORETISCHE LITERATUR, PRAKTIKER-ZEITSCHRIFTEN, PRESSEVERÖFFENTLICHUNGEN USW.

HERAUSSIEBEN DER POSITIVEN UND NEGATIVEN AUSWIRKUNGEN

KLASSIFIZIERUNG

SPEICHERUNG

HYPOTHESENFORMULIERUNG

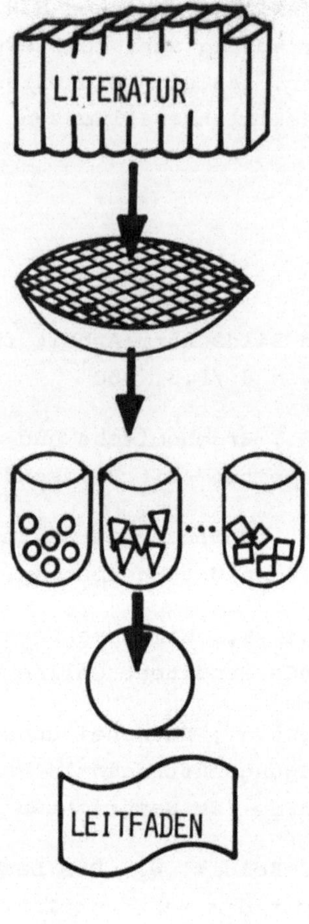

51 INTERVIEWS
STRUKTURIERUNG CA. 80 %

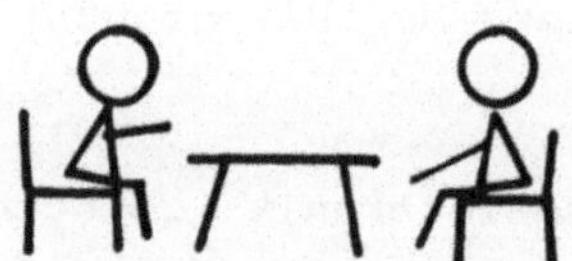

STATISTISCHE AUSWERTUNG

SCHLUSSBERICHT

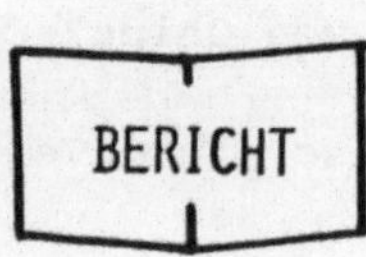

Abb. 1. Anlage der Untersuchung
1) Methodenbank auf der Basis des Statistikpakets SPSS

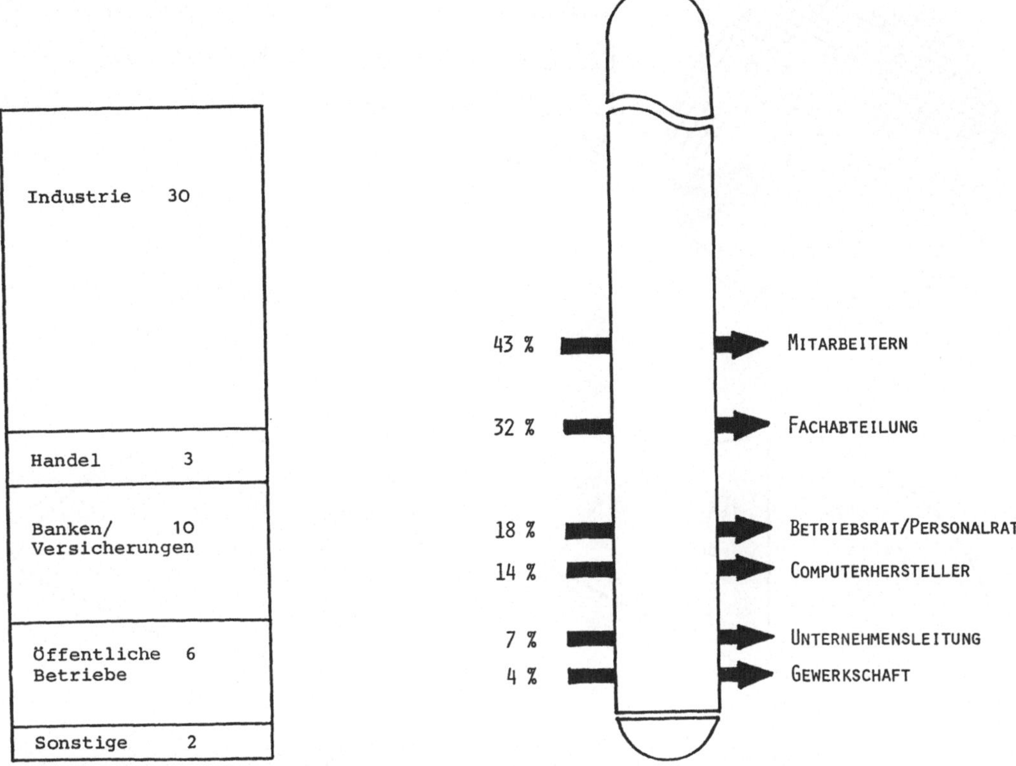

Abb. 2 (links). Einbezogene Unternehmen nach Wirtschaftszweigen
Abb. 3 (rechts). Schwierigkeiten mit ... (%)

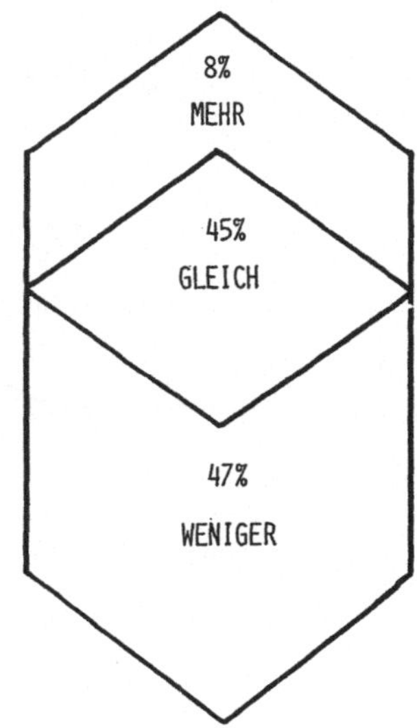

Abb. 4. Auswirkungen auf Zahl der Arbeitsplätze

Fluktuation und Umbesetzungen 39%
Natürliche Fluktuation 39%
Umbesetzungen 17%
Entlassungen 5%

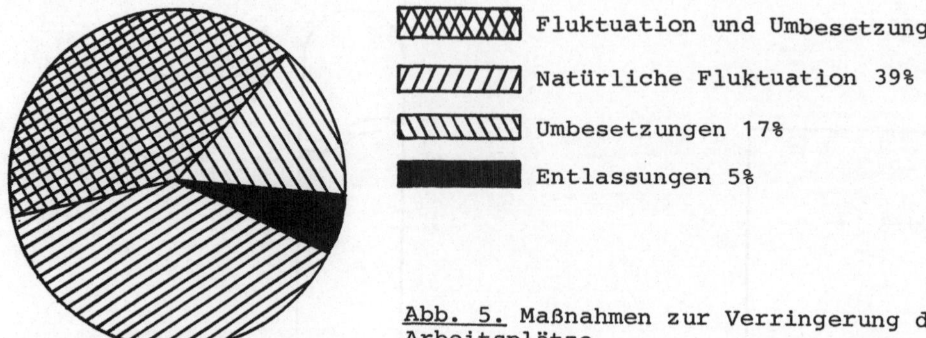

Abb. 5. Maßnahmen zur Verringerung der Arbeitsplätze

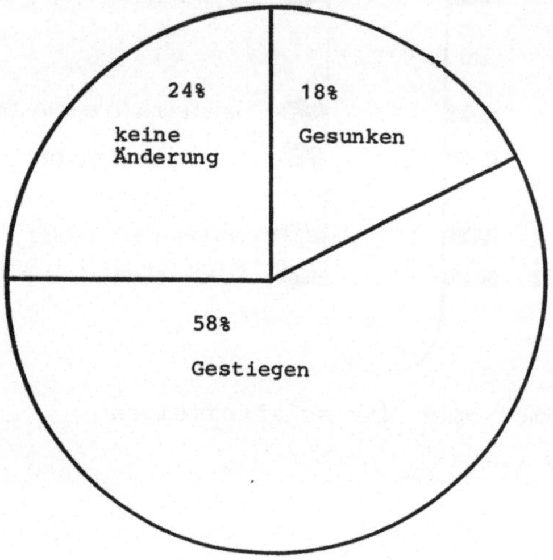

24%
keine Änderung
18%
Gesunken
58%
Gestiegen

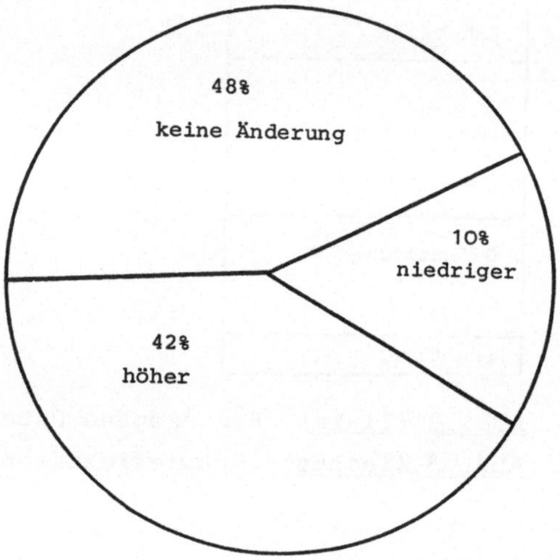

48%
keine Änderung
10%
niedriger
42%
höher

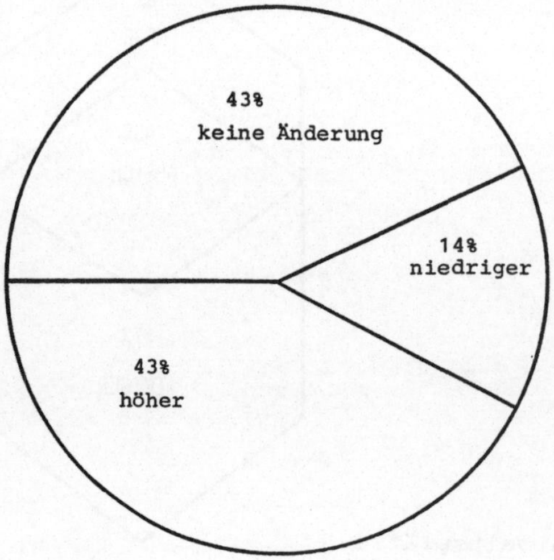

43%
keine Änderung
14%
niedriger
43%
höher

Abb. 6 (links oben). Qualitatives Niveau der Arbeitsplätze

Abb. 7 (rechts oben). Physische Belastungen

Abb. 8 (links unten). Psychische Belastungen

Bereich	Ergebnis	Wert
BÜRGER		
	HILFE FÜR BEHINDERTE	46
	VERBESSERTE LEHRE	42
	BESSERE VERBRECHENS-BEKÄMPFUNG	33
	VERBESSERTER VERWAL-TUNGSSERVICE	38
	BESSERER UNFALLSCHUTZ	25
ARBEITSPLATZ		
	HUMANISIERUNG	94
	HÖHERE PHYSISCHE BELASTUNG	52
	HÖHERE PSYCHISCHE BELASTUNG	56
	AUFWERTUNG	43
	DEQUALIFIKATION	67
VERBRAUCHER		
	VERBESSERTER KUNDEN-SERVICE	56
PATIENT		
	BESSERE, RISIKOLOSERE DIAGNOSE	40
	BESSERE, RISIKOLOSERE THERAPIE	56
DATENSCHUTZPROBLEME		57

Abb. 9. Überblick über Ergebnisse: Literaturanalyse - Individualebene

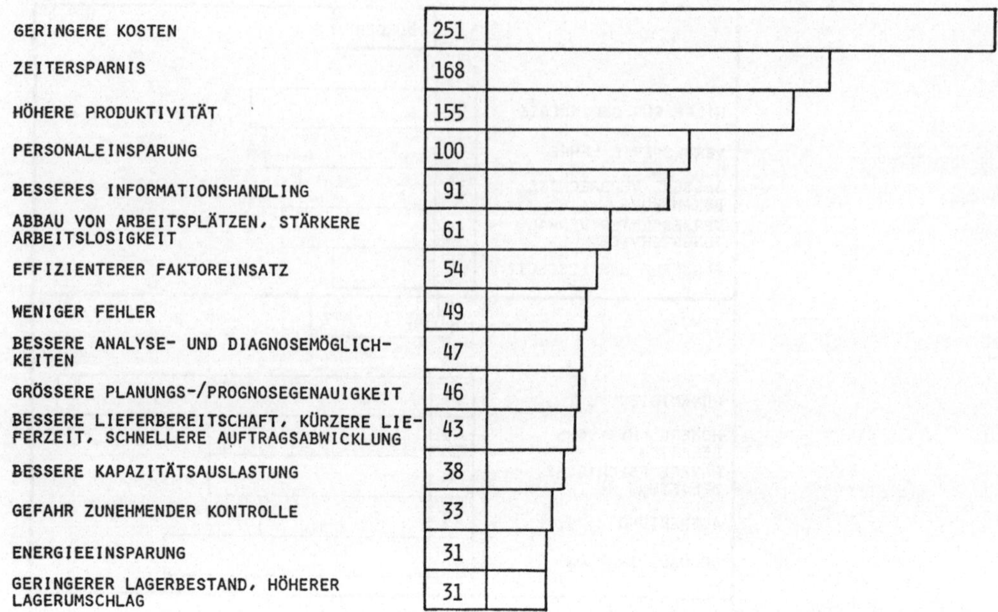

Abb. 10. Überblick über Ergebnisse: Literaturanalyse - Mikroebene

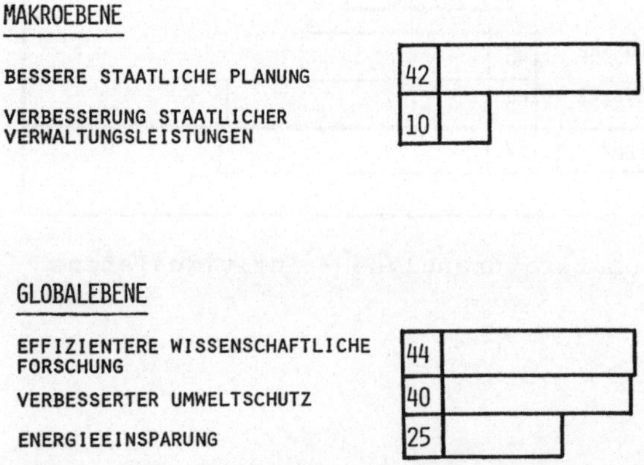

MAKROEBENE

BESSERE STAATLICHE PLANUNG 42

VERBESSERUNG STAATLICHER VERWALTUNGSLEISTUNGEN 10

GLOBALEBENE

EFFIZIENTERE WISSENSCHAFTLICHE FORSCHUNG 44

VERBESSERTER UMWELTSCHUTZ 40

ENERGIEEINSPARUNG 25

Abb. 11. Überblick über Ergebnisse: Literaturanalyse - Makroebene - Globalebene

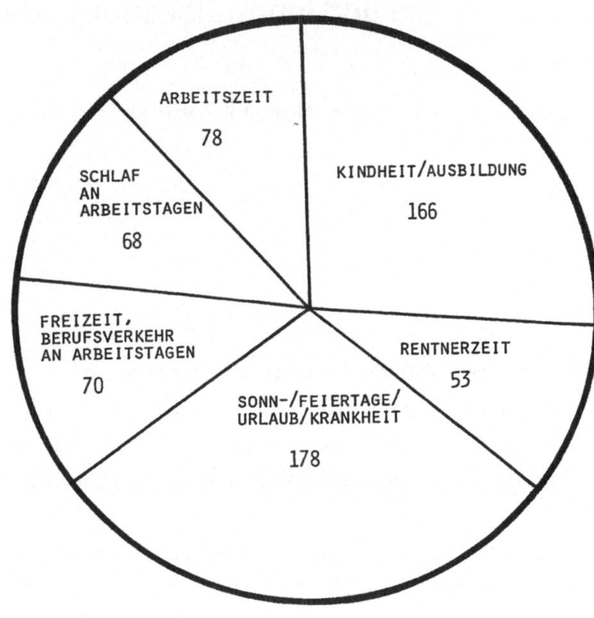

$$\frac{\text{ARBEITSZEIT}}{\text{LEBENSZEIT}} = 12{,}7\ \%$$

Abb. 12. Arbeitszeit-Anteil (1.000 Std)

1. 7.79	ERHÖHUNG DER MEHRWERTSTEUER UM 1 %
1.10.79	SENKUNG DER AUSGLEICHSABGABE VON 6,5 % AUF 4,5 % KOMPLIZIERTE VERFAHRENSSCHLÜSSEL BEWIRKEN NACH BUNDESLÄNDERN UNTERSCHIEDLICHE EINZELREGELUNGEN - Z. B. BAYERN: ZUNÄCHST SENKUNG DER AUSGLEICHSABGABE AUF 3,9 %, AM 1.1.80 ANHEBUNG AUF 4 %

IN EINER JAHRESSTROMABRECHNUNG IM APRIL 1980 SIND AUSZUWEISEN:

VERBRAUCH UND GRUNDPREIS VOM 1.1.79 BIS 30.6.79 MIT 5,4% AUSGLEICHSABGABE UND 12% MWST
VERBRAUCH UND GRUNDPREIS VOM 1.7.79 BIS 30.9.79 MIT 5,4% AUSGLEICHSABGABE UND 13% MWST
VERBRAUCH UND GRUNDPREIS VOM 1.10.79 BIS 31.12.79 MIT 3,9% AUSGLEICHSABGABE UND 13% MWST
VERBRAUCH UND GRUNDPREIS VOM 1.1.80 MIT 4% AUSGLEICHSABGABE UND 13% MWST

Abb. 13. Gesetzliche Einwirkungen auf die Stromabrechnung

Technischer Fortschritt im Zwielicht: Zur Technologie und Innovationspolitik der Gewerkschaften

H. Hinz

Industriegewerkschaft Metall, Vorstandsverwaltung, Postfach 11 10 31, 6000 Frankfurt 11

I.

Es war zu Beginn der vorigen Dekade, als der Club of Rome vor den "Grenzen des Wachstums" warnte und die IG Metall in Oberhausen den Internationalen Kongreß "Aufgabe Zukunft - Qualität des Lebens" veranstaltete (1972). Inzwischen beginnt es auch einer breiteren Öffentlichkeit klar zu werden,

- daß es erstens nicht nur um die Knappheit materieller Güter, sondern auch um immaterielle Grenzen geht; um Grenzen des Problembewußtseins und des Wissens, um Grenzen von Politik und Moral (11);
- und daß zweitens Forschung und Entwicklung entscheidend dazu beitragen können, die materiellen und immateriellen Grenzen für mögliche Wohlstandssteigerungen oder bescheidener: für mögliches Überleben in die Zukunft hinauszuschieben.

Mit dieser Einsicht ist nicht die Tatsache beseitigt, daß "die Erde ein Raumschiff" bleibt, aber es ist ins Bewußtsein gehoben, daß Forschung und Entwicklung dabei sind, anderen "Produktionsfaktoren" den traditionellen Rang abzulaufen (Daniel Bell). Wie fast stets und überall im menschlichen Leben gelangten wir auch zu dieser Einsicht nicht ohne Druck: Unübersehbar ist die Beschleunigung des wirtschaftlichen, technologischen und sozialen Strukturwandels. Intensiv setzt sich die Umstrukturierung der nationalen und internationalen Arbeitsteilung fort. Sowohl in den Industrie- wie in den Entwicklungsländern ist Motor dieses Wandels nicht nur die Veränderung der realen Produktivkräfte und Produktionsverhältnisse (wie Karl Marx sagen würde), sondern auch - um mit Max Weber zu sprechen - "der gewaltige und rein psychologische Zauber der 'Freiheit'".

Und Weber fährt in seiner berühmten Landarbeiterenquete (1892) fort: "Zum guten Teil handelt es sich um eine grandiose Illusion, aber bekanntlich lebt der Mensch ...'nicht vom Brot allein'. Gerade das erkennen wir aus den Bestrebungen der Arbeiter, daß die 'Messer- und Gabelfrage' von sekundärer Bedeutung ist. In erster Linie verlangt er für sich, selbst seines Glückes - oder Unglückes - Schmied zu sein ... Die Wandlungen in den psychologischen Bedürfnissen der Menschen sind fast noch größer als die Umgestaltungen der materiellen Lebensbedingungen." Ich werde auf diesen Sachverhalt noch zu sprechen kommen. Jetzt sollen zuerst die generellen Trends genannt werden, die den weltweiten Strukturwandel beschreiben; es sind dies

- die sich ausbreitende allgemeine Verknappung der Ressourcen und ihre Verteuerung aufgrund zunehmender Kartellierung der Rohstoffproduzenten (Entwicklungsländer u.a.) und Konzentrierung der Verteiler (multinatioale Konzerne u.a.);

- die wachsende Belastung der Umwelt (Chemie-, Aluminium-, Stahlindustrie, usw.), insbesondere durch die Nutzung fossiler und nuklearer Energie (Abwärme-Problem; Ausnahme: Sonnenenergie);

- die Tendenz zur Marktsättigung bei einzelnen Gütern in den Industrieländern (Kühlschränke, Staubsauger, Fernsehgeräte, Waschmaschinen, usw.);

- die Verschärfung des nationalen und internationalen Verteilungskampfes (unter der Bedingung allgemein nachlassenden Wirtschaftswachstums);

- der Kampf der Entwicklungsländer ums Überleben durch forcierte Industrialisierung.

Zu den Folgen dieser Trends zählt in der Bundesrepublik Deutschland vor allem die verstärkte Gefährdung der Arbeitsplätze

- durch Produktionsdrosselungen wegen der Marktsättigungstendenzen bei einzelnen Gütern;

- aufgrund der Verlagerung von Produktionen mit "ausgereifter" Technik (standardisierte Serien- und Massenproduktion) in Niedriglohn- und Entwicklungsländer (Feinmechanik-, Optik, Textil- und Bekleidungsindustrie, Lederverarbeitung, Standardmaschinenbau, Massenkunststoffe, Autos);

- aufgrund der Verlagerung auch von technisch komplizierteren Produktionen in andere Industrieländer infolge der dort weiter fortgeschrittenen Technologie (Quarzuhren/Taschenrechner) und/oder Spezialisierung auf hochtechnisierte Güter (NC-Maschinen) und/oder Anwendung der neuen

Technologien wie etwa im Bereich der Informations- und Textverarbeitung.

Intensiviert wird die Arbeitsplatzgefährdung außerdem dadurch, daß nach der Aufhebung des Systems freier Wechselkurse die bisherige Unterbewertung der D-Mark realistischeren Wechselkursen gewichen ist und daß das Lohnniveau inzwischen eine mit den Niveaus der Hauptkonkurrenzländer vergleichbare Höhe erreicht hat. Überdies verstärkt die enorme Verlangsamung des realen Wirtschaftswachstums in der Bundesrepublik den Problemdruck: Betrug in der ersten Dekade des Bestehens der Bundesrepublik die durchschnittliche Zuwachsrate pro Jahr noch rund 8 Prozent, so rechnet man in der laufenden Dekade bis 1985 nur noch mit höchstens 3 Prozent - wenn nichts Entscheidendes geschieht. Gleichzeitig wächst die industrielle Produktivität weiter mit einer Jahresrate von 4-6 Prozent. D.h., die nur noch langsam wachsende gesamtwirtschaftliche Produktion kann mit immer weniger Leuten erstellt werden.

Folglich vergrößert sich das Heer der Arbeitslosen. Ein Trend, der noch dadurch verstärkt wird, daß bis 1990 ein zusätzlicher Bedarf an Arbeitsplätzen in Höhe von rund 1,4 Millionen entsteht, weil die geburtenstarken Jahrgänge der 50er und 60er Jahre auf den Arbeitsmarkt drängen. 3,5 Millionen Arbeitsuchende sind keine Unwahrscheinlichkeit in 1985 (DIW Berlin). Heute bereits - im Januar 1982 - liegt die Zahl der Arbeitslosen bei mindestens 2,5 Millionen, wenn man die sog. stille Reserve miteinkalkuliert!

II.

Die Sorge der Gewerkschaften um Arbeitslosigkeit und Vollbeschäftigung ist also nicht unbegründet. Kein Wunder daher, daß sie zuallererst einer nachfrageorientierten "mittelfristigen Strategie zur Wiedergewinnung der Vollbeschäftigung" zuzustimmen bereit sind, wie sie z.B. vom Deutschen Institut für Wirtschaftsforschung (DIW-Wochenbericht 1-2/1980 und 1/1982) zur Diskussion gestellt wird. Doch selbst bei konsequenter Umsetzung dieser Strategie dürfte die Arbeitslosigkeit in der Bundesrepublik bis zum Jahr 1990 zunehmen.

Welches sind nun für die betroffenen Arbeitnehmer die Folgen eines unzureichenden Wachstums und der gleichzeitig anbrandenden Rationalisierungswelle, auf der insbesondere die Informationstechnik mit jährlichen Produktivitäts- und Produktionszuwächsen von 10 bis 20 Prozent schwimmt? Die Folgen sind Arbeitslosigkeit und Verödung der Arbeit, wachsende

Kluften zwischen hochqualifizierten Arbeiten und Hilfsarbeiten, steigende Abwesenheitsziffern und sinkendes Interesse an bestimmten Tätigkeiten, Dequalifizierung am Arbeitsplatz und Desozialisierung im privaten Leben. Es ist daher kein Wunder, daß die Arbeitnehmer und ihre Interessenvertreter die Ohren spitzen, wenn im betrieblichen Alltag das Wort "Rationalisierung" auftaucht: Sie haben gelernt, daß sie dann aufpassen müssen. Und aufgrund ihrer oft "bösen" Erfahrungen stellten sie automatisch die klassische Frage:

Wem nützt es? Oder genauer: Mit welcher Absicht, mit welchen Zielen werden die Produktions- und Arbeitsprozesse rationalisiert? Und auf welche Weise, mit welchen Mitteln wird die Rationalisierung vorangetrieben? Beides ist durchaus problematisch: sowohl das jeweilige Ziel als auch das jeweilige Mittel. Viel zu leicht macht es sich derjenige, der "eindimensional" behauptet, daß nur das Ziel der Profit- oder weniger polemisch: der Geldmengenmaximierung alles Sinnen und Trachten "des" Unternehmers, Kapitalisten oder seines beauftragten Managers beherrschen dürfe; und daß dieser Zweck dann auch gleich die Mittel heilige, also z.B. die Akkordhetze ebenso wie den gnadenlosen Rausschmiß.

Richtig ist sicher, daß man dieses eindeutige Verhalten in Vergangenheit und Gegenwart antrifft. Richtig ist aber auch, daß es in dieser simplen Manier nicht immer vorkommt. Die allein auf die Geldmenge abgestellte Zieldefinition ist einfach zu formal: Die Geldwechsler im Tempel von Jerusalem im Jahre Null mögen mit ihr ausgekommen sein. Doch die heutige Wirklichkeit ist viel realer und komplizierter. Sie ist vor allem dann real und komplex, wenn von dem "sozialen System Unternehmung" lange vor dem "Kasse-Machen" die Frage beantwortet werden muß:

Mit welcher Produktpalette und mit welchen Produktionsverfahren, mit welchen Menschen und mit welcher internen Organisation verdient das Unternehmen auf welchen Märkten und in welch sonstiger Umwelt jenen Gewinn, der dann gemäß den Machtverhältnissen zwischen Individuen und Gruppen innerhalb und außerhalb des Unternehmens verteilt wird?

Bei einer solchen Fragestellung - und sie gehört zum Alltag eines jeden Unternehmen - ist dann aber auch gar nichts mehr eindeutig, sicher und unproblematisch: zumal einerseits die am Produktions-, Verteilungs- und Verwendungsprozeß Beteiligten ihre jeweils eigenen Ziel-Mittel-Konzepte verfolgen, die sie mittels Kooperation oder Konflikt durchzusetzen versuchen. Und zumal andererseits die unzureichende Informationsverarbeitungskapazität des Menschen und der permanente Wandel der Wirklichkeiten allen Beteiligten weder Zeit noch Gelegenheit lassen, Antworten und Problemlösungen zu finden, die völlige Sicherheit und den Erfolg garantieren: Vielmehr sind Unsicherheit und Risiko in die technische, wirtschaftliche und soziale Realität "eingebaut". Also wird man mit ihr leben müssen (1),(36).

Trotz dieser faktischen Vielfalt von realen Zielen und Mitteln mit ihren Interdependenzen gehört soviel Differenziertheit leider nicht zum bewußt formulierten Zielkatalog der meisten Unternehmen (Kieser),[15],[16]. In der Sprache der Tarifparteien sind dann Rationalisierungsmaßnahmen vom Arbeitgeber veranlaßte technische und organisatorische Veränderungen, die zu personellen Umsetzungen, Umschulungen oder Entlassungen führen. Wird mit Hilfe dieser Maßnahmen die Leistung des Unternehmens gesteigert und das Produktionsvolumen erweitert, dann kommt es solange nicht zu Entlassungen, wie das Mehrprodukt abgesetzt werden kann. - Das klappte in der Bundesrepublik bis zum Beginn der 70er Jahre ganz gut.

III.

Noch bis zum Jahre 1970 etwa war in der Bundesrepublik "Rationalisierung" deshalb ein Thema, dem kaum besondere Aufmerksamkeit geschenkt wurde. Die Unternehmer rationalisierten mit gewohnter Routine und die Gewerkschaften ließen es sich nicht ungern gefallen, half es ihnen doch, ihre Forderungen plausibel zu begründen. Den Gewerkschaften war dabei die Tatsache zu Hilfe gekommen, daß "freigesetzte" Arbeitskräfte fast stets neue Arbeitsplätze fanden, weil man eben in zusätzliches Wachstum ausweichen konnte:

- Dem hohen Produktivitätsfortschritt auf der einen Seite

- standen mindestens ebenso hohe Wachstumsraten der Produktion auf der anderen Seite gegenüber;

- und überdies wurde die Arbeitszeit kontinuierlich herabgesetzt.

Damit wurde die verhängnisvollste Auswirkung von Rationalisierungsmaßnahmen - nämlich die Arbeitslosigkeit - weitgehend vermieden. Spätestens seit dem Ölschock vom Herbst 1973 und den Warnungen des Club of Rome vor den "Grenzen des Wachstums" ist die Welt jedoch für alle Beteiligten - für Unternehmer, Gewerkschaften, Regierung und Öffentlichkeit - eine grundsätzlich andere geworden. Die Lage verschärfte sich überdies rapide, als das konjunkturelle Zwischenhoch im Jahr 1974 nicht gehalten werden konnte und schließlich nicht nur die Bundesrepublik, sondern die gesamte Weltwirtschaft in die größte Rezession der Nachkriegszeit abrutschte. Sozusagen "über Nacht" sahen sich die Unternehmen einem erheblichen Problem- und Konkurrenzdruck sowohl im Inland wie im Ausland ausgesetzt. Jetzt wurde offenbar, daß sie auf diesen Augenblick nur unzureichend vorbereitet waren. Weil nämlich bis zu Beginn der 70er Jahre Absatz und Gewinn florierten, "vergaßen" die Unternehmer einfach die Modernisierung und "qualitative" Rationalisierung ihrer Produktpaletten und ihres Produktionsapparates. Die Kassen füllten sich dennoch:

- weil das lange Zeit relativ niedrige Lohnniveau sie kostenmäßig gegenüber der ausländischen Konkurrenz begünstigte;

- weil die festgeschriebene Unterbewertung der D-Mark ihnen den Preiswettbewerb auf den Absatzmärkten erleichterte;

- weil die schier unerschöpfliche (wenn auch nicht besonders qualifizierte) Arbeitskraftreserve aus dem Ausland ihnen fast jede Produktionsausweitung erlaubte.

Infolge dieser sogenannten "Wettbewerbsvorteile" investierten die Unternehmen viel zu lange in einen Sachkapitalapparat, der technologisch schon dem "Gestern" angehörte. Sie vernachlässigten dabei sowohl die Investition in die eigene Produkt- und Verfahrensforschung als auch - und das erweist sich immer mehr als Kardinaldefizit - in das Ausbildungskapital ihrer Arbeitnehmer: Innovationspolitik fand weithin nicht statt. (Nur über die Direktinvestitionen der Ausländer gelangte begrenzt moderne Technologie in die Bundesrepublik und half so mit, in den 60er Jahren die "technologische Lücke" zu schließen.) Folglich wuchs die westdeutsche Industrie vor allem in die Breite. Kein anderes Land hat - bedingt durch das Festhalten am traditionellen Technologieniveau - so viel Kapital und Arbeit im Industriesektor gebunden wie die Bundesrepublik. Überindustriealisierung und Gefährdung der Wettbewerbsfähigkeit sind das Resultat. Nur beispielhaft sei auf den Maschinenbau hingewiesen, der zunehmend Marktanteile bei Standardmaschinen an die Entwicklungsländer einerseits und bei hochtechnisierten Maschinen an die USA und Japan andererseits verliert. Und der Maschinenbau ist ein Paradebeispiel für eine Branche, in der die Klein- und Mittelunternehmen (KMU) überwiegen: Gerade in der Klein- und Mittelindustrie aber sind rund zwei Drittel der Arbeitnehmer beschäftigt; ihre Arbeitsplätze sind durch Innovationsrückstände extrem gefährdet.

Durch unsere Spitzenposition im Weltmaschinenexport lasse man sich nicht täuschen. Auch die Nachfrager orientieren sich zu oft am "Gestern": Man fragt nicht nach der Konstruktion von Feuerzeugen, wenn man das Feuer nicht kennt. Der deutsche Maschinenbau ist auf dem besten Weg, "die Uhrenindustrie der 80er Jahre" zu werden! Zum Beispiel wurden 1980 in Japan ca. 22.000 (spanende) Werkzeugmaschinen mit NC-Steuerung produziert; in der Bundesrepublik waren es gerade 4.700. Hier tut staatliche Förderung not, soll die Bundesrepublik nicht zur technologischen Kolonie der Japaner werden (vgl. Graphik "NC-Maschinen").

Der Verband Deutscher Maschinen- und Anlagenbau (VDMA) stellt bestürzt fest, daß "der nach wie vor ungebrochene kometenhafte Anstieg des japanischen Maschinenbaus für viele Branchen schon ein Trauma geworden" sei. Ähnlich geht es der Meß-, Steuer- und Regeltechnik, der Optik, Fein- und Medizinmechanik. Nach einer Analyse des HWWA-Instituts Hamburg hält der angeblich so wettbewerbsfähige Maschinenbau unter 36 Industriezweigen einen traurigen 31. Rang. Nach einer IFO-Analyse - vorgestellt vom IFO-Präsidenten Oppenländer am 3.10.1979 auf dem Symposion "Technologie- und Arbeitsmarkt" des Landeswirtschaftsministeriums Baden-Württemberg - rangiert der Maschinenbau unter 26 Industriezweigen unter dem Innovationsaspekt an 24. Stelle. Und daß die Innovationslücken am ehesten bei Klein- und Mittelunternehmen anzutreffen sind, dokumentierte u.a. eine im Oktober 1978 auf dem 32. Deutschen Betriebswirtschaftler-Tag präsentierte Studie für den Raum Berlin und München:

"85 Prozent der Betriebe innovieren überhaupt nicht oder haben mit ihrer Innovationstätigkeit auffallende Schwierigkeiten... In 59 Prozent der Fälle unterläßt es die Geschäftsleitung, die mit Innovationen betrauten Mitarbeiter zu motivieren, obwohl auch dies zu den anerkannten Notwendigkeiten erfolgreicher Innovation gehört" (Heinz Strebel).

Ähnlich Heinz Keller, Präsident der Fraunhofer Gesellschaft: "Das Streben nach Sicherheit, ein fast bürokratenhaftes Ausweichen vor Entscheidungen, verzögert oft unerträglich die Einführung neuer Technologien". Und auch das im Jahr 1979 veröffentlichte detaillierte Gutachten über das Produktionspotential des Berliner Maschinenbau - unter Leitung von Prof. Günter Spur erstellt vom Institut für Produktionsanlagen und Konstruktionstechnik der Fraunhofer-Gesellschaft (IPK - Berlin) - beweist, wie wenig unsere Klein- und Mittelunternehmen darauf vorbereitet sind, dem weltweiten Strukturwandel zu begegnen.

Der Schlaf der Manager scheint tief und fest zu sein - oder ihre Angst vor dem notwendigen Handeln ungeheuer. Wie eh und je liegt die Produktivität je Beschäftigtenstunde weiter unter dem Durchschnitt des verarbeitenden Gewerbes, meldet im Oktober 1981 das (Unternehmer-)Institut der deutschen Wirtschaft unter dem Stichwort "Argumente zu Unternehmerfragen": Betrug die durchschnittliche Veränderung der Produktivität im Zeitraum 1970 bis 1976 im Maschinenbau 3,2 Prozent (verarbeitendes Gewerbe 5,6 Prozent), so waren es im Zeitraum 1976 bis 1980 nur noch 2,8 Prozent (bzw. 3,6 Prozent). Und die Produktivität ist eine der wichtigsten strategischen Kennziffern für die Wettbewerbs- und Überlebensfähigkeit eines Unternehmens, einer Branche und damit der Arbeitsplätze.

IV.

Anstatt aber nun nach jenen Instrumenten und Gegenstrategien zu suchen, mit denen man das Überleben der Betriebe und Arbeitsplätze garantieren könnte, starren die Unternehmer auf die Lohnkosten. Der Abbau der Lohn- und Gehaltskostenbelastung, so behauptet man, sei angeblich das entscheidende Instrument und Mittel, um die Gewinne und damit die Produktion und Beschäftigung wieder auf Touren zu bringen. Folglich forciert man den Rationalisierungsprozeß. Bemerkenswert ist dabei die traditionelle Perspektive der Rationalisierungsstrategie. "Eingespart" werden nämlich die Arbeitsplätze mittels der Durchrationalisierung der alten Produkte auf der Basis der alten Technologien. Das jedoch ist zu kurzfristig gedacht und gehandelt. Hier betreibt man anstelle einer realistisch fundierten Langzeitplanung nur kurzfristiges Krisenmanagement und opfert Arbeitsplätze unbesonnen kurzfristigem Kostendenken.

Mit keiner dieser Rationalisierungsstrategien sind jedoch die Märkte der Zukunft zu erobern, selbst wenn sie aufgrund des verschärften Konkurrenzkampfes unternehmensspezifisch zweckmäßig sein sollten. Es fehlt vielmehr in der Bundesrepublik an der ergänzenden Grundvoraussetzung für das Ingangsetzen der Produktions- und Marktprozesse: Bereits das Problembewußtsein, dann aber auch die Innovationswilligkeit und die Innovationsfähigkeit sind Mangelware im Management. Also muß der um Vollbeschäftigung bemühte Staat in die Bresche springen und die Unternehmer veranlassen, den Innovationsprozeß in Gang zu setzen in Richtung

- neue Produkte und Verfahren
- neue Märkte und Rohstoffe,
- neue Planungs- und Organisationssysteme,
- neue Marketing- und Vertriebsformen.

Seine Rechtfertigung findet das Eingreifen des Staates in dem strukturellen Innovationsdefizit der Marktwirtschaft: Innovationen beziehen sich auf neue Güter, d.h. auf Produkte, für die es noch gar keinen Markt gibt. Folglich gibt es für diese neuen Güter auch noch keine Preise. Erst wenn das "unternehmerische Innovationswagnis" vom "Newcomer" eingegangen worden ist und wenn sich die auf dem Markt geworfenen neuen Güter in vom Unternehmen kalkulierbare Nachfrage niederschlagen, beginnt das Marktsystem als "Produktionslenkungsinstrument" wirksam zu werden. Erst jetzt erfährt das Unternehmen, ob die im Produkt "eingebaute" neue Technologie vom Verbraucher bzw. Abnehmer akzeptiert oder abgelehnt wird. Dieser Newcomer "öffnet" den Markt, setzt gleichzeitig die Konkurrenten unter Wettbewerbsdruck und zwingt sie damit zur "Nachahmung" i.S. Schumpeters. Für den Newcomer gelten dabei etwa analog die Bedingungen des von Thomas S. Kuhn für wissenschaftliche Theorien untersuchten "Paradigma-Wechsels".

Problembewußtsein, Innovationswilligkeit und -fähigkeit sind wichtige Voraussetzungen dieser Prozesse. Fehlen sie, dann veralten Theoriengebäude bzw. Produktgruppen und Produktionsapparat, bis die damit sinkende Wettbewerbsfähigkeit schließlich zum Bankrott und Konkurs der "theoretischen Schule" bzw. der Unternehmen und zum Verlust der Arbeitsplätze führt. Folglich lautet die Frage: Welche Strategie verschafft uns neue und zusätzliche Arbeitsplätze oder wie kann der Abbau des Arbeitsplatzvolumens zumindest gebremst werden? Die Antwort der IG Metall: Nur durch eine an den Zielen der Arbeitnehmerschaft orientierte Innovationspolitik, nur durch neue und immer bessere, durch nützlichere und sinnvollere Produkte und Verfahren sind Arbeitsplätze in der Bundesrepublik auf die Dauer - d.h. strukturell - zu erhalten bzw. neu zu schaffen.

Zumindest die Manager der Großunternehmen und Konzerne haben die Nützlichkeit der Wissenschaft erkannt. Im Zuge der weltweiten Vermachtung der Märkte haben sie den Preiswettbewerb durch eine viel wirkungsvollere Art des Konkurrenzkampfes ergänzt, nämlich durch die - auf Forschung und Entwicklung basierende - Innovationskonkurrenz. Das heißt: zunehmend entscheidet die schnellere Durchsetzung und effizientere Nutzung (Markteinführung) von neuen Ideen, Entdeckungen, Erfindungen, Patenten, usw. über den technischen, wirtschaftlichen und sozialen Erfolg eines Unternehmens und damit über die Sicherheit und Zahl der alten und neuen Arbeitsplätze, sofern für die am realen Bedarf orientierte Gesamtnachfrage ausreichend gesorgt worden ist. Die Vorrangigkeit der Gesamtnachfrage ist also unabdingbar.

Der hier zugrundeliegende Mechanismus ist der sogenannte "Lebenszyklus" von Produkten und Produktionsverfahren: Neuerungen kommen, bewähren sich und werden schließlich in einem ständigen Ablösungsprozeß durch leistungsfähigere Techniken wieder ersetzt. Zwar sind in der Anfangsphase des Zyklus die Aufwendungen für Forschung und Entwicklung neuer Produkte hoch, doch bringen sie dann auch entsprechenden Gewinn. Wenn dann allerdings der Bedarf befriedigt und/oder das Produkt so "ausgereift" und standardisiert ist, daß es in Niedriglohnländern auch von weniger qualifizierten Arbeitskräften hergestellt werden kann und deshalb "abwandert", ist das Unternehmen gezwungen, auf die nächste Generation neuer Produkte umzusteigen. Also ist es zweckmäßig, wenn ein Unternehmen (eine Branche oder ein Industriezweig) sich über die "Lebenserwartung" seiner Produkte und Produktgruppen Klarheit verschafft, indem die jeweiligen Umsätze oder Stückzahlen auf einer "Lebenskurve" aufgezeichnet werden (vgl. Grafik "Lebenskurven"): Je mehr Produkte des ganzen Produktionsprogramms sich "heute" in der Wachstumsphase befinden, umso "gesünder" ist das Unternehmen und desto sicherer sind die Arbeitsplätze (24), (35).

Entscheidende Voraussetzungen dieses Erfolges sind zwei Vorteile, die in der Bundesrepublik grundsätzlich vorhanden sind:

- die Beherrschung der neuesten Technologien und

- eine hochqualifizierte Arbeitnehmerschaft in Forschung, Entwicklung, Produktion, Vertrieb und Service.

Wird beides zur Produktion neuer Konsum- und neuer Investitionsgüter eingesetzt, spielt der Preis kaum noch eine Rolle und steigen nachweisbar Inlandsabsatz und Exportquoten. Wie sehr die Innovationstätigkeit nicht nur die Überlebenschancen eines Unternehmens, einer Branche und der dortigen Arbeitsplätze, sondern auch die Dynamik der Produktions- und Verteilungsprozesse und schließlich die Möglichkeiten der Bedürfnisbefriedigung bestimmt, wird aus Schätzungen ersichtlich nach denen 30 bis 60 Prozent der Güter, die heute produziert und verkauft werden, vor 10 Jahren noch nicht auf dem Markt waren. Der Umsatz von Siemens z.B. bestand im Jahr 1974/75 zu 40 Prozent aus Produkten, die jünger als fünf Jahre waren; 1980 waren es bereits 50 Prozent. Und das Innovationstempo steigt: Firmen wie VW (mit Triumpf-Adler) und Mannesmann (mit Kienzle-Apparatebau) haben das "erleiden" müssen.

Eine zusätzliche Gefährdung unserer Arbeitsplätze ergibt sich aus dem starken Technologie-Druck von seiten der USA und Japans. Gezielt beschleunigen beide Länder den technologischen Wandel durch umfangreiche Zuwendungen: Die USA förderten vor allem die Entwicklung von Mikroprozessoren und NC-Maschinen in der Weltraum- und Rüstungsindustrie. Die Japaner setzen in enger Kooperation von Staat, Kreditapparat, Handels- und Industriesystem bei einzelnen Produkten und Branchen an und steuern dann zielbewußt auf die Ausweitung ihrer Weltmarktanteile zu - eine gesellschaftsweite Innovationsmaschinerie, die "JAPAN-AG". Eine der Folgen ist ein Innovationsrückstand der Bundesrepublik z.B. in der Mikroelektronik um drei bis fünf Jahre. Zum Teil konnte dieses Manko inzwischen ausgeglichen werden: nicht zuletzt dank der gezielten Förderungspolitik des Bundesforschungsministeriums. Aufgrund der zunehmenden Bedeutung, die der Innovationswettbewerb weltweit gewonnen hat, ist die Regierung, die wiedergewählt werden will und daher Vollbeschäftigungspolitik betreiben muß, also gut beraten, wenn sie ihre Forschungs- und Entwicklungspolitik soweit wie möglich an der Deckung des Innovationsbedarfs orientiert.

Die auf möglichst rasche Umsetzung der bereits vorhandenen Ideen, Entdeckungen und Erfindungen ausgerichtete Innovationsförderungspolitik des Bundesministeriums für Forschung und Technologie (BMFT) hat diesen Weg inzwischen auf recht breiter Front eingeschlagen - einkalkulierend, daß globale, indirekte Förderungsmaßnahmen nicht nur konzentrationsfördernd wirken, sondern auch gar nicht imstande sind, das auf Sicherheit und Gewohnheit getrimmte Unternehmerverhalten in neue, innovatorische Bahnen zu lenken. Die Innovationsförderungspolitik (und ihr Mittelstück, die Innovations- und Technologieberatung) zielt dabei vor allem auf die Klein- und Mittelunternehmen, da sie größere Schwierigkeiten als Großunternehmen im komplizierten Innovationsprozeß haben und unterstützt sie in Bezug auf Technologieerschließung, Kapitalbeschaffung und Managementhilfe einschließlich betrieblicher (Arbeits-)Organisation, um so die wichtigsten Schwachstellen der Klein- und Mittelunternehmen zu beseitigen:

- die Überalterung der Produkte und Verfahren,
- die fehlende Zielsetzung,
- die zu geringe Marktorientierung,
- den zu niedrigen Organisationsgrad,
- den weitgehenden Verzicht auf Gemeinschaftsforschung,
- die Unterbeanspruchung der staatlichen FuE-Förderung.

Die USA jedenfalls haben inzwischen die "japanische Herausforderung" angenommen. Bereits Präsident Carter leitete das neue Innovationsförderungsprogramm ein. Beschränkte sich früher die Förderung weitgehend auf - indirekt wirkende - Steuervergünstigungen, wird jetzt direkt gefördert. Drei kooperative Technologiezentren werden von Regierung und Industrie finanziert. Eines der Zentren konzentriert sich auf flexible Fertigungssysteme (FFS) und unterstützt - überwacht von industriellen Herstellern und Anwendern - die vier Kernprobleme des FFS-Einsatzes: Technologietransfer und Innovation, Qualitätskontrolle und Argumente zur Rechtfertigung der neuen Systeme (Akzeptanzprobleme). An mehreren Universitäten wird die Entwicklung von neuen Simulations- und Analysemodellen unterstützt, mit denen die Komplexität der sozio-technischen Systeme erfaßt werden soll. Das US-Verteidigungsministerium fördert zusätzlich verschiedene Programme, die sich teils direkt, teils indirekt auf die Weiterentwicklung der FFS beziehen, wie z.B. die "apparative Intelligenz". Das National Bureau of Standards (NBS) will den "Arbeitsplatz der Zukunft" ermitteln, der eng mit dem Vormarsch der FFS zu tun hat. Wie der FFS-Einsatz in der Praxis wirkt, zeigt das Beispiel der Firma Ingersol-Rand in Roanoke/Virginia: Die durchschnittliche Kostenersparnis betrug hier 45 bis 75 Prozent, die laufenden Materialvorräte sanken um 30 Prozent, die Arbeitsersparnis stieg bis auf 89 Prozent (Diebold Management Report, August/September 1980).

V.

Natürlich weiß die IG Metall, daß diese Forcierung der Innovationskonkurrenz die Dynamisierung und damit die Verunsicherung von Belegschaften und Management bedeutet. Sie ist sich über die sozialen und individuellen Kosten dieser Prozesse im klaren. So schlägt die Beschleunigung des technischen Wandels sich im Einzelschicksal nieder: Lernte man früher nur einen Beruf, der für das ganze Leben reichte, muß man heute während eines Lebens mindestens zwei- bis dreimal umsatteln. Die Zukunft wird noch größere Ansprüche an unsere Lernwilligkeit und Flexibilität stellen. Der technische Wandel, der ja nicht immer ein "Fortschritt" ist, wird in der Tat die Arbeitsbedingungen erheblich verändern. Also ist vorzusorgen: Da das Arbeitsverhältnis dem Arbeitnehmer Existenzerhaltung und Selbstverwirklichung garantieren soll, muß für jeden Arbeitswilligen erstens ein (nicht: ein bestimmter!) Arbeitsplatz bereitgestellt werden und muß zweitens das Qualifikationsprofil dieses Arbeitsplatzes dem Anspruchsniveau des Arbeitnehmers entsprechen.

Das bedeutet angesichts des Strukturwandels, der Volkswirtschaften, Betriebe und Arbeitsplätze umzukrempeln, daß insbesondere die Klein- und

Mittelbetriebe künftig eine Flexibilität werden aufweisen müssen, von der heute weithin noch nicht einmal geträumt wird: In Bezug auf die Arbeitnehmerschaft heißt das nicht, sie zum "fahrenden Volk" zu machen. Vielmehr soll der Arbeitnehmer gemäß dem "Prinzip lebenslangen Lernens" durch solide Umschulung in die Lage versetzt werden, technologische Veränderungen der Arbeitsplatzstrukturen und Produktionsmethoden ohne beruflichen und sozialen Abstieg zu bewältigen. Die von der IG Metall und Gesamtmetall beschlossenen "Eckdaten zur Neuordnung der industriellen Metallberufe" vom September 1979 sind ein Anfang: jetzt warten sie auf ihre Umsetzung.

Aber auch das Management kann sich diesen Lernprozessen nicht entziehen. Setzt man z.B. den Nutzungsgrad der Mikroelektronik, die das Gesicht des kommenden Jahrzehnts bestimmen wird, für das Jahr 2.000 mit 100 Prozent an, dann sind heute erst knapp 10 Prozent der Möglichkeiten, die die Mikroelektronik bietet, genutzt! Dieses Manko verwundert nicht: Denn die durchschnittliche Geschäftsführung besitzt zur Zeit nur ca. 15 Prozent des aktuellen Wissens über Mikroelektronik, und im Ausbildungs- und Publikationsbereich treffen wir auch erst 25 Prozent der mikroelektronikrelevanten Informationen an, so daß 75 Prozent des Wissens der Hoch- und Fachschulabsolventen bereits beim Eintritt in die Praxis veraltet sind. Diese Fakten erhöhen nach Klaus P. Friebe (VDI-Technologiezentrum) die Brisanz der Ergebnisse der unter seiner Leitung von vier Forschungsinstituten erstellten Studie "Mikroelektronik im Maschinenbau" (MiM/1980); der Problemdruck steigt:

Weit mehr also als bisher wird in Zukunft das Überleben der Unternehmen von der Innovationswilligkeit und -fähigkeit *aller* Unternehmensangehörigen abhängen: das *oberste* Management muß in Trendbrüchen und Produktlebenszyklen zu denken lernen. Das *mittlere* Management wird Kontrollgewalt gegen Koordinierungsaufgaben eintauschen müssen. Und auch den *übrigen* Arbeitnehmern werden verstärkt technisches und organisatorisches Geschick, Durchblick und Verantwortungsbereitschaft abverlangt. Zum Beispiel wendet der Durchschnittsmanager gerade 5 Prozent seiner Zeit auf, für die technologische Sicherung der Zukunft seines Unternehmens zu sorgen. Und solange die autoritäre Funktionsstruktur in unseren Unternehmen erhalten bleibt, d.h. solange der "Boß" - wie in Klein- und Mittelbetrieben weitgehend üblich - Allein-Verantwortlicher für Finanzierung, Produktion, Technologie, Vertrieb und Service ist, kann es auch gar nicht anders sein. Will z.B. hier ein Marketing-Mann sein "System" verkaufen, wird er tief in die interne Struktur des Unternehmens einsteigen müssen: eine Marktlücke, die noch vielen Absolventen der wirtschafts- und sozialwissenschaftlichen Fakultäten nicht nur Arbeitsplätze verspricht, sondern auch Entscheidungs- und Handlungsspielräume, deren Erweiterung die entscheidende Voraussetzung für innovatorisches Verhalten ist. Ein autoritärer Führungsstil wirkt demgegenüber ausgesprochen demotivierend und leistungsmindernd: läßt also das vorhandene Innovations-, Kreativitäts- und Produktivitätspotential der Arbeitnehmerschaft ungenutzt.

Tatsachen belegen den Nachholbedarf an arbeitsplatzsichernder Modernisierung und "qualitativer" Rationalisierung. Da hilft kein Klagen über hohe Kosten. Die Perspektive muß geändert werden. Insbesondere die Mikroelektronik kehrt z.B. den bisher mit dem technischen Wandel verknüpften Prozeß der fixkostensteigernden Kapitalintensivierung um; eingespart werden Kapital und Material, Energie und Arbeit. Fertigungstechnik und Kostenstruktur werden revolutioniert; die "Entkopplung" von Arbeitsleistung und Produktion, von Mensch und Maschine ist bereits in Gang gekommen: Flexible Fertigungssysteme, ergänzt um sensorbestückte Industrieroboter, heben das traditionelle "Gesetz der Massenproduktion" auf und erlauben auch der automatischen "Fabrik ohne Menschen" und dem Klein- und Mittelunternehmen die Kleinserien- und Einzelfertigung. "Elastizität" heißt hier das Schlagwort:

"Mit Mikroprozessoren werden also nicht starre Grundfunktionen produziert, sondern werden massenhaft Elastizitätspotentiale für die Anwender erzeugt. Damit öffnet sich der Weg zur Entwicklung flexibler Fertigungs- und Verwaltungssysteme, in denen an die Stelle der bisher die betriebliche Elastizität garantierenden menschlichen Arbeitskraft zumindest in Teilbereichen adäquate technische Einrichtungen treten. Hinzu kommen ökonomische Effekte, die aus einer gewaltigen Kostensenkung der Technologien resultieren, die dazu führen, daß dieser 'Ersatz' menschlicher Elastizitätspotentiale zu einem Preis angeboten wird, der ihn zu einem ernsthaften Konkurrenten für zahlreiche Arbeitnehmer macht. Ein derart gewaltiges technisches und ökonomisches Potential, verstärkt um weitere Vorteile wie geringerer Energiebedarf, höhere Zuverlässigkeit, höhere Lebensdauer, Miniaturisierbarkeit und Integrierbarkeit, drängt zur Anwendung" [37].

Die verabsolutierte Kostensenkungsperspektive ist also ein "Ladenhüter" aus dem Arsenal der Traditionsstrategen. Die Produktivitätsgewinne aus der Anwendung der neuen Technologien sind heute bereits ein Faktum. Technologieorientierte Unternehmen beweisen das; sie bestreiten ihre Expansion aus Produktivitätszuwächsen. Diese Produktivitätsgewinne schaffen außerdem Spielraum für unausweichliche Arbeitszeitverkürzungen und

Weiterbildungsmaßnahmen, für Verbesserungen der Arbeitsbedingungen und für die Ausweitung der Beschäftigung in betriebs- und/oder volkswirtschaftlicher oder ökologischer Perspektive.

VI.

Überflüssig auch die Klage über den angeblichen Facharbeitermangel, selbst wenn er hier und da berechtigt sein sollte. Es ist auch hier die Perspektive, die falsch ist. Selbstkritisch sehe man sich als Manager an, was Betrieb und Büro dem Arbeitnehmer anzubieten haben als "Lebensraum" für den größten Teil der bewußt erlebten Schaffenszeit. Ist es bei manchem Angebot nicht völlig rational, seine Leistung zurückzuhalten, durch Abwesenheit zu glänzen und doch mehr Geld zu verlangen?! Leider ist Selbstkritik zu wenig verbreitet. Weithin herrscht in Managerkreisen jenes Menschenbild vor, das Douglas McGregor die "Theorie X" nannte: "Der Durchschnittsmensch hat eine angeborene Abneigung gegen Arbeit und versucht, ihr aus dem Weg zu gehen, wo er kann."

Deshalb "muß er zumeist gezwungen, gelenkt, geführt und mit Strafe bedroht werden ... Er zieht es vor, an die Hand genommen zu werden, möchte sich vor Verantwortung drücken, besitzt verhältnismäßig wenig Ehrgeiz und ist vor allem auf Sicherheit aus."

Als "Irrlehren und Hirngespinste" bezeichnet McGregor diese diffamierenden Vorurteile und stellt ihnen seine "Theorie Y" gegenüber: "Zugunsten von Zielen, denen er sich verpflichtet fühlt, wird sich der Mensch der Selbstdisziplin und Selbstkontrolle unterwerfen. Wie sehr er sich Zielen verpflichtet fühlt, ist eine Funktion der Belohnungen ... Die bedeutendste solcher Belohnungen ist die Möglichkeit, Bedürfnisse der Persönlichkeit und ihrer Entfaltung zu befriedigen."

Bisher hat die Theorie Y die Fabriken und Büros noch nicht erobert. Also dominiert der Führungsstil der Theorie X: Folglich begegnet man jenem - dem Ökonomen nur zu bekannten - "Gesetz der sich rechtfertigenden Erwartung": "Leute, die von der Möglichkeit ausgeschlossen sind, bei ihrer Arbeit die Bedürfnisse zu befriedigen, die in ihnen wach sind, verhalten sich genau so, wie wir es wohl voraussagen möchten: in Trägheit, Passivität, Verantwortungsscheu; sie sträuben sich gegen Veränderungen, sind anfällig für Demagogen und stellen geradezu absurde Ansprüche nach ökonomischen Vorteilen".

Ja, wäre der Arbeitnehmer gewohnt, seine Interessen im Arbeitsprozeß ausreichend zur Geltung bringen zu können, dann hätte er - völlig rational - gar nichts dagegen, wenn die Mikroelektronik z.B. in Maschinen eingebaut wird,

1. um durch Substitution von Mechanik bei der Herstellung von Konsum- und Investitionsgütern (Hand-)Arbeit, Energie und Material einzusparen;

2. um bisher von Maschinenpersonal ausgeführte (Kopf-)Arbeit durch automatische Informationsverarbeitung zu ersetzen, zum Beispiel, um Produktivität, Flexibilität, Sicherheit, Kontrollierbarkeit usw. der Maschinen zu erhöhen;

3. um völlig neuartige Maschinen herstellen zu können, zum Beispiel Handhabungsautomaten, die Hand- plus Kopfarbeit ersetzen (14), (30).

Ja, hätte man das Kardinalproblem jeder Organisation gelöst, nämlich die "Produktion" so organisiert, daß jedes Organisationsmitglied sicher ist, mit der Realisierung der Organisationsziele auch die Erfüllung seiner eigenen, persönlichen Ziele zu betreiben, dann käme man der "Optimierung von Humanität und Effektivität" ein ganzes Stück näher. Aber muß der Arbeitnehmer unter den gegebenen Umständen nicht befürchten, daß das alles zu seinen Lasten passiert? Woher eigentlich soll er den guten Glauben nehmen, daß die Hoffnung der Optimisten des technischen Fortschritts bestätigt werde:

- daß die Automatisierung, daß der vielbeschworene Mikroprozessor per Saldo keine Arbeitsplätze vernichte;

- daß die Mikroelektronik berufliche Qualifikationen nicht überflüssig mache, sondern sie höchstens verschiebe;

- daß der Computer nicht von der Arbeit entfremde, sondern den Schrecken monotoner Arbeit mindere;

- daß man die automatisierte, von Robotern betriebene Gesellschaft nicht zu fürchten brauche, weil das niemand finanzieren kann?

Woher soll er den guten Glauben nehmen, daß der technische Wandel also ein "Fortschritt" sein wird?

Vorläufig nämlich halten die Negativtrends an. Die neuen mikroelektronisch gesteuerten Maschinen sind meist so konstruiert, daß sie nach einer z.T. längeren Übergangszeit von geringer qualifiziertem Personal bedient werden können. Durch Mikroprozessoren wird Kopfarbeit und auch handwerkliche Fähigkeit ersetzt. Der "Facharbeitermangel" wird häufig als Legitimation für derartige Maschinengestaltungen vorgeschoben. Aber wenn diese Maschinen dann erst einmal installiert sind, läßt sich ihre Gestaltung in Form "technischer Sachzwänge" ganz plausibel als Legitimation für noch unmenschlichere Formen der Arbeitsteilung heranziehen. Durch hochgradige Arbeitsteilung und entsprechend stumpfsinnige Arbeitsformen sind dann "ganz nebenbei" Voraussetzungen geschaffen, um den Risikofaktor Mensch - der nur noch als Lückenfüller der Maschinerie notwendig ist (z.B. weil die Sensortechnik bei den Robotern noch nicht weit genug "fortgeschritten" ist) - schließlich vollständig aus der Produktion zu eliminieren. Diese Arbeitsplatzvernichtung kann dann obendrein noch mit dem Etikett "Humanisierung" versehen werden. Denn schließlich waren die wegrationalisierten Arbeitsplätze ja aufgrund der angeblichen Sachzwänge, die man zuerst selbst hergestellt hatte, "menschenunwürdig".

Die Folgen der Taylorisierung der Arbeit sind absehbar: Mehr und mehr bedroht der Trend zur Zerstückelung der Arbeit und zur Verminderung der Arbeitsinhalte bei einem Großteil der Facharbeiterschaft deren hohe Arbeitsqualifikation und berufliche Autonomie. Damit wird, bevor noch irgendeine Verhandlung zwischen den sogenannten Sozialpartnern begonnen hat, die zentrale Konfliktfrage - das "magische Viereck" jedes Lohn- und Gehaltsarbeitsvertrages - schon vorentschieden, d.h. die Frage nach

- der Bereitstellung der Arbeitskraft mit ihren Qualifikationen,
- der geforderten Arbeitsleistung,
- den Arbeitsbedingungen,
- der Vergütung (Pornschlegel/Birkwald/Meine/Schardt).

Es wäre fast zynisch, damit als erstes unsere Export- und Wettbewerbsfähigkeit gefährdet zu sehen. Denn viel wichtiger für Individuum und Gesellschaft ist die Gefährdung des Fundaments jeder Selbstverwirklichungschance: die Gefährdung der Handlungskompetenz und Arbeitsmotivation. Arbeits- und Betriebspsychologen wie Eberhard Ulich, Winfried Hacker und Walter Volpert haben hieraus die Konsequenzen gezogen. Sie fordern eine "präventive Arbeitsgestaltung und Humanplanung", die sich durch folgende Arbeitsplatzmerkmale auszeichnet:

1. Die "planende Strategie" erlaubt dem Arbeiter die geistige Vorwegnahme künftiger Situationen (zum Beispiel durch Programmierung "vor Ort"); die Vermeidung von Störungen (z.B. Stillstand teurer Maschinen) durch vorsorgliches Handeln; die Erleichterung der Arbeit für sich und andere durch Kooperation.

2. Die "inhaltliche Orientierung" gestattet die Einsicht in Sinn und Nutzen des Produkts auch für das tägliche Leben: Die Qualität z.B. von Produkten ist eben kein rein technisches Problem, sondern mehr noch eine Frage des persönlichen Engagements, wie die berühmten japanischen "Qualitätszirkel" lehren (10).

3. Die "Mitentscheidung" bedeutet die Beteiligung von Individuen und Gruppen an der Festlegung von Produkt- und Produktionszielen: sei es die Abwehr von Monotonie und Isolation am Arbeitsplatz oder die Mitbestimmung im Wirtschaftsausschuß und Aufsichtsrat.

Sind diese drei Voraussetzungen gegeben, dann spricht man von "persönlichkeitsfördernden Arbeitsplätzen", deren Struktur auch das Verhalten des Arbeitenden in der Freizeit positiv bestimmt (Winfried Hacker). Im Gegensatz hierzu setzt die tayloristische Arbeitszerstückelung den Arbeitenden unter den Druck einer Negativspirale:

- Mit der Verkleinerung der Arbeitsinhalte wird das Bedürfnis nach sinnvollem Vollzug der Arbeit immer weniger befriedigt, und also nimmt die Frustration des Arbeitenden zu;

- er reagiert zum Teil mit der Bevorzugung von materiellen Vergütungen (zum anderen Teil mit Resignation, Apathie und Agression);

- mit seiner Gewerkschaft kämpft er dafür, daß er höheren Lohn oder höheres Gehalt erhält;

- das Management geht nicht nur hierauf ein, sondern bekräftigt die Wichtigkeit der Einkommenserhöhung u.a. durch Werbekampagnen, die das Bedürfnis nach weiterer Erhöhung der finanziellen Vergütung anstacheln;

- die immer wieder neu aufbrechende Lücke zwischen den am inhumanen Arbeitsplatz geweckten und den durch Mehrkonsum nicht zu befriedigenden Bedürfnissen führt zu ständig wachsender Frustration mit all ihren negativen psychischen und physischen Folgen (Argyris, Seligman).

Am persönlichkeitsfördernden Arbeitsplatz wird diese Negativspirale durchbrochen. Hier sind

- gesundheitsschädliche und geisttötende Belastungen beseitigt;

- die Fähigkeiten werden durch komplexe Aufgaben stets neu gefordert (ohne überfordert zu werden);

- die Kooperation ersetzt überflüssige, nicht mit Sachautorität begründbare hierarchische Strukturen;

- das allgemeine Ziel der Arbeitstätigkeit wird vom Arbeitenden mitbedacht, mitgestaltet und zugunsten seiner Nützlichkeit mitentschieden.

Eine so praktizierte Zusammenführung von Humanisierung und Partizipation der Arbeitnehmer stärkt die Motivation und die Handlungskompetenz der Beschäftigten. Beides bildet - das zeigen Untersuchungen zur Organisationsentwicklung und zur Innovationstheorie - die Voraussetzung für die Innovationsfähigkeit einer Organisation. Das frühe Einbeziehen von Arbeitnehmern und ihren Vertretern fördert die Problemumsicht, hilft die Betriebsblindheit zu vermeiden und spart außerdem erhebliche Reibungskosten, die entstehen, wenn Entscheidungen über die Köpfe der Betroffenen hinweg gefällt werden [18], [40].

Fast dringlicher ist das Gebot der Humanisierung und Partizipation aus volkswirtschaftlicher Sicht. Denn der zu enge betriebliche Wirtschaftlichkeitsbegriff vernachlässigt jene immensen sozialen Kosten, die durch negative Folgen des technologischen Wandels entstehen und bisher vom Steuerzahler bzw. den Versichertengemeinschaften getragen werden; einmal abgesehen von den Folgen, die sich gar nicht quantifizieren, geschweige denn monetarisieren lassen [13]. Humanisierung und Partizipation benötigen keine ökonomische Rechtfertigung; sie sind selbst Ziele des politischen Handelns. Zwischen Humanisierung, Partizipation und Wirtschaftlichkeit besteht nicht unausweichlich ein Zielkonflikt; Humanisierung und Demokratisierung leisten vielmehr einen Beitrag zur Erreichung ökonomischer Ziele.

Nach einer Untersuchung des IFO-Instituts werden von 20 anwendungsreifen neuen Technologien nicht weniger als 18 vor allem als "Job-Killer" wirksam werden (Lothar Scholz). Ein Expertenkreis beim BMFT vermutet, daß in den nächsten 10 bis 15 Jahren mindestens 50 Prozent aller Erwerbstätigen irgendwie von der Mikroelektronik betroffen sein werden; ein Teil hiervon werde seinen Arbeitsplatz verlieren. Die politisch-soziale

Brisanz dieser Aussagen und vorliegende Fall-Beispiele legen den Schluß nahe, daß diese Schätzung eher zu optimistisch genannt werden kann. Allgemein zeichnet sich jedoch der Trend ab:

- daß die Gesamtzahl der Arbeitsplätze abnehmen wird;
- daß die Zahl der wenig qualifizierten Arbeitsplätze besonders stark abnimmt;
- daß die Zahl der hochqualifizierten Arbeitsplätze nur wenig abnimmt und
- daß die Anforderungen an die höchstqualifizierten Arbeitnehmer ständig steigen.

"Qualifikation" soll dabei verstanden werden als die Fähigkeit, Probleme zu lösen, die nicht per Routine lösbar sind (dann würden sie "automatisiert" werden), sondern die Kreativität erfordern - bestehe sie nun in handwerklichem Geschick, in technischem Wissen oder organisatorisch-sozialem Management. Den Wandel der Beschäftigungsstruktur beschreibt das Institut für Arbeitsmarkt- und Berufsforschung (IAB) näher. Selbst wenn sich die technischen Veränderungen nur relativ langsam durchsetzen und nicht schubartig (was zu befürchten ist), würden die Umwälzungen am Arbeitsplatz beträchtlich sein: In 10 Jahren

- wäre rund ein Drittel der Beschäftigten auf neu geschaffenen Arbeitsplätzen tätig;
- rund ein Zehntel würde seinen Arbeitsplatz im Betrieb ganz verloren haben;
- und rund ein Fünftel würde den Arbeitsplatz innerhalb des Betriebes wechseln müssen (Erhard Ulrich).

VII.

Angesichts dieser Tatsachen sind auch die Gewerkschaften gezwungen, die Ziele und Interessen der Arbeitnehmer früh genug im Innovations- und Technologieprozeß geltend zu machen. Andernfalls würden die vorhandenen Machtstrukturen sich einseitig durchsetzen und damit den "Fortschritt" infragestellen. Der IG Metall geht es also nicht um das "Ob" von Innovationen, sondern um das "Wie" und "Wann". Folgerichtig gelangte die

IG Metall zur Bejahung innovationspolitischer Aktivitäten. Dieses Umsteigen von der mehr defensiven Rationalisierungsschutzstrategie auf die mehr aktivistische Innovationsstrategie begann im Oktober 1975 auf der Branchenkonferenz "Uhren" der IG Metall. Es folgte im Mai 1977 die "Technologie-Tagung" der IG Metall und im Sommer 1979 die Gründung von "Innovations- und Technologieberatungsstellen (IBS/IGM)" in Hamburg und Berlin (12), (42).

Die Aufgabe der Ingenieure und Ökonomen der Beratungsstellen ist es, Innovationsprozesse im Zuge der Anwendung neuer Technologien auf ihre positiven und negativen Folgen hin zu beobachten; die Auswirkungen auf die Zahl und Qualität der Arbeitsplätze festzustellen und zusammen mit den örtlichen Mitgliedern der IG Metall gemäß einem Kriterienkatalog Anregungen für die Herstellung und Durchsetzung neuer Produkte (arbeitschaffende Produktinnovationen) und neuer Produktionsverfahren (arbeitsparende Prozeßinnovationen) mit erkenntlichem Nutzen für Arbeitnehmer zu entwickeln und als "Kooperationsangebot" in die Betriebe zurückzutragen. Ziel dabei ist, die soziale Verträglichkeit der Produkt- und Prozeßinnovationen dadurch zu gewährleisten, daß Chancengleichheit in der Innovationspolitik hergestellt wird zwischen Betriebsrat und anderen Arbeitnehmerrepräsentanten einerseits und Geschäftsleitung andererseits, wobei stets die Interdependenz von Qualifikation, Entscheidungskompetenz und Verantwortung berücksichtigt werden muß. Diese Strategie der Akzeptanz-Herstellung durch (begrenzte) "Kooperation statt Konfrontation" setzt die gezielte Aktivierung des betrieblichen Innovationspotentials - d.h. unter anderem die intensive Schulung und Weiterbildung der Betriebsräte und Vertrauensleute - voraus: denn erst durch echte Mitentscheidung und Mitgestaltung der Betroffenen auf der Basis konkreter Alternativen kann der für die Effektivität von technologischen, ökonomischen und sozialen Innovationen notwendige Konsens hergestellt werden. Vorläufig klafft hier eine viel zu große Lücke (vgl. Tableau "Aktivierung...").

Zum einen erfolgt Innovationspolitik bisher fast ausschließlich unter technologie- bzw. unternehmensorientierten Zielsetzungen. Die Folgen waren und sind entweder arbeitsplatzgefährdende Innovationsrückstände (wie in der Uhrenindustrie) oder arbeitsplatzvernichtende Innovationsschübe (wie in einer Reihe von Großunternehmen). Diese Extremsituationen führen zu sektoralen und regionalen Strukturproblemen und zum Abbau von Arbeitsplätzen. Die These, daß Beschäftigungsverluste bei den Anwendern neuer Technologien durch Mehrbeschäftigung bei den Herstellern kompensiert werden könne, ist nicht haltbar. Bei der Mikroelektronik etwa beträgt das Verhältnis der Beschäftigten in der Bauelementeherstellung erstens zu den Beschäftigten in der Geräteherstellung und zweitens zu den Beschäftigten in der Anwendung dieser Geräte 1 : 10 : 100. Selbst - höchst unwahrscheinliche - Mehrbeschäftigung in der Größenordnung von 10 oder gar 20 Prozent der Bauelementehersteller würde also, bezogen auf die Beschäftigten in der Anwendung, nur wenige Promille bedeuten. Während "das Haus Siemens" noch vor wenigen Monaten den Mikroprozessor als "Job Knüller" feierte und als "Job Killer" verteufelte, beklagt man heute Technologierückstände und Überkapazitäten - und setzt die Arbeitnehmer auf die Straße (FAZ v. 14.1.82: "Siemens und die Elektronik". - manager magazin, 11/1981: "Unternehmen Siemens").

Auch der traditionelle Dienstleistungssektor scheidet für die Übernahme von Arbeitnehmern aus der Produktion aus: Gerade hier wirkt sich ja der Rationalisierungseffekt der neuen Informationstechnologien besonders drastisch aus. Die Siemens-Studie "Büro 1990" zeigt, wohin es gehen könnte: Im Durchschnitt seien die Tätigkeiten der in der Studie repräsentierten 2,7 Millionen Büroarbeitsplätze (27 Prozent aller Büroangestellten) insgesamt zu 43 Prozent automatisierbar. Diese Zahlen lassen verstehen, warum insbesondere politische Instanzen die Zukunft so vorsichtig und optimistisch beurteilen.

Zum anderen beeinträchtigt in vielen Fällen der Einsatz neuer Technologien die Qualität der Arbeitsplätze in der Produktion wie auch im Bürobereich. Hinzu kommt eine bis in den Freizeitbereich hineinreichende, passiv machende Schwemme von Fernsehbildern und eine vollständige Verdatung des Bürgers, die ihn als Arbeitnehmer, Konsument und Staatsbürger "transparent" macht und ihn verletzbar werden läßt gegenüber allen möglichen "Ausbeutungs"-Versuchen.

Es stehen sich also "Aktiva" und "Passiva" von Innovationen gegenüber. Ob sich die bisher vorherrschenden Negativtrends verstärken, oder ob es möglich wird, die "Aktiva" zu nutzen, ohne die "Passiva" ohnmächtig in Kauf nehmen zu müssen, ist kein technisches, sondern ein politisches Problem:

- Denn nicht der Computer ist ein "Job-Killer", sondern die Art seines Einsatzes vernichtet Arbeitsplätze;

- nicht der Bildschirmarbeitsplatz erzwingt Monotonie und inhaltsleeren Streß, sondern die Art seiner Verwendung;

- nicht überwiegend technische und organisatorische "Sachzwänge" verstärken Ohnmacht und Entfremdung des Menschen, sondern (macht-)politisches Entscheiden und Handeln verhindert die Humanisierung der Arbeitswelt (HdA) bereits dann, wenn Wissenschaftler sich mit der Erforschung und Entwicklung von nicht-humanen (Sozial-)Technologien zu beschäftigen beginnen.

Für die Gewerkschaften kommt es also darauf an, auf die Entwicklung und den Einsatz neuer Technologien Einfluß zu nehmen,

- deshalb nehmen sie teil am Technologiepolitischen Dialog mit Arbeitgebervertretern und dem Forschungsminister;

- deshalb beteiligen sie sich auf Bundes- und Länderebene an Gremien zur Förderung von Innovation und Technologie;

- deshalb errichteten sie Innovations- und Technologieberatungsstellen zur Unterstützung sozial sinnvoller Innovationen und zur Beratung von Arbeitnehmervertretern, die in den Betrieben bei der Realisierung von Innovationen mitbestimmen;

- und deshalb ist 1980 ein neues Beratungsprojekt der IG Metall zur "Humanisierung der Arbeit" angelaufen, dessen Ziel es ist, die ehren- und hauptamtlichen Arbeitnehmervertreter in die Lage zu versetzen, bei den zahlreichen Förderungsprojekten des BMFT und insbesondere beim HdA-Programm fachkundig und sachgerecht mitwirken zu können.

Hierbei sei angemerkt, daß unsere scharfe Kritik am bisherigen Vollzug des HdA-Programms nur ein Ziel hat: seine Verbesserung! Wenn daher Politiker und Unternehmensverbände mit unseren Argumenten die Liquidierung des HdA-Programms verlangen, dann ist das ein Mißbrauch unserer Kritik und das Erschleichen einer "Gemeinsamkeit", von der wir uns entschieden distanzieren.

VIII.

Es ist wohl vor allem den Alarm-Rufen der Gewerkschaften zu verdanken, daß zunehmend auch aus Kreisen der Wissenschaft die Forderung der Arbeitnehmerschaft nach mehr Einfluß auf die Technologie- und Innovationspolitik argumentativ unterstützt wird. So wird z.B. im 1980 veröffentlichten Gutachten von PROGNOS/MACKINTOSH für die Bundesregierung zum Thema "Technischer Fortschritt - Auswirkungen auf Wirtschaft und Arbeitsmarkt" für eine gesellschaftsweite "kooperative Innovationsstrategie" plädiert, wie sie von den Gewerkschaften für akzeptabel gehalten werden könnte. Bedenkt man, daß die Entwicklung und der Einsatz von alten wie neuen Technologien zum weitaus überwiegenden Teil das Ergebnis gesellschaftlicher Machtkämpfe ist, wären u.a. zwei Bedingungen einzuhalten:

1. Der "gewaltige und rein psychologische Zauber der Freiheit", von dem Max Weber in seiner berühmten Landarbeiterenquete (1892) sprach, wurde zu einem Grundpfeiler unserer Demokratie: Diese normative Basis gebietet die Beteiligung prinzipiell aller Technik-Betroffenen an jenen Entscheidungen, die sie als mündige Bürger und Arbeitnehmer mitauszubaden haben. Nicht-Beteiligung dagegen löst Angst aus, die allzu leicht entweder in Aggression oder in Resignation und Apathie umschlagen kann: Die Kernenergiediskussion mag als warnendes Beispiel für das Fehlen "sozialer Akzeptanz" dienen. Nichtbeteiligung löst aber auch rational zurechenbare Furcht aus, die allzu leicht den sozialen Konflikt und Klassenkampf als einzige gesellschaftliche Lebensform erscheinen läßt: Pragmatischere Problemlösungsmechanismen wie Kooperation und Kompromiß geraten dann leicht "unter die Räder"(6).

2. Zählt man zum Innovationsprozeß schon die Phase der Grundlagenforschung mit ihren Entdeckungen, dann die angewandte Forschung mit ihren Erfindungen, die Realisierung dieser Erfindungen in Produkt- und Prozeßinnovationen durch den "dynamischen Unternehmer" und schließlich die Diffusion der Neuerungen durch die "nachahmende Masse der Wirte" [34],

   - dann ist einerseits die Partizipation, d.h. die Informations-, Vorschlags- und Eingriffsmöglichkeit, der Betroffenen prinzipiell und situationsadäquat in jeder Phase des Innovationsprozesses zu gewährleisten,

   - und ist andererseits der Übergang von einer Phase zur konkreteren nächsten Stufe möglichst so zu organisieren, daß jeder Schritt im Falle des Mißerfolgs prinzipiell und ohne große individuelle und soziale Kosten rückgängig gemacht werden kann, um dann eine alternative Problemlösung auf ganz die gleiche Art zu testen.

Mit diesen Handlungsanweisungen löst man zwar nicht das "holistische" Prognoseproblem [26], [27], aber sicher macht man das Prognoseproblem zum Teil irrelevant: Denn man ersetzt die Prognose in gewissem Umfang durch ein von den Betroffenen getragenes Strategie-Ziel-Konzept und schränkt damit das Feld der zu prognostizierenden bzw. der nicht-kontrollierbaren Handlungsfolgen erheblich ein. Dem für die Strategie-Ziel-Konzipierung und für die Durchsetzung notwendigen Konsens der Beteiligten nähert man sich zweckmäßigerweise etwa dadurch, daß man sich auf "Engpaßprobleme" konzentriert, deren Lösung im Interesse der Betroffenen liegt: Genauso ging das BMFT vor, als es vom Prognos-Institut gesellschaftspolitisch relevante Engpässe nebst Lösungstechniken ermitteln ließ (1975). Natürlich wird auf diese Weise immer nur ein Teil der Beteiligten immer nur einen Teil seiner Ziele durchsetzen können. Aber das ist ja in jedem demokratischen Prozeß nicht anders.

Überträgt man diese Mischung aus "Learning-by-doing"- und "Aktionsforschungs"-Modell jedoch auf die Mitwirkung der Gewerkschaften an den zahlreichen Programmen und Projekten des BMFT, dann stößt man rasch an die sachlichen, finanziellen und personellen Grenzen gewerkschaftlicher Kapazitäten. Aus diesem Grund haben wir nicht nur die Gründung eines Zentralinstituts "Arbeit und Technik" für die Erarbeitung des Grundlagenwissens verlangt, sondern außerdem drei Forderungen an das BMFT gestellt: Die erste Forderung besteht darin, daß wir über Einzelprojekte in einer knappen Form unterrichtet werden möchten. Ein zweiter wichtiger Punkt ist die Forderung nach Einrichtung einer besonderen Arbeitsgruppe innerhalb des Ministeriums mit der Querschnittsaufgabe "Bewältigung der sozialen Risiken des technischen Wandels." Die aktive Teilnahme der Gewerkschaften an Beratung und Durchführung der Projekte soll jene Informationen bereitstellen, die zu vorausschauendem Handeln nötig sind: sei es gegenüber den verschiedenen Ministerien, im Betrieb oder auf anderen Ebenen. Drittens sollte folgendes (bei Humanisierungsprojekten bereits übliches) Verfahren auch auf andere - arbeitsplatzrelevante - Programme des BMFT übertragen werden: Die fördernde Subventionierung aus Steuermitteln sollte nur dann stattfinden, wenn die schriftliche Zustimmung des Betriebsrates vorliegt - basierend auf einer Betriebsvereinbarung, in der u.a. Projektablauf und Projektziele, Mitwirkungs- und Schlichtungsmodalitäten festgelegt sind.

Inwieweit diese drei Regelungen ihren Zweck erfüllen, wird ausprobiert werden müssen. Eine gewisse Kooperationsbereitschaft, Flexibilität und Kreativität sind jedenfalls auch bei diesem sozialen Experiment erforderlich, weil unausweichlich. Doch bei entsprechendem Problem- und Selbstbewußtsein werden verantwortungsbewußte Individuen und Organisationen ihre Mitarbeit nicht verweigern, weder im betrieblichen Bereich der Forschungspolitik noch auf der nationalen bzw. internationalen Ebene.

Gesellschaftspolitisch gefährlich wird es jedoch, wenn ausgerechnet einer der größten Wirtschaftsverbände der Bundesrepublik, nämlich der Verband Deutscher Maschinen- und Anlagenbau e.V. (VDMA) - seine Mitglieder offen zum Boykott derartiger Experimente aufruft; und zwar geht es hier um das relativ junge BMFT-Programm "Fertigungstechnik" (die Japaner haben Gleichartiges schon längst), bei dem nach Meinung der IG Metall wie beim HdA-Programm die Betriebsräte obligatorisch eingeschaltet werden sollen. Der VDMA schreibt dazu:

"Wir hatten mit der Anregung dieses Programms nicht nur im Sinn , auf diesem Weg den Mitgliedsfirmen wenigstens einen Teil der von ihnen aufzubringenden Steuermittel wieder zuzuführen. Wir hatten auch gehofft, daß es bei einem Programm Fertigungstechnik als einem im Kern technischen Programm zu keiner Überfrachtung mit arbeits- und sozialwissenschaftlichen Aspekten kommen würde und daß es auch nicht im Ausnahmefall zu einer Einschaltung von Betriebsräten käme ... In beiden Fällen würden wir in der Regel von einer Weiterverfolgung des Antrags abraten" (VDMA-Maschinenbau-Nachrichten 1/80). Ganz auf dieser Linie liegt der neue Präsident des VDMA, Tyll Necker, wenn er - lt. Frankfurter Allgemeine Zeitung vom 14.1.1982 - das HdA-Programm der Bundesregierung als die "wirkungsloseste Art" der Forschungsförderung diskreditiert (man beachte: Auf das BMFT-Programm "Humanisierung des Arbeitslebens" entfallen keine 2 Prozent des BMFT-Etats! Es geht hier also nicht ums Geld).

Wenn man nicht nur die profit- und machtorientierte Zurückhaltung der Manager bei insbesondere sozialen Innovationen bedauert, sondern ebenso das Fehlen der sozialen Akzeptanz auf seiten der Arbeitnehmer selbst dort, wo neue Technologien positive Auswirkungen haben könnten, dann fragt man sich entgeistert: Was schlug bei dieser VDMA-Stellungnahme stärker durch, war es jener Komplex von Ressentiments, den C.P. Snow in seinem berühmten Vortrag von 1959 mit dem Titel "Die zwei Kulturen" so sehr beklagte? Snow zielte auf die Kluft zwischen geisteswissenschaftlicher und naturwissenschaftlicher bzw. technizistischer Tradition, zwischen "Geist" und "Technik". Oder war es mehr die Disziplin gegenüber dem TABU-Katalog der Bundesvereinigung Deutscher Arbeitgeberverbände/BDA? (abgedruckt in der Frankfurter Rundschau (FR) vom 27.1.1979).

Gegenüber diesen irrationalen - innovationsfeindlichen - Angst- und Machtreaktionen von seiten der Unternehmer betonen die Gewerkschaften ausdrücklich, daß sie die Mitbestimmung nicht durch irgendwelche "Hintertüren" erschleichen wollen, wie der Arbeitgebervorwurf lautet (FR v. 21.3.1980), sondern daß sie Demokratisierung bzw. Dezentralisierung von Wirtschaft und Gesellschaft für politisch und sozial zweckmäßig, gerechtfertigt und für notwendig halten und daß sie die Mitbestimmung auf der Basis der geltenden Gesetze zu praktizieren gedenken. Sie akzeptieren dabei bewußt ein sozial-gesteuertes Markt- und Wettbewerbssystem als ein basisnahes, dezentrales Steuerungssystem, dessen radikaldemokratischer Kern sich aus der - den machtpolitischen Status quo rechtfertigenden - Marktwirtschaftsideologie herausschälen läßt [22], wenn man folgende Lücken in der alt- und neuliberalen Markttheorie beseitigt:

"Die Reduzierung des leidenschaftlichen Menschen zum nur ökonomisch interessierten Wirtschaftssubjekt; die anfängliche Verkennung der Tatsache, daß der Wettbewerb ohne andauernde Anstrengungen dazu tendiert, sich selbst aufzuheben; die Verkennung der in der Ausgangsverteilung von Vermögen und Fähigkeiten angelegten Machtunterschiede zugunsten der formalen Gleichheit der Vertragspartner auf dem Markt" (Guy Kirsch, FAZ v. 3.5.80).

Diese Defizite der Wirtschaftstheorie übersieht und leugnet eine machtpolitisch orientierte Praxis, die damit die Funktionsfähigkeit des Marktes überschätzt und seine Negativergebnisse den macht-schwächeren Marktteilnehmern anlastet. Hier das Macht- und Marktgleichgewicht anzustreben, sehen die Gewerkschaften als eine ihrer Hauptaufgaben an. Also erst die Funktions-Unfähigkeit des Marktes ruft die Gewerkschaften auf den Plan. Sie setzen "kollektives Handeln als ein Machtmittel zur weitestgehenden Selbstverwirklichung des Einzelnen" ein, konstatiert der Wirtschaftswissenschaftler und Nobelpreisträger Kenneth J. Arrow. Hier ist - so Arrow - "Organisation das Mittel zur Erfüllung sozialer Aufgaben, wenn das Preissystem versagt".

Erst also, wenn der Markt z.B. kommerzielle Interessen über Gebühr und andere individuelle und soziale Bedürfnisse unzureichend oder gar nicht berücksichtigt, erst dann ist an organisatorische Ergänzungen, Auflagen und andere Dirigismen zu denken; und zwar bis hin zur Investitionslenkung (um das verteufelte Wort einmal zu benutzen) und bis hin zur partiellen Vergesellschaftung, wie sie z.B. die Monopolkommission für Teile des Energiebereichs zur Diskussion stellt. Mit ihren Vorschlägen zur Innovations- und Technologieberatung will die IG Metall - den "Tatarenmeldungen" zum Trotz - nicht die Investitionslenkung ins "Gehege kapitalistischer Hirsche" einschmuggeln; vielmehr soll mit Hilfe der Instrumente der staatlichen Forschungsförderungspolitik

- erstens der Wettbewerb im Interesse der Arbeitnehmer wie der Unternehmen angestoßen bzw. intensiviert werden; und

- zweitens soll die Chance wahrgenommen werden, die in den betrieblichen Ziel-Mittel-Systemen eingefrorenen kommerziellen Interessen aufzutauen und um weitere individuelle und soziale Ziele zu ergänzen, um auf diese Weise die Marktwirtschaft zu "humanisieren".

Diese Forderung nach Humanisierung der Marktwirtschaft schließt ausdrücklich die Anerkennung ein, daß unser Mischsystem aus "Markt und Staat" die "Alte Soziale Frage" weitgehend gelöst hat - nämlich die Sicherung der materiellen Existenz eines jeden Gesellschaftsmitglieds (nicht gelöst blieb das Problem der gerechten Verteilung des Wohlstands!). Aber die Verhältnisse sind andere geworden: Die "Neue Soziale Enge" greift viel weiter, hat globalen Charakter, umfaßt Industrie- wie Entwicklungsländer und resultiert geradezu aus den quantitativen Produktivitätserfolgen des alten Mischsystems, deren Voraussetzungen nicht mehr gegeben sind, nämlich

"- unbegrenzte Energie- und Rohstoffreserven,
- unbegrenzte Konsummöglichkeiten und Konsumwünsche,
- ständig gleichbleibende Aussicht auf unternehmerischen Gewinn,
- eine unbegrenzt leistungs- und ausbaufähige Infrastruktur" (Diskussionspapier des SPD-Parteivorstands "Ökologische Orientierungen", Bonn 1981).

Antworten auf diese Neue Soziale Frage setzen zweierlei voraus: erstens einen technologischen Stand höchster Produktivität - soweit wie möglich abgeschottet gegen die Negativeffekte der Hochtechnologie; zweitens soziale Innovationen völlig neuen Stils - die sich lösen von den auf Zentralismus und Großtechnologie unkritisch eingeschworenen, überlieferten Lebens- und gesellschaftlichen Organisationsformen und die basieren auf der möglichst weitgehenden Beteiligung der von den Veränderungen Betroffenen (MIT-Professor E. Rothschild im OECD-Report "Die Zukunftschancen der Industrienationen", Frankfurt/New York 1981).

IX.

Was also ist zu tun? Grundsätzlich stehen vier Globalstrategien zur Verfügung, die gleichzeitig und aufeinander "abgestimmt" eingesetzt werden müssen: Die erste Strategie ist eine beschäftigungsorientierte "qualitative" Wachstumspolitik, die mit der regionalen und sektoralen Strukturpolitik einerseits und der "engpaßorientierten" Technologiepolitik andererseits verschmolzen ist.

Um zweitens die Wirkungstiefe der Technologiepolitik zu verbessern, ist sie durch eine forcierte arbeitsplatzorientierte Innovationsförderungsstrategie zu ergänzen, die sich auf die Durchsetzung neuer technischer, ökonomischer und sozialer Produkte und Organisationsformen zu konzentrieren hat, während die Förderung von arbeitsplatzvernichtenden Prozeßinnovationen (unter Aufrechterhaltung der Wettbewerbsfähigkeit) gebremst werden muß.

Die Tatsache jedoch, daß unter anderem die Sättigungstendenzen bei einzelnen Gütern, daß Rohstoffknappheit und Umweltbelastung jedem Wachstum Grenzen setzen - langfristig bleibt eben die "Erde ein Raumschiff" - verhindert, daß die "Freisetzungseffekte" aus Innovationen und Rationalisierungen durch die Ausweitung der Produkt- und Absatzmengen jemals kompensiert werden können. Also bietet sich als dritte flankierende Strategie zur Verminderung der Arbeitslosigkeit die Ausweitung der personenbezogenen Dienstleistungen an, wie sie das Institut für Arbeitsmarkt und Berufsforschung (Erlangen), das Berliner Institut für Wirtschaftsforschung und das Prognos-Institut (Basel) in Verbindung mit staatlichen Personal- und Sachinvestitionen vorgeschlagen: Es geht dabei um Nahverkehrssysteme, Umweltschutz, Vorsorgemedizin, Unfall- und Arbeitsschutz, Förderung des wissenschaftlichen Managements in Klein- und Mittelunternehmen, Dokumentations- und Informationsbanken, Beratungsdienste aller Art, Resozialisation, Prävention von Kriminalität und Suchtgefahren, Verbesserung von Prozeßentwicklung und Strafvollzug, Ausbau des Erwachsenenbildungssystems, Sozialisation der Ausländer, Landschaftspflege, soziale Betreuung und Freizeitgestaltung, Siedlungswesen, Stadtsanierung, usw. (vgl. Tableau "Engpässe").

Mit dieser Verlagerung der Ursachen des Wirtschaftswachstums von der materiellen Güterproduktion zum immateriellen, personenbezogenen Dienstleistungssektor verändert sich die Qualität der produzeirten "Warenkörbe". Im Rahmen seiner Förderungspolitik hätte der Staat überdies den Zuwendungsempfängern folgende Auflagen zu machen: Arbeits- und Qualifikationsintensität sowie weitgehende Umweltneutralität der Vorhaben; nachweisbare Sättigungsdefizite; Flexibilität und Produktivität im Hinblick auf die Arbeitskräfteknappheit der 90er Jahre (wieviel Erwerbstätige werden einen (1) Rentner ernähren müssen?) und im Hinblick auf die Nichterwartbarkeit autonomer Entfaltung (da nicht markt- bzw. gewinn-gesteuert); Durchsetzbarkeit und Finanzierbarkeit in Bund, Ländern und Gemeinden.

Die vierte Strategie besteht in der "drastischen" (Prognos-Institut) Verkürzung der Lebensarbeitszeit (Teriet). Zu beachten ist, daß hierbei Arbeitsplätze nur umverteilt, aber nicht vermehrt werden. Dennoch ist einsichtig, daß die Arbeitslosenziffer vermindert wird, entscheidet man sich für die Verlängerung der Schulzeit und/oder die Vorverlagerung der Rentenaltersgrenze. Daneben ist an die ganze Vielfalt von Arbeitszeitvariationen zu denken, einschließlich jener, die sowohl für den Prozeß des lebenslangen Lernens bereitgestellt werden müssen als auch für die praktische Umsetzung des Gelernten: Denn erst die Umsetzung der Ideen in die Praxis macht Wissen zur Macht, das heißt zur Chance, politisch-soziale Prozesse im Sinn eigener Ziele beeinflussen zu können.

X. Zusammenfassung

Höchste Priorität innerhalb des gewerkschaftlichen Zielkatalogs besitzt die "Selbstverwirklichung des Einzelnen durch Arbeit". Dies Ziel ist nur dann zu verwirklichen, wenn die Wirtschaftspolitik der Vollbeschäftigung absoluten Vorrang einräumt.

Zu den mittelfristigen Trends, die im Zielkatalog zu berücksichtigen sind, zählen: die weltweite Rohstoffverknappung und -verteuerung; zunehmende Umweltbelastung; die Bedrohung der Vollbeschäftigung durch ein nachlassendes Wirtschaftswachstum; Arbeitsplatzvernichtung durch vorwiegend an (Personal-)Kostensenkung orientierte Rationalisierungsmaßnahmen; der (in den Hauptkonkurrenzländern raschere) Durchbruch neuer Technologien mit weitreichenden Folgen für Wirtschafts- und Gesellschaftsstrukturen ("3. industrielle Revolution"); erhebliche Defizite an "qualitativem Wachstum", mit dem jedoch neue Arbeitsplätze geschaffen werden könnten.

In der Einstellung der Gewerkschaften gegenüber der Rationalisierung hat sich ein deutlicher Wandel vollzogen. Sie bestand in den fünfziger und sechziger Jahren aus einer Art "Abfindungsstrategie" (Benachteiligungen der Arbeitnehmer sollten durch finanzielle und soziale Maßnahmen ausgeglichen werden). Dem folgte in den siebziger Jahren die "Absicherungsstrategie" (Verteidigung von Arbeitsplätzen und Besitzständen durch tarifvertragliche Vereinbarungen und Rationalisierungsschutzbestimmungen). Heute beginnen die Gewerkschaften eine aktive und präventive Innovationsstrategie zu verfolgen (Humanisierung der Arbeitsplätze, vertragliches Festschreiben von qualitativen und quantitativen Besetzungsregeln, Mitgestaltung der Technik, Verkürzung der Arbeitszeit, z.B. zugunsten von Qualifizierungsmaßnahmen).

Über eine gesellschaftsweite (begrenzt) "kooperative Innovationsstrategie", die den Marktmechanismus vor allem als "Entdeckungsverfahren" für die Suche nach neuen - insbesondere sozialen - Problemlösungen benützt und dabei den Erfahrungsschatz der Arbeitnehmer mit dem "know how" der Unternehmensleitungen "konkurrieren" läßt, soll die Marktwirtschaft "humanisiert" werden: Denn nur durch neue und immer bessere, d.h. nützlichere Produkte und Verfahren sind Arbeitsplätze und Wohlstand strukturell und damit auf Dauer zu sichern. Die Innovationsfähigkeit bestimmt die Überlebenschancen. Staat und gesellschaftspolitisch relevante Gruppen sollten alle innovierenden Aktivitäten (Umsetzung bereits vorhandener Ideen, Förderung von Kreativität, Unterstützung von Forschung, Technologie und "lebenslangem Lernen") unter weitgehender Beteiligung der Betroffenen auf breiter Front innerhalb und außerhalb des Unternehmens fördern.

Auf der Suche nach wirkungsvollen Innovationsstrategien entstanden bei der IG Metall "Innovations- und Technologieberatungsstellen (IBS/IGM)", deren Aufgabe es ist, die Anwendung neuer Technologien zu beobachten, deren Wirkung abzuschätzen und gemeinsam mit den betroffenen Arbeitnehmern sinnvolle Produkt- und Prozeßinnovationen durchzusetzen.

Ganz generell bieten sich vier Strategien an:

- *die Nachfrage muß (engpaßorientiert) gesteigert werden;*
- *technische und vor allem soziale Innovationen ("Humanisierung der Arbeit", Mitbestimmung/Partizipation) sind zu fördern;*
- *personenbezogene Dienstleistungen sind auszuweiten;*
- *die Lebensarbeitszeit ist deutlich zu verkürzen (u.a. zugunsten von Weiterbildung/Umschulung.*

Literatur

(1) Arrow, Kenneth J., Wo Organisation endet - Management an den Grenzen des Machbaren. Wiesbaden 1980 (1974)

(2) Blank, Ulrich, Zur Logik ingenieurwissenschaftlicher Arbeit. VDI-TZ, 23/24-1980

(3) Brödner, P., Krüger, D., Senf, B., Der programmierte Kopf. Eine Sozialgeschichte der Datenverarbeitung. Berlin (1981)

(4) Chmielewicz, Klaus, Arbeitnehmerinteressen und Kapitalismuskritik in der Betriebswirtschaftslehre. Reinbeck bei Hamburg (1975)

(5) Deutsch, Karl, W., Von der Industriegesellschaft zur Inforamtionsgesellschaft. Wissenschaftszentrum Berlin /80-103 (1980)

(6) Dierkes, Meinolf, Perzeption und Akzeptanz technologischer Risiken und die Entwicklung neuer Konsensstrategien. Wissenschaftszentrum Berlin/79-28 (1979)

(7) Friebe, Klaus. P., Mikroelektronik - Perspektiven der 3. technischen Revolution. VDI-Technologiezentrum, Berlin (1980)

(8) Hacker, Winfried, Allgemeine Arbeits- und Ingenieurpsychologie. Bern u.a. 1980 (1978); 2. Auflage, mit einem Nachwort v. Eberhard Ulich

(9) Hauff, Volker, Hinz, Horst, Direkte und indirekte Forschungsförderung aus wettbewerbspolitischer Sicht. In: Wirtschaft und Wettbewerb, Heft 1/1980, S. 7-10

(10) Hinz, Horst, Der Bankrott des Taylorismus. Qualität der Arbeit - Qualität des Arbeitsplatzes. In: Blick durch die Wirtschaft/FAZ v. 30.11.81, S. 3. Vorabdruck aus: Jörg Biethan/Erich Staudt (Hrsg.): Betriebliche Qualitätspolitik im Wandel. Technische, ökonomische und soziale Komponenten des qualitativen Wachstums. Erscheint als Band 4 der Reihe "Angewandte Innovationsforschung", hrsg. von Erich Staudt, Münster (1982)

(11) Hirsch, Fred, Die sozialen Grenzen des Wachstums. Eine ökonomische Analyse der Wachstumskrise. Reinbeck bei Hamburg 1980 (1976)

(12) Irle, Martin, Macht und Entscheidungen in Organisationen. Frankfurt/Main (1971)

[13] Kapp, William, K., Soziale Kosten der Marktwirtschaft. Frankfurt am Main 1979 (1973)

[14] Klotz, Ulrich, Computereinsatz in der industriellen Fertigung. AfA-Informationen (DGB), 6/1981

[15] Kubicek, Herbert, Soziale Bewertung der Informationstechnik oder interessenbezogene Einflußnahme auf ihre Entwicklung und Anwendung? In: Klaus-Henning Hansen (Hrsg.): Technische Entwicklung, Elektronische Datenverarbeitung und soziale Entscheidung. Kiel (1981)

[16] Kubicek, Herbert, Interessenberücksichtigung beim Technikeinsatz im Büro und Verwaltungsbereich. Grundgedanken und neuere skandinavische Entwicklungen. München-Wien (1979)

[17] Kommission für wirtschaftlichen und sozialen Wandel, Wirtschaftlicher und sozialer Wandel in der Bundesrepublik. Gutachten. Göttingen (1977)

[18] Linke, Johannes, Determinanten und Konsequenzen des Führungsverhaltens in industriellen Arbeitsstrukturen. Bern u.a. (1982)

[19] Loderer, Eugen, Strukturelle Arbeitslosigkeit durch technologischen Wandel? Schriftenreihe der IG Metall, Heft 72 ,Frankfurt/M (1977)

[20] Loderer, Eugen, Japan - Bedrohung unserer Arbeitsplätze? In: Eduard Gaugler/Ernst Zander (Hrsg.): Haben uns die Japaner überholt? Heidelberg (1981)

[21] McGregor, Douglas, Der Mensch im Unternehmen. Düsseldorf-Wien 1973 (1980), 3. Aufl.

[22] Myrdal, Gunnar, Das politische Element in der nationalökonomischen Doktrinbildung. Hannover 1963 (1932)

[23] Pestalozzi, Hans, A., Nach uns die Zukunft. Von der positiven Subversion. Büchergilde Gutenberg, Frankfurt (1982)

[24] Pfeiffer, Werner, Chancenmanagement - nicht Krisenmanagement. Sonderdruck des VDI-Technologiezentrums, Berlin (1978); und VDI-Nachrichten, Nr. 43 und 45 (1978)

[25] Pfeiffer, W., Döhl, W., In Etappen zum Büro der Zukunft. In: Bürotechnik, 10 (1981)

[26] Popper, Karl, R., Das Elend des Historizismus. 3. Aufl., Tübingen (1971)

[27] Popper, Karl, R., Utopie und Gewalt. Wiederabgedruckt in: Kritischer Rationalismus und Sozialdemokratie; hrsg. von G. Lührs/ Th. Sarrazin/F. Spreer/M. Tietzel. Mit einem Vorwort von Helmut Schmidt. Berlin-Bonn (1975)

[28] Pornschlegel, Hans, u.a., Arbeitsorganisation und Arbeitnehmerinteresse - 32 Thesen. AfA-Informationen, 1/1980

[29] Reichwald, Ralf (Hrsg.), Neue Systeme der Bürotechnik. Beiträge zur Bürogestaltung aus Anwendersicht. Berlin (1982)

[30] Rose, Helmuth, Arbeitnehmerorientierte Innovationspolitik und Technologieberatung für Arbeitnehmer. AfA-Informationen (DGB), 5/1981

[31] Scharpf, Fritz, W., Beschäftigungsorientierte Strukturpolitik. Wissenschaftszentrum Berlin/80-42 (1980)

[32] Scharpf, Fritz, W, Garlichs, D., Maier, F., Maier, H., Implementationsprobleme offensiver Arbeitsmarktpolitik. Das Sonderprogramm der Bundesregierung für Regionen mit besonderen Beschäftigungsproblemen. Frankfurt/Main-New York (1982)

[33] Schuchardt, Wilgart, Zur Bedeutung außertechnischer Werte und Ziele in derzeit geltenden VDI-Richtlinien. VDI-Z, 11/1980

[34] Schumpeter, Joseph, A., Kapitalismus, Sozialismus und Demokratie. Berlin (1950)

[35] Staudt, Erich, Ursachen und Einflußfaktoren des Einsatzes von neuen Automationstechnologien in Industrie und Verwaltung. In: Jörg Biethahn/Erich Staudt (Hrsg.): Automation in Industrie und Verwaltung. Reihe "Angewandte Innovationsforschung", Bd. 2, Münster (1981)

[36] Staudt, Erich, Widerstände bei der Einführung neuer Technologien. "Anwendung der Mikroelektronik" als Herausforderung an Technologiemanagement und-politik. Berichte aus der angewandten Innovationsforschung, Nr. 12. Forschungsgruppe Betriebswirtschaftslehre - Planung und Organisation. Universität Duisburg (1982)

[37] Staudt, Erich, Entkopplung im Mensch-Maschinen-System durch neue Technologien als Grundlage einer Flexibilisierung von Arbeitsverhältnissen. Berichte aus der angewandten Innovationsforschung, Nr. 4. Forschungsgruppe Betriebswirtschaftslehre - Planung und Organisation. Universität Duisburg (1982)

[38] Strasser, Johanno, Traube, Klaus, Die Zukunft des Fortschritts. Der Sozialismus und die Krise des Industrialismus. Bonn (1981)

[39] Teriet, Bernhard, Neue Strukturen der Arbeitszeitverteilung. Göttingen (1976)

[40] Thom, Norbert, Zur Effizienz betrieblicher Innovationsprozesse, Köln (1976). Neuauflage unter dem Titel: Grundlagen des betrieblichen Innovationsmanagements. Köln 1980

[41] Volpert, Walter, Für eine neue Arbeitswissenschaft. WSI-Mitteilungen, 2/1979

[42] Witte, Eberhard, Organisation für Innovationsentscheidungen. Göttingen (1973)

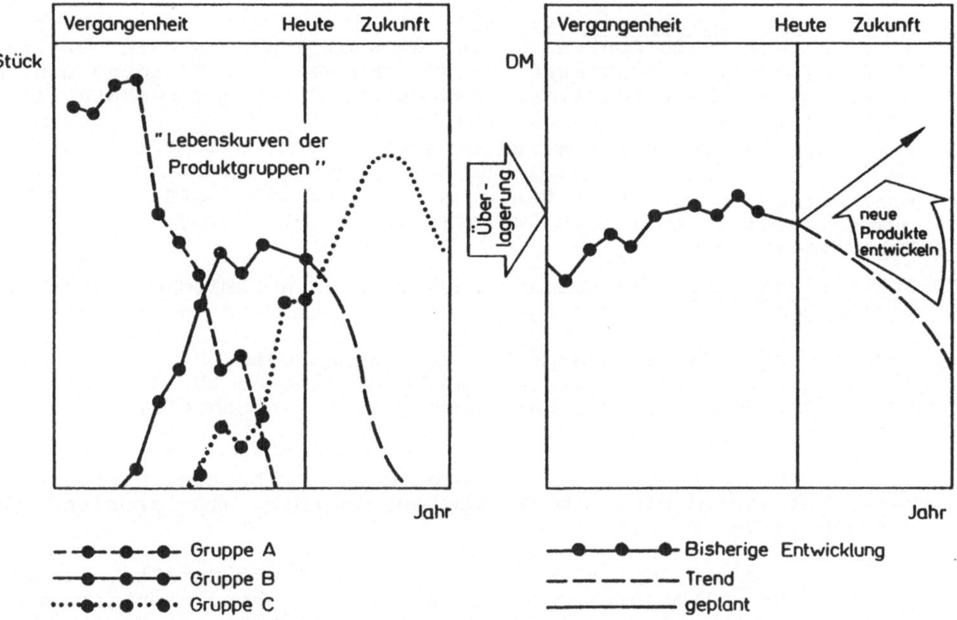

Abb. 1. Lebenskurven als Entscheidungshilfen

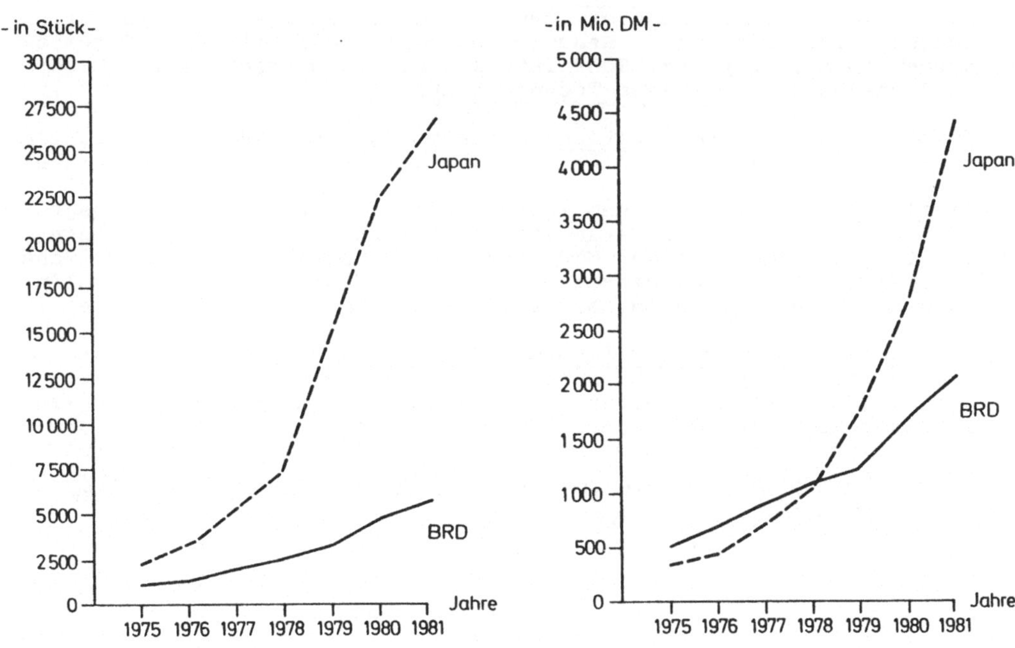

Abb. 2. Produktion spanender NC-WZM in der BRD und Japan 1975-1981

1. Nahrungsmittelknappheit, vor allem in den Entwicklungsländern: problemlose hormonale Kontrazeptiva, Herstellung synthetischer Proteine, Hydrokulturen, Meerwasserentsalzungsanlagen, Verbilligung und Verbesserung von Nahrungsmitteltransporten, Erderkundungssatelliten.

2. Energieknappheit: Kernspaltungsenergie, Kernfusionsenergie, Solarenergie für Wärme- und Elektriziätserzeugung, Satellitenkraftwerke, Kohlevergasung und -verflüssigung, Wärme-Kraft-Koppelung, Wärmepumpen, Isolierstoffe, verlustarme Leitungen, Energiespeicherung, Fernwärmesysteme.

3. Rohstoffknappheit: Recycling, Substitution natürlicher durch synthetische Rohstoffe, Rohstoffgewinnung aus dem Meer (Meerestechnologie).

4. Umweltschutz: Emissionsarme Produktionsmethoden, Reinigungsverfahren für Abluft und Abwasser, Wiederaufbereitung von Abfall, Mess-, Kontroll- und Regelsysteme, Lärmdämmung, Kohleentschwefelung, biologische Schädlingsbekämpfung.

5. Gesundheitswesen: Synthetische Organe und Prothesen, Ultraschallgeräte, Nuklearmedizin, Laborautomaten, fahrbare Ambulatorien, EDV-Anwendung in der Medizin.

6. Bildungswesen: Bildplattensysteme, Videokassettengeräte, Videobandgeräte, Sprachlaboreinrichtungen etc. (weitgehend identisch mit dem künftigen Entwicklungspotential an neuen technischen Konsumgütern).

7. Verwaltung (Staat und Privatwirtschaft): Textverarbeitungssysteme, Weiterentwicklung der EDV-Anwendung.

8. Humanisierung der Arbeitswelt: Mechanisierung gefährlicher Arbeitsabläufe, Automatisierung ermüdender und einseitiger Arbeitsverrichtungen (z.B. Fließband), Reduzierung von Schadstoff- und Lärmemissionen am Arbeitsplatz, Schaffung kleinerer, überschaubarer Produktionsabläufe (Mittlere Technologien).

9. Information und Dokumentation: Datenspeicherung (EDV und Mikrofilm), neue Kommunikationstechnologien (Satellitensysteme, Breitbandkabel).

10. Siedlungswesen, Verkehr und Wohnen: kleinere optimale Betriebsgrößen für gewerbliche und Dienstleistungsbetriebe und Infrastruktureinrichtungen, Minderung der Umweltstörung gewerblicher Nutzung (Schallisolierung etc.) neue Nahverkehrssysteme, Schall- und Wärmeisolierung der Wohn- und Bürogebäude, lärm- und abgasarme Automobile.

11. Anpassung traditioneller Technologien für Entwicklungsländer: Anpassung an extreme klimatische Bedingungen, Minderung der Reparaturanfälligkeit, Möglichkeiten der Herstellung von Verschleissteilen in einer Regie, Vereinfachung der Bedienung.

Abb. 3. Vom PROGNOS-Institut (Basel) i.A. des BMFT 1975 ermittelte Engpässe und Lösungstechnologien

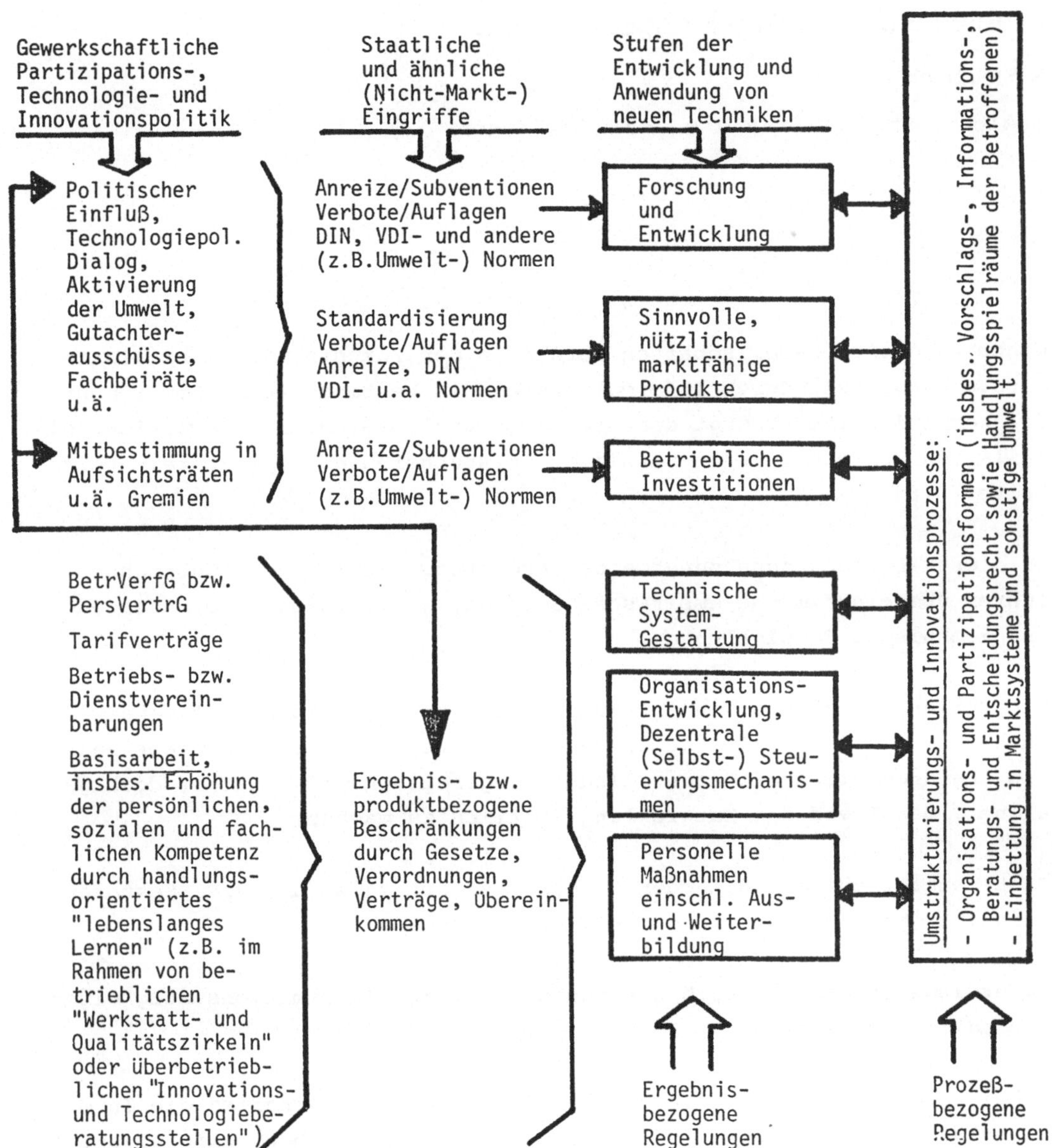

Abb. 4. Aktivierung des betrieblichen Innovationspotentials im Unternehmens-, Arbeitnehmer- und Verbraucherinteresse bzgl. der Quantität und Qualität der Arbeitsplätze, Arbeitsprodukte und Arbeitsprozesse unter der Bedingung von Trendbrüchen und sich verkürzenden Produktlebenszyklen sowie steigenden Innovationstempos und Komplexitätsgrades der sozio-technischen Systeme (Leitlinie: "Qualität des Lebens")

Probleme der Informationsgesellschaft

K. Steinbuch

Adalbert Stifter Straße 4, 7505 Ettlingen

Hochentwickelte Gesellschaften werden in der Zukunft viel mehr als in der Vergangenheit durch Informationstechnik bestimmt sein. Immer mehr Telekommunikation besorgt den Transport von immer mehr Information, die teils von Menschen, teils von immer leistungsfähigeren Computern verarbeitet wird.

Zu dieser Einschätzung zunehmender Bedeutung der Informationstechnik führen übereinstimmend empirische Befunde, soziologische Voraussagen und technische Entwicklungen.

Man spricht ja häufig von der zukünftigen "Informationsgesellschaft". Auch wenn dieser Begriff etwas vage ist - vergleichbar den vagen Begriffen "Agrargesellschaft" oder "Industriegesellschaft" - ist er doch geeignet, den Trend der Entwicklung deutlich zu machen.

Bisher unterschied man in der Volkswirtschaft meist die drei Sektoren Landwirtschaft, Industrie und Dienstleistungen.

Neuerdings erweist es sich als zweckmäßig, die Informationstätigkeiten gesondert auszuweisen.

Dabei zeigt es sich, daß in hochentwickelten Gesellschaften die Informationstätigkeiten personell den größten Anteil ausmachen. Eine US-amerikanische Statistik von 1980 nennt für die Informationstätigkeiten nicht weniger als 47%.

Diese Entwicklung zur Informationsgesellschaft wird getragen durch zwei sich gegenseitig verstärkende Tatsachen:

- einerseits die geradezu explosiven Fortschritte der Informationstechnik - und
- andererseits das zunehmende Bedürfnis hochentwickelter Gesellschaften nach Informationen.

Erinnern wir kurz einige technische Fortschritte:

- Mikrocomputer, kleiner als ein Pfennig, leisten gegenwärtig etwa dasselbe wie vor zwanzig Jahren sälefüllende Installationen - und für die Miniaturisierung und Geschwindigkeitssteigerung ist noch gar kein Ende abzusehen.

- Massenspeicher können Billionen (Millionen mal Millionen) alphanumerischer Zeichen speichern - soviel wie große Bibliotheken mit einigen hunderttausend Büchern. Aus ihnen kann jede adressierte Information in Sekundenschnelle entnommen werden - was bei den Bibliotheken sicher nicht möglich ist.

- Haardünne Glasfasern können bei der Informationsübertragung dicke Kupferkabel ersetzen. Über eine solche Glasfaser kann man beispielsweise den Informationsgehalt der ganzen Bibel in einer einzigen Sekunde übertragen.

Ich möchte hier keine Zeit darauf verschwenden, die gegenwärtig aufkommenden Organisationsformen der Informationstechnik im Einzelnen zu diskutieren - das Kabelfernsehen, Satellitenfernsehen, Textautomaten, Elektrische Briefübertragung, Videotext, Bildschirmtext, Mikrofilm und seine Einfügung in Computersysteme, Datenbanken usw. - wohl aber möchte ich die Zwänge zu ihrer effizienten Nutzung feststellen.

Hier lassen sich - außer der Unterhaltung - vor allem folgende drei unterscheiden:

1. Der ökonomische Zwang: Vielfältige Arbeitsteilung und großräumiger materieller Austausch zwingen zu schnellen Absprachen mit nahen und fernen Partnern und zu komplexer Planung und Disposition. Derartige Lenkungsaufgaben können ohne hochwertige Informationssysteme nicht gelöst werden.

2. Der kulturelle Zwang: Das öffentliche Informationsbedürfnis wurde durch Aufklärung, Kritik und Mitbestimmung enorm gesteigert, es kann ohne wirkungsvolle Informationssysteme nicht befriedigt werden.

3. Der politische Zwang: Komplexes Zusammenleben mit zunehmenden bürokratischen Kontrollen und Steuerungen kann ohne hochwertige Informationssysteme nicht realisiert werden.

Sicher ist dies: Die gegenwärtigen Fortschritte der Informationstechnik werden noch größere Veränderungen des menschlichen Zusammenlebens und Zusammenarbeitens bewirken als es einst der Buchdruck tat.

In dieser historischen Situation ist es erstaunlich, wie wenig die Probleme der Informationsgesellschaft theoretisch durchdrungen werden.

Was - in der Technik ebenso wie in der Publizistikwissenschaft - über Information und Kommunikation gesagt und geschrieben wird, ist eine ziemlich ungeordnete Sammlung vager Erfahrungen - fast ohne invariante Grundprinzipien.

Die minimale theoretische Klärung zeigt sich schon am Fehlen allerseits akzeptierter Begriffsbestimmungen. Beispielsweise gibt es ein Büchlein, in dem nicht weniger als zweihundert verschiedene Erklärungen oder Definitionen für "Kommunikation" aufgeführt sind.

Für den Begriff "Information" gilt Ähnliches. Wohl noch das Beste ist Norbert Wieners nur ausschließende Erklärung, Information sei weder Materie noch Energie.

Damit wird der Information ein ähnlich grundsätzlicher Rang wie Materie und Energie zugewiesen.

Information und Kommunikation erscheinen als weitgehend weiße Flecken unserer Philosophie - obwohl sie unsere Praxis mit enormer Intensität bestimmen. Zwischen der immensen praktischen Bedeutung von Information und Kommunikation und deren minimaler theoretischer Klärung besteht ein groteskes Mißverhältnis.

Martin Heidegger äußerte vor fünfzehn Jahren in einem posthum publizierten Gespräch sehr entschieden die Ansicht, Philosophie bisherigen Stils ginge zu Ende und an ihre Stelle träte jetzt Kybernetik - die man als Wissenschaft von Information und Kommunikation erklären kann.

Seitdem hat sich aber an der grotesken Mangelsituation kaum etwas verändert: Die Praxis der Information und Kommunikation entwickelt sich mit rasanter Geschwindigkeit in einen Raum hinein, der kaum von irgendeiner Theorie erleuchtet ist.

Warum geht es hier nicht weiter?

Hierfür sehe ich zwei verschiedene Gründe:

- Auf der Seite der Philosophen ist das Wissen um die Fakten und deren Bedeutung gering und das Gefühl abschreckend, daß eine Philosophie der Information und Kommunikation mit einem radikalen Abriß des Gebäudes der tradierten Philosophie beginnen müßte.

- Auf der Seite der Informationspraktiker fehlt der Mut, in diesen theoretisch so schwierigen und ideologisch so gefährlichen Raum vorzustoßen - und so beschränkt man sich seriös und hausbacken auf gesicherte Fakten.

Auf falscher Philosophie kommt falsches Verhalten - aus fehlender Philosophie kommen Ratlosigkeit und falsches Verhalten.

Lassen Sie mich bitte hierfür drei Beispiele erwähnen:

- Erstens die Fehlentwicklung der Datenschutz-Ideologie.

Auch wer dem Grundsatz zustimmt, daß persönliche Daten eines staatlich überwachten Schutzes bedürfen, kann nicht allen Exzessen der gegenwärtigen Datenschutz-Ideologie zustimmen.

M.E. haben beim Datenschutz Ansprüche des Individuums die Notwendigkeiten unserer res publica schon weit überfahren.

Dies zeigt sich beispielsweise an den Erschwernissen der Verbrechensbekämpfung oder der Gesundheitsfürsorge durch überzogene Datenschutzmaßnahmen.

Es wurde ja schon befürchtet, daß zukünftige Historiker über die Bevölkerung im Jahre 1800 mehr wissen werden als über die im Jahre 1980 - wenn sich der Datenschutz nicht grundlegend ändert.

- Zweitens der ständige Mißbrauch öffentlich-rechtlich organisierter Medien zur Verbreitung privater Meinungen und die hierdurch bewirkte Verfälschung der politischen Mehrheiten.

Ich meine, daß die Grundsätze eines liberalen Rechtsstaates vor Aufkommen der Massenmedien nicht mehr ausreichen, um Demokratie und Liberalität auch nach dem Aufkommen der Massenmedien noch zu erhalten.

- Drittens die allgemeine Ratlosigkeit vor den neuen Medien und deren Organisation.

Hier zeigt sich die fehlende philosophische Erleuchtung in den vielen fruchtlosen Auseinandersetzungen - wo man beispielsweise Fürsorge sagt und parteipolitische Vorteile meint.

Die allgemeine Ratlosigkeit ist ein internationales Phänomen. Auch der vieldiskutierte französische Bericht von S. Nora und A. Minc über "Die Informatisierung der Gesellschaft" schließt mit der Angst vor den Folgen der Informatik:

> *"Nach Abschluß dieser Analyse erscheinen diese Ängste allgemeiner und nachhaltiger. Lassen Aktualität und Ausmaß der Zwänge, die die französische Gesellschaft erleben wird, ihr die Zeit für diesen lebensentscheidenden Lernprozeß?"*

Wohl am schwersten mit der Philosophie von Information und Kommunikation tut sich der Marxismus.

Ursprünglich kannte ja Marx nur Materie im engeren Sinne. Auf diese wollte er alle Erscheinungen zurückführen. Diese stellte er und Engels dem Ideellen gegenüber.

Bereits das Verständnis der Energie und später deren Umwandelbarkeit in Materie machte dem marxistischen Dogma Schwierigkeiten - wurde aber später mit einigen Uminterpretationen doch geleistet.

Bei Lenin (in "Materialismus und Empiriokritizismus") bekam der Begriff "Materie" eine sehr weite Deutung - etwa im Sinne jeglicher "objektiver Realität".

In dieses dogmatisch zementierte Verständnis der "Materie" platzte nun der Begriff "Information" hinein, der einfach nicht in das dogmatische Schema einfügbar ist und deshalb für jeden gläubigen Marxisten ein Ärgernis sein muß: Man kann doch nicht "Information" auch noch (wie einst Energie) zur Materie schlagen - aber man kann sie doch auch nicht als erfahrungswissenschaftlich begründete ideelle Kategorie akzeptieren und damit Hochverrat am Marxismus begehen.

Besonders ärgerlich ist dieses Problem für den marxistischen Informatiker: Er arbeitet ständig mit einer Essenz, die offensichtlich unabhängig von ihrer materiellen Gestalt ist, die sich mal als Loch im Lochstreifen, mal als elektrischer Impuls und mal als Magnetisierung zeigt und doch immer "dasselbe" bedeutet. Er kann ohne Häresie einfach nicht zugeben, daß hier etwas ist, das es in seinem Weltbild nicht geben kann.

Grundlegend für eine Philosophie von Information und Kommunikation ist die informationelle Unzulänglichkeit des Menschen.

Als informationelle Unzulänglichkeit des Menschen sei die Tatsache bezeichnet, daß das Bewußtsein des Menschen der Komplexität seiner Welt nicht gewachsen ist.

Diese Unzulänglichkeit hat mehrere Aspekte:

1. Die Unzulänglichkeit der Informationsaufnahme: Der Mensch kann in begrenzter Zeit nur wenig Information aufnehmen. Deshalb ist der Zeitbedarf zum Verständnis komplizierter Sachverhalte oft größer als verfügbar ist - häufig muß man vorzeitig entscheiden oder handeln.

2. Die unzulängliche Kapazität des Gedächtnisses: Die gesamte Informationsmenge, die der Mensch speichern kann, ist wesentlich geringer als die Informationsmenge, die zur Beschreibung seiner Welt notwendig ist und "eigentlich" sein Denken und Verhalten bestimmen müßte.

3. Die unzulängliche Kapazität des Gegenwartsspeichers des Menschen, seine allzu kleine Werkstatt des Denkens.

Man sollte sich hierüber nicht täuschen: Das menschliche Gehirn entstand nicht zwecks Weltverständnis, sondern zwecks Existenzerhaltung unter Bedingungen, die von den gegenwärtigen wesentlich verschieden waren.

Die informationelle Situation des Menschen entspricht - wenn ein solcher technizistischer Vergleich erlaubt wird - der eines zu kleinen "Computers", dem ständig Aufgaben gestellt werden, die seine Aufnahme-, Verarbeitungs- und Speicherkapazität bei weitem überfordern.

In dieser mißlichen Situation verhält sich der "Computer" sehr geschickt: Er wählt aus, was erfahrungsgemäß das wichtigste ist und verarbeitet es mit Methoden, die häufig zu brauchbaren Ergebnissen führen, auch wenn sie nicht immer exakt sind.

Um Mißdeutungen dieses technizistischen Vergleichs vorzubeugen:

Dieser "Computer" unterscheidet sich von allen technischen Computern dadurch, daß er die Erfahrungen von Jahrmilliarden biologischer und von Jahrtausenden kultureller Entwicklung hat.

Das Mißverhältnis zwischen der Menge der Information, die eigentlich verarbeitet werden müßte und derjenigen, die tatsächlich verarbeitet werden kann, war im Laufe der Geschichte noch nie so kraß wie in unserer Zeit.

Von G.W. Leibniz wurde gesagt, er habe noch eine vollständige Übersicht über das gesamte Wissen seiner Zeit (des 17./18. Jahrhunderts) gehabt. Dies kann sicher von keinem Zeitgenossen mehr behauptet werden: Für den Einzelnen sind in unserer Zeit nur noch winzige Teile des heutigen Wissens verstehbar.

Wer in unserer Zeit eine Gesamtübersicht sucht, ist auf Sammelwerke meist unverbundener Spezialbeiträge oder auf Lexika angewiesen.

An den Lexika zeigt sich deutlich das Mißverhältnis zwischen der Komplexität unserer Welt und der unzureichenden Kapazität unseres Gedächtnisses: So kann z.B. der Informationsgehalt eines dreizehnbändigen Lexikons auf etwa ein Zehntel Gigabit (Hundert Millionen Bit) geschätzt werden. Wer machte sich anheischig, dessen Inhalt "aus dem Kopf" korrekt oder auch nur sinngemäß zu reproduzieren?

Aber es gibt keinen Zweifel daran, daß jenes Zehntel Gigabit nur ein winziger Bruchteil des gegenwärtig insgesamt verfügbaren Wissens ist. Dieses Gesamtwissen wurde schon in der Größenordnung von Millionen Gigabit abgeschätzt. Auch wenn dies um Zehnerpotenzen unsicher sein mag, so gibt es doch keinen Zweifel daran, daß die gesamte Menge des Wissens viel, viel größer ist, als das Bewußtsein des Menschen zu fassen vermag.

Würde ein Rundfunksprecher ein Jahr lang täglich acht Stunden sprechen, dann könnte er etwa den Inhalt des dreizehnbändigen Lexikons bringen. Für das gesamte Wissen unserer Zeit müßte der Rundfunksprecher aber viele Millionen Jahre sprechen - und der Hörer müßte ebensoviele Millionen Jahre zuhören, also ein Vielfaches seiner Lebenszeit.

Das Wissen unserer Zeit entspricht einem ungeheuer großen und rasch wachsenden Gitter aus Begriffen, zwischen denen Beziehungen bestehen - und unser Bewußtsein einem Käferchen, das in diesem ungeheuren Gitter herumkrabbelt: Es kann günstigstenfalls zwei oder drei oder vier Begriffe und ihre Beziehungen gleichzeitig erfassen, es gelingt ihm aber nicht, das Gitter in seiner Gänze zu überblicken, seine Ordnung zu begreifen und hierüber allerseits verbindliche Aussagen zu machen.

Unser Wissen ist Stückwerk. Wer absolute Aussagen macht, beweist vor allem sein Unverständnis der informationellen Unzulänglichkeit des Menschen.

Die informationelle Unzulänglichkeit des Menschen zeigt sich auch deutlich an unterschiedlichen Ideologien: Unterschiedliche Abbildungssysteme unserer komplexen Welt, die unterschiedliche Bereiche des Gitters in sich aufgenommen oder nicht aufgenommen haben, unterschiedliche "Heimaten" in der informationellen Welt.

Der Sinn jeglicher Dialektik ist nur durch die informationelle Unzulänglichkeit des Menschen verstehbar: Ein und derselbe Sachverhalt bietet sich Wahrnehmungen aus unterschiedlichen, begrenzten Betrachtungsrichtungen in verschiedenen Gestalten dar - und allen können zutreffende Aussagen entsprechen.

Wäre der Mensch unbegrenzt wahrnehmungsfähig, dann gäbe es keine Dialektik.

Die Folgen der informationellen Unzulänglichkeit des Menschen zeigen sich in vielen praktischen Situationen.

Beispielsweise steht der forschende Wissenschaftler ständig vor dem Dilemma: Soll ich meine Zeit eigener Forschung widmen oder soll ich suchen, was andere schon gefunden haben?

Versucht er, fremde Publikationen erschöpfend zu analysieren, dann kommt er nicht zu eigener Forschung. Forscht er jedoch ohne Beachtung fremder Publikationen, dann entdeckt er möglicherweise nachträglich, daß seine Ergebnisse schon bekannt sind.

Noch härter trifft die informationelle Unzulänglichkeit den Publizisten, der nicht nur in der allgemeinen Mangelsituation steht, sondern seine Aussagen auch noch in begrenzter Zeit machen muß.

Wohl am härtesten trifft die informationelle Unzulänglichkeit aber diejenigen, die schwerwiegende Entscheidungen treffen müssen. Solche Entscheidungen müssen meist schnell getroffen werden, es ist meist nicht möglich, in langwierigen Recherchen "alle" relevanten Informationen herbeizuschaffen.

Die informationelle Unzulänglichkeit des Menschen bestimmt vor allem das Lernen: Es ist nicht so, daß jeder beliebig komplizierte Sachverhalt nach beliebig ausgiebiger Ausbildung beherrscht werden könnte.

Eine interessante Frage ist, wie das Ausbildungswesen durch die neuen Medien der Telekommunikation verändert wird.

Das Kabelfernsehen mit Rückkanal ("Breitband-Übertragung") könnte das Ausbildungswesen total verändern. Aber das ist noch umstritten und auch in Kenntnis internationaler Untersuchungen ungeklärt.

Sicher ist, daß die objektiven Möglichkeiten der Breitband-Ausbildung viel größer sind als diejenigen des bisherigen Hör- und Fernsehrundfunks:

- Einerseits durch das reichere Angebot, das eine stärkere Differenzierung nach Sachgebieten und Ausbildungsstufen ermöglicht - und

- Andererseits durch den Rückkanal, der zusätzliche didaktische Möglichkeiten und Organisationsformen eröffnet.

In welchem Umfange diese Möglichkeiten tatsächlich genutzt werden, hängt ab von

- der Art der technischen und organisatorischen Gestaltung der Breitbandkommunikation, z.B. Art des Rückkanals, Ausbildung der Endgeräte (Festbildspeicher? Bewegtbildspeicher?)

- der Einfügung dieser Art Ausbildung in die sonstige Ausbildung, z.B. in Schule, Hochschule, Berufsschule, Arbeitsgruppen, usw.

- der Bereitstellung qualitativ und quantitativ angemessener Lehrprogramme - und

- der Akzeptanz dieser Art Ausbildung durch die Öffentlichkeit, über die vor Verwirklichung von Pilotprojekten gar nichts - und nach ihrer Verwirklichung erst nach mehreren Jahren etwas gesagt werden kann.

Als Nutzen dieser Ausbildung über Kabelfernsehen mit Rückkanal ist weniger irgendeine Einsparung - z.B. an Lehrpersonal - zu erwarten, sondern ein besserer Zugang zu den Lernmöglichkeiten (Chancengerechtigkeit!) und auch die Möglichkeit, neue Ausbildungsanforderungen rasch zu befriedigen.

Die Herstellung der Lehrprogramme braucht aber viele didaktisch vorgebildete Fachleute. Bevor irgendein Erfolg zu erwarten ist, müssen hohe Einstandskosten erbracht werden. Aber man wird auch nach der Etablierung viele didaktisch versierte Fachleute brauchen: Zur ständigen Verbesserung vorhandener Lehrprogramme und zur Erschließung neuer Sachgebiete.

Vermutlich wird diese Art Ausbildung langfristig eingefügt werden in das allgemeine öffentliche Informationssystem, wie es im Zusammenhang mit dem Bildschirmtext entsteht. So könnte sich ein stetiger Übergang von der Ausbildung zur Universalauskunft ergeben.

Doch lassen Sie mich auch warnen vor den Auswüchsen der Informatisierung! Hierzu einige - mehr oder weniger ernst gemeinte - Beispiele:

Selbst der Bundeskanzler beklagte sich im Bundestag darüber, daß er die Computer-produzierten Behördenbescheide nicht verstehen könne.
Früher wurden Steuerbescheide beim Finanzamt an Ort und Stelle erledigt - man hatte einen kurzen Weg, Irrtümer zu beanstanden und zu beseitigen.
Aber jetzt - nach Informatisierung der Finanzverwaltung - ist dies nicht mehr so einfach: Jetzt gehen die Steuerakten in die Zentrale und werden dort mit Computern ausgewertet. Daß sich hierbei Fehler einstellen und viel Zeit gebraucht wird, mag man noch hinnehmen. Daß aber die Beseitigung dieser Fehler zum beinahe unlösbaren Problem wird, ist schlimm - häufig wird die Beseitigung des n.-ten Fehlers durch Einbau des (n+1).-ten Fehlers quittiert.

Schreckliche Erfahrungen habe ich mit der Informatisierung von Schwimmbädern. Diese seien in fünf Phasen dargestellt:

1. Phase: Man stellt sich hinten an der Warteschlange an und erfährt dann nach geraumer Zeit, daß hier nur warten muß, wer eine Ermäßigung beansprucht, während normale Badegäste unmittelbar hineingehen können.

2. Phase: Man studiert die Programmierung der Einlaßautomatik und entdeckt, daß man Münzen braucht, die man nicht hat.

3. Phase: Man stellt sich in der Warteschlange erneut an, um Münzen zu bekommen.

4. Phase: Man ist schließlich "drin" und entdeckt, daß man die Badehose vergessen hat.

5. Phase: Nachdem es gelungen ist, den Ausgangsautomaten zu durchschreiten, flüchtet man unter Zurücklassung des nicht genutzten Eintrittgeldes und beschließt, nie mehr in dieses Bad zu gehen. Für die Bäderwerbung empfehle ich die Feststellung: Das Bad ist garantiert nicht informatisiert!

Mit der elektronischen Informationstechnik entstand die Computerkriminalität. Hierfür zwei typische Beispiele:

- Ein Mitarbeiter einer Baugesellschaft gründete eine Scheinfirma, auf deren Konto er Gelder für angebliche Leistungen überwies.

- Zwei Unternehmen hatten vereinbart, die anfallenden Pfennigbeträge abzurunden. Ein EDV-Mitarbeiter veränderte die Abrechnungsprogramme so, daß die Pfennigbeträge seinem Konto gutgeschrieben wurden und erzeugte so Millionenschäden.

Durch die Einführung der elektronischen Informationstechnik entstehen für die Revision in Betrieben und Verwaltungen ganz neue Probleme.

Überprüft werden muß die Technik, die Programme, die Ein-Ausgabe-Daten, die Identifizierbarkeit von Fehlern, die Verantwortlichkeit für Fehler und die Wirtschaftlichkeit des ganzen Systems.

Hierzu einige Bemerkungen:

1. Zur Technik: Auch wenn die digitalen Informationssysteme in unserer Zeit einen Grad der Zuverlässigkeit erreicht haben, der in anderen technischen Bereichen kaum einmal erreicht wird, sollte man sich hierüber doch keine Illusionen machen: Auch Informationssysteme haben eine Wahrscheinlichkeit zuverlässiger Funktion, die nicht gleich Eins, sondern Eins minus Epsylon ist. Automat und Mensch verbindet die Tatsache, daß sie gelegentlich Fehler machen: Statistische Schwankungen des Stromflusses, Temperaturschwankungen und sonstige äußere Störungen führen gelegentlich zu Funktionsstörungen, die schlimmstenfalls weder identifiziert noch repariert werden können. Auch hat kein technisches System eine unendlich lange Dauer einwandfreier Funktion.

2. Zum Programm: Es gehört zu den wunderlichen Erfahrungen des Programmierens, daß durchdachte Programme, die in tausend Fällen zu richtigen Ergebnissen geführt haben, im tausendundeinsten Fall zu falschen Ergebnissen führen können.

3. Zur Ein- und Ausgabe: Werden alle Daten bei Ein- und Ausgabe ausreichenden Kontrollen unterzogen und gibt es zuverlässige Fehlermeldungen? Können Datenträger rekonstruiert werden? Wird kontrolliert, ob alle Listen und Ergebnisse vorhanden sind?

4. Zur Identifizierung: Können aufgetretene Fehler nachträglich identifiziert werden? Besonders problematisch ist hierbei das Phänomen der technischen Fehler, die bei der Einkreisung verschwinden und damit nachträglich jede Identifikation und Beseitigung unmöglich machen.

5. Zur Verantwortlichkeit für den Fehler: Sind Zugänge zum Informationssystem durch Schlösser, Kenncodes, Paßwörter, usw. ausreichend abgesichert? Sind Eingriffe eindeutig zurechenbar? Ist die Programmierung ausreichend dokumentiert? Ist durch Funktionsteilungen sichergestellt, daß Sicherheitsmaßnahmen nicht unterlaufen werden können? Sind die Maßnahmen bei Brand, Kurzschluß, Stromausfall, usw. klar festgelegt? Sind alle relevanten Unterlagen zuverlässig archiviert?

6. Zur Wirtschaftlichkeit: Ist nicht nur die normale Funktion, sondern sind auch alle Vorkehrungen zur Revision technisch und organisatorisch so verwirklicht, daß sie keine unannehmbaren Kosten verursachen?

Zu diesen vielen speziellen Problemen kommen noch einige generelle:

1. Die Unsicherheit der Übertragung digitaler Daten: Man kann über alle realen Übertragungswege Daten nur mit einer endlichen Fehlerwahrscheinlichkeit übertragen. Ob sie nun für das einzelne Binärzeichen 10^{-4} oder 10^{-8} beträgt - die Fehlerwahrscheinlichkeit ist nie Null, sondern immer größer als Null.

   Und kein Verfahren der Fehlererkennung und Fehlerkorrektur ergibt absolut immer richtige Ergebnisse.

2. Die Anonymität der Zeichen:

   Die elektronische Verwaltung benutzt eindeutig codierte und damit anonyme Zeichen. Bei ihr kann man zwar mit zusätzlichem Aufwand registrieren, wann welche Information eingegeben wurde - nicht jedoch zuverlässig, *wer* es getan hat: Es fehlt das Äquivalent zur Unterschrift. Bei der Revision kann nicht so leicht wie bei der Papierverwaltung festgestellt werden, wer welchen Vorgang zu verantworten hat.

Zur Behebung dieses Mangels kann man Sicherungen einbauen, z.B. Sicherung durch Schlüssel, durch Sprecheridentifikation oder durch Identifikation des Fingerabdrucks.

Ob jedoch mit derartigen Sicherungen die Verbindlichkeit erreicht werden kann wie mit der Unterschrift, muß die zukünftige Praxis lehren.

Häufig wird man sich mit der Mikro-Verfilmung und Archivierung der Urbelege helfen müssen. Aber in vielen Fällen werden gar keine Urbelege mehr entstehen: Beispielsweise, wenn Waren auf dem Bildschirm angeboten und durch Knopfdruck gekauft und bezahlt werden.

Bei der Information gibt es - wie bei materiellen Gütern - Produzenten und Konsumenten. Die Frage ist, wie man den Austausch zwischen ihnen optimal organisiert.

Die m.E. entscheidende Frage ist:

- Gehören Informationswege zur Infrastruktur, die der Staat - wie z.B. Straßen - den Bürgern zur Verfügung stellen muß - oder

- sollen Informationen ebenso wie materielle Güter über den Markt - weitgehend ohne staatliche Einflußnahme - verbreitet werden?

Ich habe große Sympathie zur marktwirtschaftlichen Ordnung - aus zwei Gründen:

1. Die praktischen Erfahrungen mit zentralgesteuerter Lenkung materieller Güter haben die hohen Erwartungen ihrer Befürworter immer enttäuscht - und es gibt keinen Grund dafür, daß sie bei der zentralgesteuerten Lenkung von Informationen erfolgreicher sein werden.

2. Macht über die Informationswege ist für Politiker eine schwere Versuchung - und ich zweifle daran, daß dieser Versuchung alle gewachsen sind.

Abgesehen vom Rundfunk war der Ausgangspunkt bei uns vorwiegend die ungelenkte Produktion, der ungelenkte Konsum und der Austausch über den Markt. Typisch hierfür sind Briefe, Zeitungen, Zeitschriften und Bücher.

Aber neuerdings entwickeln sich bedenkliche Tendenzen staatlicher Reglementierung des Informationsgeschehens. Hierdurch wird die Gefahr der Manipulation enorm vergrößert und die Kreativität verringert.

Manipulation verstehe ich - mit A. Gehlen - als die Kunst, *"jemand zu einem Zweck gebrauchen, den er nicht kennt"*.

Der Artikel 5 unseres Grundgesetzes schützt die Freiheit der Informationswege - auch frei von staatlicher Lenkung.

Wie aber ist diese Freiheit z.B. vereinbar mit der Absicht des IuD-Programms der Bundesregierung, durch zentrale Instanzen eine "Verdichtung der Information" vorzunehmen, eine "Selektion der Informationen, die speziell für eine bestimmte Benutzergruppe notwendig sind"?

Zwar wird gesagt, all dies habe "sachlich und wahrheitsgetreu zu erfolgen" - aber was ist schon "wahrheitsgetreu" und wie soll eine anonyme Bürokratie "Wahrheit" garantieren? Man hat jahrtausendelang vergeblich versucht, "die Wahrheit" zu definieren - und jetzt erwartet man, anonyme Bürokratien könnten Informationen wahrheitsgemäß selektieren!

Hier werden tatsächlich die Keime für ein Orwellsches "Wahrheitsministerium" gelegt:

Töricht ist hierbei die Entschuldigung, die Beteiligten seien alle guten Willens und beabsichtigen gar keine Manipulation: Sie werden manipulieren, ohne dies überhaupt zu merken.

Die Unbewußtheit beim Informationskonsumenten ist konstitutiv für Manipulation - die Unbewußtheit der Manipulation durch den Informationsselektor wurde bisher nicht beachtet: Die meiste Manipulation geschieht unbewußt in bester Absicht.

Zweifellos muß bei Information und Dokumentation Effizienz angestrebt werden - aber manchmal schließen sich Effizienz und Kreativität gegenseitig aus.

Effizienz verlangt einheitliche und widerspruchsfreie Darstellung, Kreativität braucht vielfältige und kontroverse Darstellungen.

Ich plädiere deshalb gegen Vereinheitlichung und höchste Effizienz - und plädiere für kreative Pluralität, auch auf Kosten der Effizienz.

Dies heißt konkret: Informationen dürfen gerade nicht selektiert und homogenisiert werden. Es muß im Gegenteil angestrebt werden, daß kontroverse Darstellungen und verschiedene Denkweisen miteinander konkurrieren können.

Die Gefahr der Orwell'schen Zukunft liegt ja nicht darin, daß Menschen vaporisiert werden, sondern darin, daß Informationen selektiert werden.

Information und Freiheit stehen in einem recht widersprüchlichen Zusammenhang.

"Freiheit" sei hier verstanden als Möglichkeit, unterschiedliche Verhaltensformen zu verwirklichen.

Information kann Freiheit dann vermehren, wenn Alternativen zum erlernten Verhalten nachgewiesen werden.

Andererseits gilt aus der Sicht der statistischen Informationstheorie umgekehrt, daß Information Freiheit vermindert.

Dies illustriert die Situation eines Wanderers an einer Wegegabel: Ohne die Information, wohin die Wege führen, hat er die dubiose Freiheit, jeden beliebigen Weg zu gehen. Mit der Information, wohin die Wege führen, geht er den (in seinem Sinne) richtigen Weg, er hat also nicht mehr die dubiose Freiheit, auch den falschen Weg zu gehen.

Informationstheoretisch gilt offensichtlich: Je mehr Information wir aufnehmen, desto größer wird also die Zahl der Zwänge, die unser Verhalten einschränken. Der Laplace'sche Geist, der alles im voraus weiß, hat überhaupt keine Freiheit.

Hierzu paßt auch die verhaltensphysiologische Tatsache, daß Heranwachsende - seien es nun Menschen oder Tiere - programmiert sind, das Verhalten Erwachsener nachzuahmen. Durch die bei der Nachahmung aufgenommene Information wird aus der ursprünglich angelegten (größeren) Menge möglicher Verhaltensformen eine (kleinere) Untermenge ausgewählt, also theoretisch bestehende Freiheit verringert.

Existenz und Kultur beruhen auf solchen Einschränkungen der Willkür.

Das ethische Problem der Informationsproduktion ist die "richtige" Auswahl zwischen freiheitsvermehrender und freiheitsvermindernder Information - oder umgekehrt gesagt: zwischen Orientierung zerstörenden und Orientierung herstellenden Informationen.

Die politische Problematik der Informationsgesellschaft liegt - nächst der Manipulation - in der Kontrolle der Informationskanäle. Hierfür ein historisch bemerkenswerter Vorgang:

Gegen Ende der französischen Revolution, am 27. Juli 1794, wurden Robespierre und St. Just dadurch gestürzt, daß man ihnen im Konvent den Zugang zur Rednertribüne versperrte. Nach stundenlangen, vergeblichen Versuchen, die Tribüne doch zu besteigen, wurden sie abgeführt - womit ihre politische Macht zu Ende war.

Dies ist exemplarisch für viele gegenwärtige politische Auseinandersetzungen - die Entmachtung durch Blockierung der Kommunikation.

Mit dem Rundfunk im allgemeinen und dem Satellitenrundfunk im besonderen wurde der grenzüberschreitende Informationsfluß zum brisanten politischen Problem.

Die UNO erklärte schon 1946, die Freiheit der Information sei ein fundamentales menschliches Recht und der Prüfstein schlechterdings aller Freiheiten, denen sich die Vereinten Nationen verschrieben haben. Sie nahm damit einen Grundsatz wieder auf, der schon in den Erklärungen der französischen Revolution eine wesentliche Rolle gespielt hatte: Der freie Austausch der Gedanken und Meinungen ist eines der wertvollsten Rechte des Menschen; jeder Bürger kann deshalb frei sprechen, schreiben oder drucken.

Die grenzüberschreitende Information war einst - vor Aufkommen der elektrischen Übertragungsverfahren - ein relativ untergeordnetes politisches Problem: Unerwünschte Briefe, Zeitungen, Bücher oder Personen konnten an den Grenzen abgewiesen werden. Aber die vielen grenzüberschreitenden Telegrafie- und Telefonieverbindungen unserer Zeit kann man nur schwer überwachen und schlecht abschalten - elektromagnetische Wellen kann man überhaupt nicht abweisen, man kann sie höchstens technisch stören oder ihren Empfang verbieten.

Störungen und Verbote sind aber international verpönt, beispielsweise durch die Konferenz über Sicherheit und Zusammenarbeit in Europa, deren Schlußakte einen Abschnitt über "Verbesserung der Verbreitung von, des Zuganges zu und des Austauschs von Informationen" enthält. Ein gänzliches Verbot von Störsendern konnte allerdings bisher international nicht vereinbart werden.

Das Problem des grenzüberschreitenden Informationsflusses wurde neuerdings hochaktuell mit dem direkten Satellitenfernsehen. Hierbei werden die von Funksatelliten ausgestrahlten Signale von heimischen Fernsehgeräten unmittelbar empfangen. Deren Strahlungskeulen können zwar auf bestimmte geografischen Bereiche gebündelt werden, aber sie sind auch in den Nachbarländern zu empfangen.

Grundsätzlich ist beachtenswert, daß beim direkten Satellitenfernsehen der Empfänger einen großen technischen Aufwand treiben - vor allem eine hochwertige Richtantenne genau auf den Satelliten ausrichten muß. Die zusätzlichen Geräte dürften einen Aufwand von mehreren tausend DM ausmachen.

Diese banale Feststellung ist deshalb wichtig, weil oft so getan wird, als ob Empfänger *gegen ihren Willen* mit fremden Sendungen eingedeckt werden könnten. Dies ist sicher falsch: Wer nicht die hierfür notwendigen Voraussetzungen schafft, wird die Signale des Satelliten nicht empfangen können oder müssen. Niemand wird gegen seinen Willen fremde Sendungen empfangen müssen.

Die Einstellung einer Regierung zum direkten Satellitenfernsehen ist deshalb ein Prüfstein für ihre Einstellung zu den Freiheitsrechten, welche die französische Revolution und die UNO garantieren wollten.

Vor diesem Hintergrund gesehen ist es besonders erstaunlich zu sehen, wie sich "sozialistische" Regierungen gegen den freien Fluß von Informationen wehren.

Beispielsweise erklärte die "DDR": Die wirkliche Garantie der Meinungsfreiheit gibt es nur im Sozialismus - deshalb dürfen Informationen, welche den Sozialismus in Frage stellen, nicht verbreitet werden.

Man könnte die total gegensätzlichen Einstellungen zum grenzüberschreitenden Informationsfluß in Ost und West auf folgendes Schema bringen:

Die liberale Einstellung ist: Der Staat hat kein Recht, mögliche Informationsflüsse zu blockieren.

Die "sozialistische" Einstellung ist dagegen:
Da es Freiheit nur im Sozialismus gibt, muß man jegliche Information unterdrücken, welche Zweifel am "Sozialismus" erzeugen könnte.

Wohl die stärksten Veränderungen unseres Zusammenlebens ergaben sich in unserer Zeit durch die Massenmedien, die enorme Informationsmengen in Ton, Bild und Schrift an die Öffentlichkeit herantragen. Diese Veränderungen können m.E. durch drei Aussagen charakterisiert werden:

1. Die Information - noch vor einer Generation Mangelware - wurde zum Überfluß und Überdruß.

2. Die Industrialisierung der Informationsproduktion führte vielfach dazu, daß die Verantwortung für die produzierte Information verlorenging.

3. Die produzierte Information ist vor allem durch die Sachzwänge der Informationsverteilung bestimmt, beispielsweise setzen sich leichtverständliche Weltbilder gegen gute Weltbilder meist durch.

Ich versuchte, diese Problematik durch den Buchtitel "Maßlos informiert" zu erfassen: Wir nehmen sehr viel Information auf - maßlos viel - und diese Information kann großenteils nicht bestehen vor den Maßstäben der Erfahrung, der Vernunft und des Sachverstandes.

Ein gravierendes Manko vieler Informationsproduzenten ist ihre - unvermeidbare! - sachliche Inkompetenz bei - leider! - fehlender Bewußtheit derselben.

Ihr Element ist die Verstehensillusion - die Verstehensillusion, in der sie selbst befangen sind und die Verstehensillusion, die sie bei den Konsumenten erzeugen.

Hieraus ergibt sich zwangsläufig die Konsonanz mit der Gesinnungsethik: Die Voraussicht der üblen Folgen gesinnungsethischer Fehlleistungen geht oft über die Reichweite vieler Informationsproduzenten.

Damit hängt die Schnelle des Urteilens zusammen: Wenn Menschen und Fakten erst einmal aus ihren historischen und sozialen Bezügen herausgelöst sind, wenn sie auf das hier und jetzt Erklärbare reduziert sind, kann man schnel endgültige Urteile fällen.

So ist der Moralismus nirgendwo so billig wie in den Massenmedien und Diffamierungen so risikolos.

Etwas simplifiziert erscheint mir unser gegenwärtiges Zusammenleben bestimmt zu sein durch den Gegensatz zwischen zwei Klassen (Snow sprach in ähnlichem Sinne von "zwei Kulturen"),

- deren eine arbeitet und Verantwortung trägt,
- deren andere kritisiert und kaum Verantwortung trägt.

Dieser Gegensatz wird kaum ausgetragen: Die eine Seite sagt, es sei doch alles in Ordnung, die andere Seite sieht ihre Belange gänzlich unvertreten und existentielle Belange vernachlässigt.

Lassen Sie mich hier auf eine historische Analogie hinweisen:
Die Analogie zwischen dem einstigen Früh-Kapitalismus und der "Früh-Publizistik" unserer Zeit: Der Früh-Kapitalismus schuf vor hundertfünfzig Jahren enorme Vorteile für die Minderheit, welche über die Produktionsmittel verfügte und benachteiligte die abhängige Mehrheit.

So schuf auch die gegenwärtige "Früh-Publizistik" enorme Vorteile für eine Minderheit, welche über die informationellen Produktionsmittel verfügt und benachteiligt die abhängige Mehrheit.

In beiden Fällen ergaben sich psychische, soziale und politische Fehlentwicklungen, deren Überwindung lange Zeit braucht - die im Falle der "Früh-Publizistik" bisher kaum erkannt, geschweige denn überwunden sind.

Aber zwischen Früh-Kapitalismus und "Früh-Publizistik" besteht ein fataler Unterschied: Beim Früh-Kapitalismus konnte man die Öffentlichkeit an den Machthabern vorbei erreichen - aber bei der "Früh-Publizistik" unserer Zeit führt kein Weg an den Machthabern vorbei, sie sind Angeklagte und Richter zugleich und manche nutzen ihre Machtposition hemmungslos aus.

Doch lassen Sie mich nochmals auf die informationelle Unzulänglichkeit des Menschen zurückkommen!

Zu ihrer Überwindung gibt es nur einen einzigen Weg: Man muß fremde Erfahrung nutzen. Beispielsweise ist die historische Erfahrung ein immenser Schatz an Einsichten über menschliches Verhalten und seine Folgen.

Die Erkenntnisse naturwissenschaftlicher Verhaltensforscher und geisteswissenschaftlicher Anthropologen nähern sich gegenwärtig in erstaunlichem Maße.

Der große Arnold Gehlen schlug die Brücke von den "physiologischen Tugenden" zu historisch gewachsenen Tugenden - und Konrad Lorenz sprach von der "drohenden Auflösung unserer Sozietät durch Störungen der Überlieferung unentbehrlicher sozialer Verhaltensformen" und davon, daß "ein Abreißen der Tradition alle kulturelle Normen sozialen Verhaltens wie eine Kerzenflamme auslöschen kann".

Das Leben eines Menschen reicht einfach nicht aus, die notwendigen Tugenden selbst zu erfinden - hier muß jeder aus den Erfahrungen früherer Generationen lernen.

Wer ist schon imstande, komplexe Kulturformen theoretisch zu konstruieren? Beispielsweise die Achtung vor der Privatsphäre, Gemeinsinn, sexuelle Moral, usw. ?

Derartige Errungenschaften einer hohen Kultur werden zerfallen, wenn sie nicht mehr vertrauensvoll von Generation zu Generation weitergegeben werden können.

Die schwerste Erkenntnis unserer Zeit ist wohl, daß viele Erfahrungen ohne theoretische Begründung hingenommen werden müssen.

Technologie, Politik und Innovation

U. Thomas

Bundesministerium für Forschung und Technologie, Postfach 20 07 06, 5300 Bonn 2

0. Einführung zum Thema

Eine genauere Beschreibung des Vortragsthemas Technologie, Politik und Innovation erfordert zunächst einige Einschränkungen.

Es soll nicht generell von Technologie gesprochen werden, sondern nur von der Informationstechnologie, dies wiederum vorwiegend aus der Froschperspektive ihrer wichtigsten Basistechnologie, der Mikroelektronik.

Eine weitere Einschränkung liegt darin, daß naturgemäß nicht die ganze Breite der Politik angesprochen werden kann, auch nicht die langfristig wichtigste Politik, die Bildungspolitik, zumal die Bewältigung des technischen Wandels durch unsere Bildungsinstitutionen leider nicht so fortgeschritten ist, daß man sich hier auf festem Boden fühlen könnte und dafür auch überwiegend die Länder zuständig sind, und nicht etwa ein Bundesministerium für Forschung und Technologie.

Schließlich soll über Innovation gesprochen werden. Bekanntlich haben Beamte zu Innovationen ein distanziertes Verhältnis. Dafür werden sie zu Recht kritisiert. Die Kritik an Ministerien wurde allerdings bereits von dem Aufklärer François-Marie Arouet, genannt Voltaire besetzt. Er schreibt:

"Man achte nur genau auf alle Operationen, die das stets verschuldete, stets schwankende Ministerium in den Staatsfinanzen vornimmt; es ist immer eine darunter, aus der auch eine Privatperson Nutzen ziehen kann, ohne irgendjemand verpflichtet zu sein...".

Mit diesen Einschränkungen ergibt sich die folgende genauere Themenstellung:

Die strategische Bedeutung der Informationstechnik für die Wirtschaft der Bundesrepublik wurde frühzeitig erkannt. Trotzdem spielen deutsche Unternehmen im internationalen Vergleich nur in Ausnahmefällen eine führende Rolle auf diesem Gebiet. Dies steht im Widerspruch zu der ungebrochenen Exportkraft unserer Volkswirtschaft. Dazu sollen einige Thesen über Ursachen und Risiken sowie über Möglichkeiten und Grenzen der Technologiepolitik aufgestellt werden.

1. Die strategische Bedeutung der Informationstechnik

Eine Untersuchung des Deutschen Instituts für Wirtschaftsforschung zeigt, daß von 1951 bis 1980 die Stundenproduktivität im Verarbeitenden Gewerbe während der vergangenen drei Jahrzehnte nahezu konstant mit rund 5,5 Prozent pro Jahr gestiegen ist. Der Anteil des Verarbeitenden Gewerbes am Sozialprodukt hat in diesen drei Jahrzehnten stetig abgenommen. Noch stärker abgenommen hat allerdings die Möglichkeit, Produktivitätsanstiege überhaupt vernünftig zu messen, insbesondere weil sich die Produkte ändern. Vertreter der Elektroindustrie stellen gelegentlich die Behauptung auf, daß sie in 5 Jahren 50 % ihres Umsatzes mit Produkten machen wollen, die heute in vergleichbarer Form noch nicht auf dem Markt sind. Reale Produktivitätsanstiege sind auch deshalb schwer zu messen, weil sich die Kosten der Herstellung dramatisch ändern können. Das gilt insbesondere bei der Mikroelektronik. Dazu eine simple Rechnung:

Der Markt für integrierte Schaltungen liegt zur Zeit in der Bundesrepublik bei rund 1 Milliarde DM, produziert wird bei uns für rund 600 Mio DM.

Die Kosten pro Transistorfunktion sind von 1960 bis 1980 um etwa 5 Größenordnungen gefallen. Anders herum gerechnet: Benutzten wir die Preisbasis 1960, so würden heute Transistorfunktionen produziert, die wertmäßig deutlich über dem gesamten Bruttosozialprodukt der Bundesrepublik liegen.
Dagegen mag man einwenden, daß mit solchen Überlegungen zwar die Produktivitätsrechnungen der Wirtschaftswissenschaftler ein wenig problematisiert, darüber hinaus aber wenig Erkenntnis gewonnen werden kann.
Eines macht die Rechnung jedoch deutlich: Wenn die Kostenreduktionen bei integrierten Schaltungen, die vor allem auf die fortschreitende Ministurisierung der auf Silizium aufgebrauchten Strukturen zurückzuführen sind, sich auch in den 80er Jahren ungebrochen fortsetzen, wenn zugleich die nominalen Wachstumsraten dieser Industrie, die ja weit unter den realen Wachstumsraten (d.h. bei konstanten Preisen) liegen ,weiter im Schnitt trotz vorübergehender Einbrüche 20 bis 30 Prozent erreichen, dann ergibt sich eine Penetration des gesamten verarbeitenden Gewerbes, die von strategischer Bedeutung sein muß.

Denn integrierte Schaltungen machen ja nichts anderes als Informationsverarbeitung. Sie machen dies zu ständig sinkenden Kosten und in immer größerer Verbreitung. Vor diesem Hintergrund erhält der Begriff Informatisierung seinen Sinn. Auf die Mechanisierung, die in früheren Jahrzehnten den Produktivitätsanstieg ermöglicht hat, folgt nun die Informatisierung, d.h. die Übernahme von Steuerungs- und Informationsverarbeitungsvorgängen durch komplexe informationsverarbeitende Systeme auf der Basis der Mikroelektronik.
Gäbe es diese Informatisierung nicht, wäre wohl eine Abschwächung des Produktivitätsanstiegs im gesamten verarbeitenden Gewerbe, aber natürlich auch bei privaten und öffentlichen Dienstleistungen ganz unvermeidlich. Das Wachstumspotential, aber auch das Potential für Arbeitszeitverkürzung würde gegen Null gehen. Industrieländer, die auf Rohstoffimporte angewiesen sind, wie etwa Japan und nicht ganz so gravierend Westeuropa, würden früher

oder später auf die abschüssige Bahn des Wohlstandsgefälles zwischen reichen und armen Ländern geraten, ohne daß die ärmeren Länder daraus entsprechenden Nutzen ziehen könnten.

Betrachtet man die vier größten Industriegruppen der Bundesrepublik mit jeweils rund 100 Milliarden Umsatz im Jahr 1981, so sind das der Maschinenbau, die Elektroindustrie, der Straßenfahrzeugbau und die chemische Industrie. Diese vier Industriegruppen decken rund 40 % des Gesamtumsatzes des Verarbeitenden Gewerbes ab, sind aber weit überproportional am Export beteiligt. Alle vier Industriegruppen hängen in ihren Produkten und in ihrer Produktionstechnik zunehmend von der Bewältigung der Informationstechnik ab.

Betrachtet man einmal den Bereich des Maschinenbaus etwas genauer, so ergibt sich: Die Bundesrepublik hält seit vielen Jahren einen Spitzenplatz in der Welt. Der Anteil unseres Maschinenbaus an der Maschinenausfuhr der westlichen Industrieländer liegt seit vielen Jahren bei 20 bis 25 Prozent. Die Bundesrepublik liegt damit etwa gleichauf mit den USA und doppelt so hoch wie Japan. Diese drei Länder teilen sich fast zwei Drittel des Weltmarkts. Und das ist einer der Gründe für die ungebrochene Exportkraft der deutschen Wirtschaft.

Die Schlüsselbranche des Maschinenbaus, die weit über diesen hinaus das gesamte verarbeitende Gewerbe beeinflußt, ist der Werkzeugmaschinenbau. An diesem Zweig unserer Wirtschaft zeigt sich die strategische Bedeutung der Informationstechnik besonders deutlich. Der Werkzeugmaschinenbau ist durch das Zusammenwachsen von Mechanik und Elektronik charakterisiert. In Japan wurde dafür das Schlagwort Mechatronics geprägt. Moderne Werkzeugmaschinen zum Drehen, Schleifen, Fräsen oder Umformen werden in ihrem Marktwert heute entscheidend von der in ihnen enthaltenen Elektronik bestimmt. Werkzeugmaschinen ohne modernste elektronische Steuerungen können angesichts der relativ höheren Lohnkosten in der Bundesrepublik nicht mehr wettbe-

werbsfähig produziert werden. Das hat die Branche erkannt, allerdings noch nicht in der Breite wie beispielsweise Japan. Das zeigen einige Zahlen:
Bei spanenden Werkzeugmaschinen, die elektronisch gesteuert werden, lag 1981 die Produktion der Bundesrepublik bei 1,7 Mrd. DM, in Japan bei rund 3,0 Mrd. DM. Dagegen mag man einwenden, daß Japan auch entsprehend größer ist, und insofern eigentlich ein Gleichstand erreicht ist. Dieser Einwand trifft zu. Im Jahr 1978 jedoch lagen Japan und die Bundesrepublik noch gleichauf mit einem Produktionswert von knapp 1 Mrd. DM. Das sehr viel schnellere Wachstum in Japan zeigt, daß dort Mechanik und Elektronik zur Zeit schneller als bei uns zusammenwachsen und das hat zwei gravierende Konsequenzen.

1. Wenn die deutsche Wirtschaft in diesem Bereich Schwächen zeigt, gehen wichtige Exportmärkte verloren und es wäre dann nur eine Frage der Zeit, daß die japanische Werkzeugmaschinenindustrie tiefe Einbrüche in den deutschen Inlandsmarkt erzielt. Die ohnehin hohe Arbeitslosigkeit würde sich dadurch weiter verschärfen und unsere internationale gesehen wieder einigermaßen strahlende Leistungsbilanz würde erneut Flecken erhalten.

2. Die Modernisierung des industriellen Produktionspotentials der Bundesrepublik würde gegenüber einem ihrer wichtigsten Konkurrenten in Rückstand geraten, denn wer modernere Werkzeugmaschinen benutzt, der kann auch kostengünstiger Autos und viele andere Produkte herstellen und dies würde die Leistungsbilanz der Bundesrepublik schnell ins Rutschen bringen, mit allen Konsequenzen für die wirtschaftliche und soziale Stabilität unseres Landes.

Dieses Beispiel wirft ein Licht auf die strategische Bedeutung der Informationstechnik. Ohne eine gute Position auf diesem Gebiet kann die deutsche Wirtschaft den Wohlstand nicht produzieren, von dem wir alle leben möchten.

2. Der Rückstand

Um die Technologiepolitik, soweit sie in diesen Zusammenhang gehört, zu verdeutlichen, sind zunächst einige Hypothesen erforderlich, warum die Bundesrepublik und ganz Europa in der Informationstechnik, speziell in der Mikroelektronik mehr importiert als exportiert. Warum tut sich die leistungsfähige europäische Industrie in diesem Schlüsselbereich so schwer, daß trotz aufwendiger Förderprogramme in nahezu allen westeuropäischen Industrieländern große Datenverarbeitungsanlagen nur unter Inkaufnahme von Verlusten produziert werden. Warum produzieren amerikanische Unternehmen fast zwei Drittel und japanische Unternehmen fast ein Viertel aller integrierten Schaltungen in der westlichen Welt und Westeuropa weniger als 10 Prozent, obwohl zumindest die Bundesrepublik in ihrer Exportkraft und ihrer breiten Industriestruktur ohne weiteres mit den USA und Japan verglichen werden kann, in einigen Bereichen sogar überlegen ist. Zunächst der Versuch einer Antwort, bezogen auf die USA.

Forschung und Entwicklung sind von großer Bedeutung für die Wettbewerbsfähigkeit einer Branche. Genauso wichtig sind qualifizierte Mitarbeiter und ein innovationsorientierter Markt. Deshalb hat die deutsche Wirtschaft in keinem Industriezweig einen gravierenden Rückstand gegenüber den USA, ausgenommen die Industriezweige, in denen ein hohes militärisch bestimmtes F&E-Potential, verbunden mit einem riesigen militärischen Beschaffungsmarkt, besteht. Der Aufstieg des größten Herstellers integrierter Schaltungen begann mit Lieferungen für ein militärisches Projekt und heute noch finanziert dieses Unternehmen rund die Hälfte seines F&E-Aufwands mit öffentlichen Mitteln. Die indirekten Effekte sind allerdings möglicherweise noch wichtiger als die direkten. Die Mikroelektronik in den USA ist ein Kind der militärischen Forschung und in gewissem Umfang auch der Weltraumforschung, aber sie ist schnell erwachsen geworden. Die meisten Wissenschaftler und Ingenieure in den USA haben irgendwann einmal von militärischen Projekten gelebt, zumindest in ihrer Ausbildung, sind aber zu einem erheblichen Teil inzwischen im zivilen Bereich der Wirtschaft der USA beschäftigt. Aber ihr Knowhow haben sie behalten und darauf, daß zeigt das Beispiel Bundesrepublik in der Nachkriegszeit, darauf kommt es an beim Aufbau einer neuen Industrie. Diese einfache Erklärung verliert allerdings an Überzeugungskraft, betrachtet man das Beispiel Japan, das auch ohne den militärisch bestimmten Vorlauf inzwischen zu einem gefürchteten und bewunderten Konkurrenten auf dem Gebiet der Informationstechnik geworden ist.

Die japanische Wirtschaft ist heute unbestritten in Herstellung und Anwendung der Informationstechnik unmittelbar hinter, teilweise sogar vor den USA und jedenfalls weit vor der deutschen Wirtschaft anzutreffen. Früher hat man den Industrialisierungsgrad eines Landes an seinem Stahlverbrauch gemssen. Ein zeitgemäßer Maßstab ist der Verbrauch von Mikroelektronik.

Die USA produzieren gegenwärtig rund ein Drittel des Bruttosozialprodukts der westlichen Welt, verbrauchen aber in ihrem Land fast die Hälfte aller produzierten integrierten Schaltungen. Noch besser stehen die Japaner in der Anwendung integrierter Schaltungen da. Mit einem Anteil von etwa 12 % am Bruttosozialprodukt der westlichen Welt überdeckt ihr Inlandsmarkt sogar ein Viertel des Weltmarkts an integrierten Schaltungen. Die Bundesrepublik liegt bei 9 % im BSP-Anteil und auch bei 9 % Verbrauch. Westeuropa ohne Bundesrepublik liegt noch deutlich dahinter, bei etwa 25 % Anteil am BSP der westlichen Welt überdeckt Westeuropa ohne Bundesrepublik nur 14 % des Weltmarktes an integrierten Schaltungen.

<u>Fazit:</u> Die Bundesrepublik befindet sich auf einem Mittelplatz weit hinter den USA und Japan in der Anwendung integrierter Schaltungen. Wie hat die japanische Wirtschaft diesen rasanten Aufschwung geschafft? Ich möchte dazu eine wenig originelle Hypothese aufstellen. Entscheidend war ein hervorragendes Management in ihren Großunternehmen und eine frühzeitige Investitionsprogrammierung, die auf Zukunftsmärkte setzte im Konsens von Staat und Wirtschaft. Das Wort Investitionslenkung würde in die Irre führen. Das japanische Außenhandels- und Industrieministerium, the almighty MITI, hat die Investitionsschwerpunkte, d.h. die Bevorzugung zukunftsorientierter Wirtschaftszweige und die Benachteilung anderer Wirtschaftszweige nicht allein formuliert und durchgesetzt, sondern im Konsens mit der Wirtschaft. Das MITI hat die Investitionen in die Zukunft zwar mitfinanziert. Der entscheidende Anteil wurde aber von der Wirtschaft erbracht, weil der Strukturwandel auf einem lebendigen Konsensprozeß zwischen Staat und Wirtschaft aufbauen konnte, einen Konsensprozeß, den wir uns in der Bundesrepublik noch mühselig erarbeiten müssen. Denn dazu gehört eben nicht nur die Feststellung von Prioritäten, sondern auch die ungleich härtere Feststellung von Posterioritäten. Kranke Branchen dürfen nicht dauersubventioniert werden. Erst dadurch werden die Mittel für Zukunftsinvestitionen frei. Es ist nicht der Staat, der strukturpolitische Entscheidungen im Alleingang treffen kann, auch nicht in Japan. Ohne den Staat geht es heute allerdings auch nicht mehr. Inzwischen gibt es wieder eine gemeinsam erarbeitete Vision der 80er Jahre in Japan, herausgegeben vom MITI.

Das sind die wichtigsten, wenn auch nicht die einzigen Erklärungsversuche, warum die USA und Japan in dem strategischen Bereich der Informationstechnik deutlich vor der Bundesrepublik liegen. Was folgt daraus für die Technologiepolitik?

3. Technologiepolitik und Innovation

Das BMFT ist kein MITI, auch wenn das Bundeswirtschaftsministerium dazugerechnet würde. Und das Verhältnis zwischen Staat und Wirtschaft ist in der Bundesrepublik verkrampfter als in Japan. Wir haben auch keinen Bedarf für wehrtechnische Forschung und Entwicklung in der Größenordnung der USA, obwohl dieses Thema nicht vernachlässigt werden sollte. Den Weg Japans oder den der USA kann die Bundesrepublik nicht nachvollziehen, aber sie könnte sich den Japanern ein Stückchen annähern, ohne die Kräfte des Markts zu beeinträchtigen. Dabei hat sie als wichtiges Plus eine große und im internationalen Maßstab immer noch sehr erfolgreiche Industrie, sowie eine dem technischen Wandel im Grundsatz positiv gegenüberstehende Gewerkschaft, in der ein großer Teil der Arbeitnehmer organisiert ist. Deshalb ist es auch nicht so, daß hier eine ausweglose Situation besteht und die deutsche Wirtschaft im internationalen Maßstab früher oder später in die Zweitklassigkeit verfallen wird. Sie riskiert es aber, mit allen unabsehbaren Folgen für die soziale und politische Stabilität der Bundesrepublik, wenn auf eine strukturpolitische Diskussion verzichtet wird oder sie so geführt wird, daß keine Schlußfolgerungen aus ihr gezogen werden können.

Vor allem der Beitrag der Technologiepolitik zur Zukunftssicherung wird dann nicht genügend Wirkung entfalten, wenn Staat und Wirtschaft, und zur Wirtschaft gehört die Unternehmerseite genauso wie die Gewerkschaften, wenn Staat und Wirtschaft sich nicht darüber verständigen, wo in der Zukunft Arbeitsplätze sicher sind, und auf welchen Gebieten wir geringere Chancen haben, Arbeitsplätze wettbewerbsfähig zu halten.
Nun zu den Maßnahmen der Technologiepolitk im engeren Sinne. Für den Forschungshaushalt 1982 sind die Mittel für die Informationstechnik drastisch erhöht worden. Dabei wurden Schwerpunkte in den Bereichen gesetzt, auf die es derzeit besonders ankommt. Diese Schwerpunkte sind:

1. Die breite Anwendung der Mikroelektronik

Die Bundesregierung hat im September 1981 im Rahmen zusätzlicher Maßnahmen zur Förderung der Wettbewerbsfähigkeit der deutschen Wirtschaft ein Sonderprogramm Anwendung der Mikroelektronik beschlossen. Gefördert wird die Entwicklung von Produkten, in denen die Mikroelektronik funktionsbestimmend ist. Für dieses Sonderprogramm wurden von 1982 bis 1984, insgesamt 300 Mio DM vorgesehen, die inzwischen auf 450 Mio DM erhöht worden sind. Das Programm ist zeitlich befristet und wird nach einem stark vereinfachten Verfahren abgewickelt. Anträge können sei Anfang Januar 1982 gestellt werden. (Das Programm ist seit Juli 1982 mit über 2000 Projekten ausgebucht) Soviel zur Maßnahme, nun zur Begründung.

Den wichtigsten Grund habe ich vorhin bereits genannt. Die Bundesrepublik liegt deutlich hinter den USA und Japan in der Anwendung der Mikroelektronik zurück. Andererseits haben wir, vor allem auch in kleineren und mittleren Unternehmen, ein großes Innovationspotential. An Ideen fehlt es nicht, das zeigen die Anträge, die tatsächlich überwiegend von kleinen und mittleren Unternehmen kommen, davon viele Maschinenbauunternehmen. Die Finanzierung ist aber eine Hürde, die durch das Förderprogramm vorübergehend erniedrigt wird, um den Einstieg in die Mikroelektronikanwendung zu beschleunigen. Auf diesen Beschleunigungseffekt bei Produktinnovationen kommt es an. Ohne Learning by Doing, gerade weil es an Spezialisten fehlt, hat die deutsche Industrie keine Chance, ihren Rückstand in der Anwendng der Mikroelektronik wettzumachen, obwohl es an neuen Märkten nicht fehlt.

Ein Beispiel dazu: Eine kürzlich veröffentlichte Studie der Fraunhofergesellschaft, die vom BMFT vor 2 Jahren in Auftrag gegeben worden war, analysiert die Möglichkeiten zur Energieeinsparung durch Mikroelektronik. Ergebnis: Nicht weniger als 8 bis 9 Prozent des gesamten Endenergieverbrauchs der Bundesrepublik oder Energieimporte nach heutigen Preisen von 12 bis 13 Mrd. DM könnten bei entsprechend breiter und rascher Anwendung der Mikroelektronik ab 1995 eingespart werden. Programmierbare Steuerungen und verbesserte Meß- und Regeltechniken auf der Basis der Mikroelektronik werden dazu beitragen, Energieimporte zu reduzieren und dadurch neue Arbeitsplätze im Inland zu schaffen.

Einen zusätzlich stimulierenden Effekt wird das Sonderprogramm mittelfristig auch für die deutschen Hersteller der Mikroelektronik haben, die inzwischen technologisch den internationalen Standard erreicht haben. Es ist erfreulich, daß ein großes deutsches Unternehmen als einziges europäisches Unternehmen es geschafft hat, modernste Mikroelektronikspeicher in die Fertigung überzuführen und damit inzwischen Marktpositionen erkämpft. Das Problem in der Technologie der Mikroelektronik ist jedoch, daß diese sich in schnellem Tempo weiterentwickelt, der Kapitaleinsatz immer höher wird und die notwendige langfristig orientierte Forschung und Entwicklung im Grunde nur über einen hohen Marktanteil zu finanzieren ist, den deutsche Unternehmen noch nicht haben. Daraus ergibt sich ein zweiter Schwerpunkt der Förderung.

2. <u>1µ-Projekt</u>
Mitte der Achtziger Jahre werden Strukturen auf dem Silizium fertigungstechnisch beherrschbar, die bei einem 1000stel Millimeter Strichbreite liegen. In einem langen, und letztlich fruchtbaren Diskussionsprozeß ist eine Kooperation zwischen mehreren Industrieunternehmen und Forschungszentren zustandegekommen, die gut funktioniert und durch Arbeitsteilung und Austausch der Ergebnisse beträchtliche Einsparungen auf dem Wege zu 1µ-Strukturen ermöglicht. Das ist angesichts der geballten Anstrengungen japanischer und amerikanischer Unternehmen auch erforderlich, wenn sich europäische Unternehmen auf dem Gebiet der Herstellung der Mikroelektronik eine Chance erhalten wollen.

Komplementär zum 1μ-Projekt wird zur Zeit in enger Zusammenarbeit mit der Industrie eine Forschungsinfrastruktur für die Entwicklung der Submikrontechnologie aufgebaut, um die Chance zu wahren, trotz der enormen Forschungsinvestitionen der amerikanischen Regierung, die zusätzlich zur normalen industriellen Forschung in den USA in dieses Gebiet fließen, in einigen technologischen Schlüsselpositionen der Mikroelektronik mitzuhalten. Ein Beispiel dafür ist der Elektronenspeichering BESSY in Berlin, an dem die Industrie, die Fraunhofergesellschaft und die Max-Planck-Gesellschaft zusammenarbeiten, um Grundlagenforschung im Bereich der Röntgenlithografie zu betreiben. Auch hier gibt es ein arbeitsteiliges Vorgehen bei der Erforschung der Grundlagen für die Erzeugung feinster Strukturen im Submikronbereich mit Hilfe von Röntgenlicht. Auf diesem zukunftsorientierten Gebiet hat die Bundesrepublik inzwischen weltweit eine gute Position. Trotzdem soll der lange Weg bis zum Markterfolg und die Risiken dahin nicht unterschätzt werden, denn alle bisher beschriebenen technologischen Anstrengungen sind auf Dauer nur erfolgreich, wenn sie auf einer gesunden Industrie aufsetzen.

3. Sensoren und Aktoren

Der dritte Schwerpunkt liegt im Bereich der Peripherik. Die große Informationskapazität der Mikroelektronik in den verschiedensten Bereichen der verarbeitungsindustrie wird nur dann zum Tragen gebracht werden können, wenn Informationsaufnehmer, sprich Sensoren vorhanden sind. Dies ist ein weites Feld, daß in ganzen Bereichen noch unbeackert ist, in dem Grundlagenforschung über die Nutzung physikalischer Effekte notwendig ist, mit dem aber in Kombination mit integrierten Schaltungen viele neue Anwendungsbereiche erschlossen werden können, ob auf dem Robotergebiet, im Umweltschutz, in der Energieeinsparung oder bei Maschinensteuerung mit integrierter Meßtechnik. Ähnliches gilt für Aktoren, mit denen Leistung gesteuert werden kann.

Auch hier spielt die wehrtechnische Forschung eine Rolle. Gerade bei Sensoren, kombiniert mit intelligenter Auswertung zur Mustererkennung, gibt es ein enormes Potential in der amerikanischen Rüstungsindustrie.

Dazu eine kurze Abschweifung: Vieles spricht dafür, daß die Mikroelektronik in Kombination mit Sensortechnologien die Möglichkeit bietet, Waffen zu entwickeln, die effektiv nur für Territorialverteidigung brauchbar sind, und von denen Experten sagen, daß sie langfristig offensive Panzerverbände aussterben lassen. In der politischen und strategischen Position der Bundesrepublik wäre es gut, wenn sich die Bundeswehr zunehmend und für jedermann erkennbar auf verteidigungsoptimierte Waffensysteme stützen könnte und gleichzeitig durch eine wirksame konventionelle Territorialverteidigung die Schwelle zum Einsatz von Kernwaffen so hoch gehoben würde wie irgend möglich, solange, bis eine allgemeine Abrüstung durchsetzbar wird. Auch an diesem Punkt wird deutlich, daß die Technologieförderung im Rahmen des BMFT in Zusammenhang steht mit entsprechenden langfristig orientierten strategischen Entscheidungen anderer Ressorts, insbesondere des Verteidigungsministeriums aber auch des Postministeriums, das durch sein enormes Investitionsvolumen maßgeblichen Einfluß auf einen wichtigen Teilmarkt der Informationstechnik ausübt.

4. Systemtechnik

Der 4. Schwerpunkt der Technologieförderung aus der Froschperspektive der Mikroelektronik ist die Systemtechnik.

Bei Systemtechnik geht es in diesem Zusammenhang nicht um Großcomputer und deren inzwischen beendete Förderung, ein Thema, daß wegen seiner vielfältigen Aspekte nicht in Kurzform abgehandelt werden kann.

Systemtechnik in dem hier behanelten Zusammenhang heißt eigentlich nichts anderes als die Bewältigung der Komplexität von integrierten Schaltungen. Die Förderung ist auf zwei Aspekte konzentriert.

1. Entwurfs- und Prüftechniken für hochkomplexe Schaltungen.
2. Grundlagen von Rechnerarchitekturen auf mikroelektronischen Bausteinen.

Diese Konzentration ist angesichts der knappen zur Verfügung stehenden öffentlichen Mittel notwendig. Denn gefördert werden soll nur dort, wo Engpässe bestehen, die von der Industrie nicht rechtzeitig in genügendem Umfang angegangen werden können. Eine flächendeckende Förderung, womöglich mit niedrigen Fördersätzen, ist in den meisten Fällen hinausgeworfenes Geld des Steuerzahlers.

Damit sind die vier wichtigsten, mit der Mikroelektronik zusammenhängenden Maßnahmen der Technologieförderung kurz umrissen, aber viele Aspekte des Themas nicht behandelt worden, etwa die Frage, welchen Einfluß die Mikroelektronik auf Arbeitsplätze und Arbeitsbedingungen in der Industrie oder in Büro und Verwaltung hat oder die Rolle der Kommission der Europäischen Gemeinschaften, um nur zwei Beispiele zu nennen.

Die Wirkung der Maßnahmen des BMFT hängt von vielen Faktoren ab. Einige davon geben Grund zum Optimismus:

1. Hat ein Umdenkprozeß bei allen Beteiligten begonnen, stärker als in der Vergangenheit auf arbeitsplatzschaffende zukunftsorientierte Industrien und Technologien zu setzen.

2. Beginnt sich die Überzeugung durchzusetzen, daß wir in unserer Wirtschaft Erneuerungskräfte freisetzen müssen. Dazu sind auch die zunehmenden Anstrengungen zu zählen, technologieorientierten Unternehmensgründungen Starthilfen zu geben und jungen Firmen bei der Beschaffung von Risikokapital bessere Chancen zu geben.

3. Gibt es begründete Hoffnung, daß unser Bildungswesen langfristig die Herausforderung aufgreift, vor die uns die Informatisierung bei der Produktion von Gütern und Dienstleistungen stellt. Denn die langfristig wichtigste Politik ist nun einmal die Bildungspolitik. In einem Gespräch über Technologie und Qualifikation, das vor einigen Monaten im BMFT stattfand, wiesen einige Teilnehmer darauf hin, daß Qualifikation in den Neunziger Jahren vor allem die Fähigkeit bedeuten könne, dazuzulernen. Nicht mehr Erfahrung und Spezialkenntnisse, sondern Offenheit, im Berufsleben dazuzulernen rückt an die erste Stelle. Daraus ergeben sich zwei Fragen an die Bildungspolitik, eine simple und eine komplexe Frage.

Zuerst die simple Frage: Warum gibt es in Frankreich und Großbritannien große Programme, um bereits in den Schulen, und zwar in den allgemeinbildenden Schulen, frei programmierbare Personalcomputer als Lehrmaterial einzusetzen, bei uns nicht, obwohl heute schon abzusehen ist, daß diese Generation die heute in den Schulen heranwächst, den Computer so benutzen wird, wie frühere Generationen Bleistift und Papier? Könnten die Länderkultusverwaltungen hier nicht etwas weniger zögerlich verfahren und über Pilotversuche hinausgehen oder könnten notfalls die Industriefirmen einer Region durch entsprechende Spenden von Personalcomputer, Stückpreis zwischen 3000,- DM und 10.000,- DM, einer genügt als Einstieg für eine Schule, vorübergehend in die Bresche springen. Es wäre nach meiner Auffassung eine der ertragsreichsten langfristigen Investitionen, die man sich denken kann.

Die 2. Frage ist sehr viel grundsätzlicher: In Japan gingen 1978 88 % aller Jugendlichen bis zum 18. Lebensjahr in die Schule und erwarben die Hochschulreife. Anschließend geht ein großer Teil der jungen Leute in die Produktion, offenbar nicht ohne Erfolg. Bei uns waren es 1978 nicht mehr als 23 % aller Jugendlichen, die die Hochschulreife erwarben. Dafür haben wir ein hervorragend entwickeltes duales System der spezialisierten beruflichen Bildung. Genügt das? Wenn es stimmt, daß die wichtigste Qualifikation der Neunziger Jahre die Fähigkeit dazuzulernen ist, müßte über dieses Thema noch einmal nachgedacht werden. Vielleicht brauchen wir breitere Schulbildung, Platz an den Schulen entsteht schon aus demografischen Gründen, verknüpft mit einer stärkeren Wechselwirkung zwischen Industrie und allgemeinbildender Schule, während der klassische spezialisierte Ausbildungsgang im dualen Bildungssystem stärker in den Hintergrund tritt?

Dies sind zunächst nur Fragen. Eine Diskussion darüber ist wegen der langfristigen Nachwirkung von Entscheidungen im Bildungswesen immer neu erforderlich. Ein konservatives Beharren auf dem, was ist, können wir uns auch im Bildungswesen nicht leisten, wenn wir die Informatisierung der Produktion von Gütern und Dienstleistungen erfolgreich bestehen wollen.

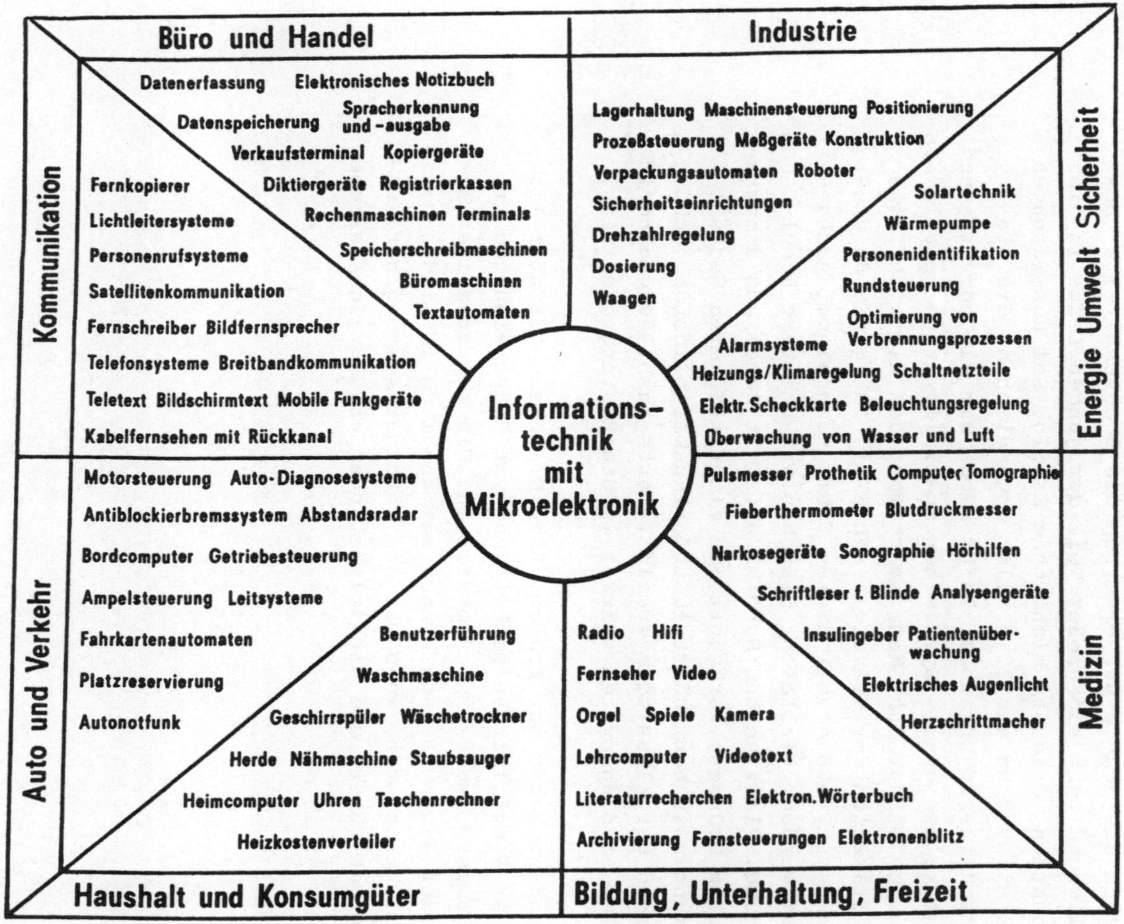

Informations-technik mit Mikroelektronik

Büro und Handel

Datenerfassung Elektronisches Notizbuch
Datenspeicherung Spracherkennung und -ausgabe
Verkaufsterminal Kopiergeräte
Diktiergeräte Registrierkassen
Rechenmaschinen Terminals
Speicherschreibmaschinen
Büromaschinen
Textautomaten

Kommunikation

Fernkopierer
Lichtleitersysteme
Personenrufsysteme
Satellitenkommunikation
Fernschreiber Bildfernsprecher
Telefonsysteme Breitbandkommunikation
Teletext Bildschirmtext Mobile Funkgeräte
Kabelfernsehen mit Rückkanal

Industrie

Lagerhaltung Maschinensteuerung Positionierung
Prozeßsteuerung Meßgeräte Konstruktion
Verpackungsautomaten Roboter
Sicherheitseinrichtungen
Drehzahlregelung
Dosierung
Waagen

Energie Umwelt Sicherheit

Solartechnik
Wärmepumpe
Personenidentifikation
Rundsteuerung
Optimierung von Verbrennungsprozessen
Alarmsysteme
Heizungs/Klimaregelung Schaltnetzteile
Elektr. Scheckkarte Beleuchtungsregelung
Überwachung von Wasser und Luft

Auto und Verkehr

Motorsteuerung Auto-Diagnosesysteme
Antiblockierbremssystem Abstandsradar
Bordcomputer Getriebesteuerung
Ampelsteuerung Leitsysteme
Fahrkartenautomaten
Platzreservierung
Autonotfunk

Haushalt und Konsumgüter

Benutzerführung
Waschmaschine
Geschirrspüler Wäschetrockner
Herde Nähmaschine Staubsauger
Heimcomputer Uhren Taschenrechner
Heizkostenverteiler

Medizin

Pulsmesser Prothetik Computer Tomographie
Fieberthermometer Blutdruckmesser
Narkosegeräte Sonographie Hörhilfen
Schriftleser f. Blinde Analysengeräte
Insulingeber Patientenüberwachung
Elektrisches Augenlicht
Herzschrittmacher

Bildung, Unterhaltung, Freizeit

Radio Hifi
Fernseher Video
Orgel Spiele Kamera
Lehrcomputer Videotext
Literaturrecherchen Elektron. Wörterbuch
Archivierung Fernsteuerungen Elektronenblitz

Abb. 1

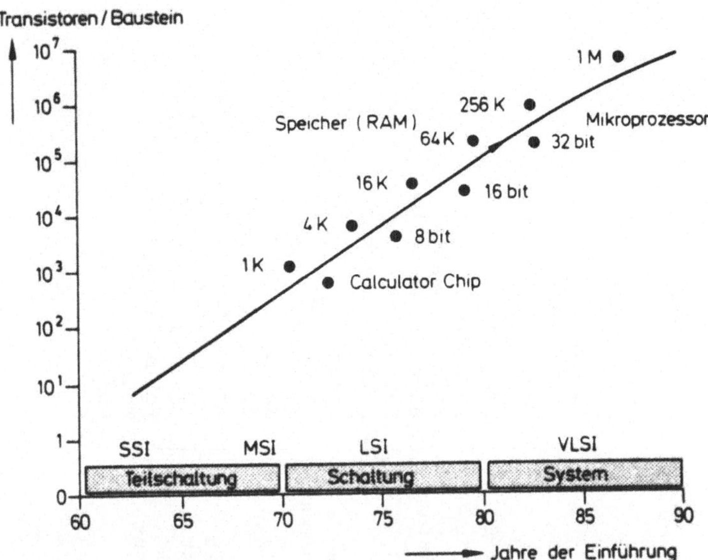

Anstieg des Integrationsgrades bei integrierten Schaltungen und Produktmeilensteine. Seit 1963 hat sich die Anzahl der in einem Baustein integrierbaren Transistoren von 15 auf 150 000 erhöht. Bis 1990 werden 10 Millionen Transistoren pro Baustein möglich sein. Die wichtigsten Standardprodukte der Mikroelektronik sind Speicher und Mikroprozessoren

Abb. 2. Weiterentwicklung des Integrationsgrades

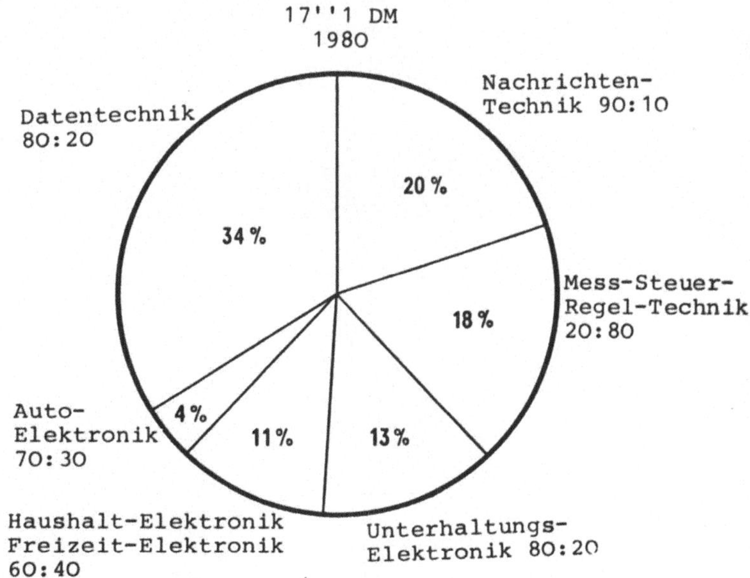

Abb. 3. IS-Weltmarkt nach Branchen. Umsatzverhältnisse Großfirmen zu Klein- und Mittelfirmen

vor 1900		1970		2000
Telegraf	Telefon	Telefon	Telefon (Digital)	Telefon (Digital)
Telefon	Telegraf	Telegraf	Telegraf	Telegraf
	Fernschreiben	Fernschreiben	Fernschreiben	Fernschreiben
	Funkverkehr	Datenkommunikation	Datenkommunikation	Datenkommunikation
	Rundfunk	Rundfunk	Rundfunk	Rundfunk
		Fernsehen	Funktelefon	Funktelefon
		Funktelefon	Fernsehen	Fernsehen
			Kabelfernsehen	Kabelfernsehen
			Bürofernschreiben	Bürofernschreiben
			Fernkopieren	Fernkopieren
			Konferenzfernspr.	Konferenzfernspr.
			Videotext	Videotext
			Bildschirmtext	Bildschirmtext
			Elektron, Post	Elektron, Post
			Satellitenkomm.	Satellitenkomm.
			Komm. mit Licht	Kommunikation mit Licht
				Kabelfernsehen m. Rückkanal
				Umfassende Bürokommunikation
				Dienstintegrierte Netze
				Farbfaksimile
				Tele-Zeitung
				Spracheingabe und -Ausgabe

Abb. 4

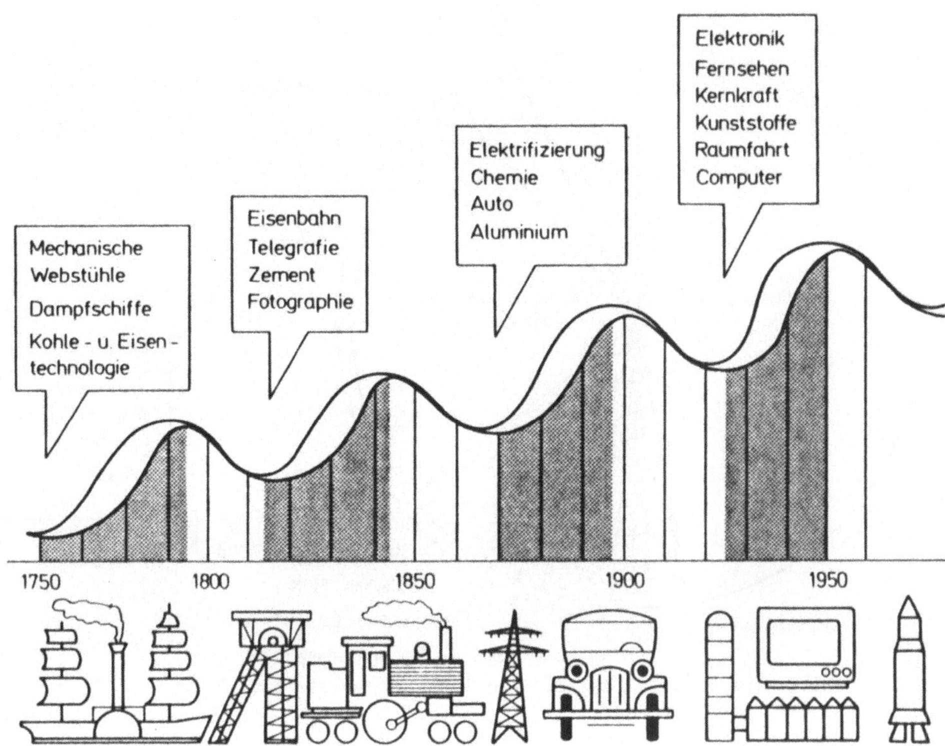

Abb. 5. Wellen der Weltkonjunktur. Am Beginn eines jeden Aufschwungs standen bahnbrechende Neuerungen

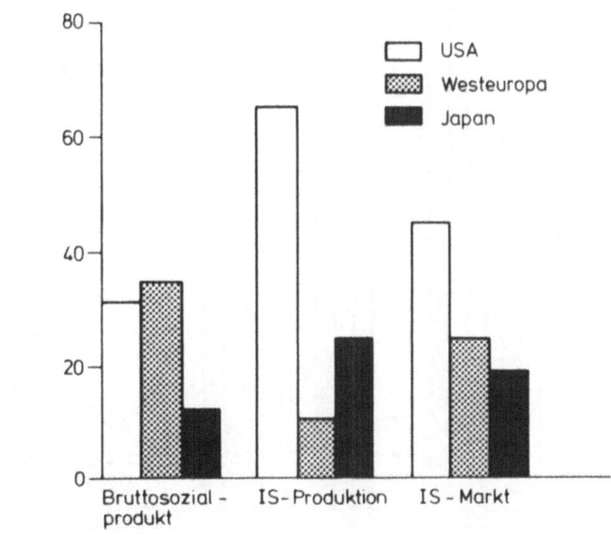

Abb. 6

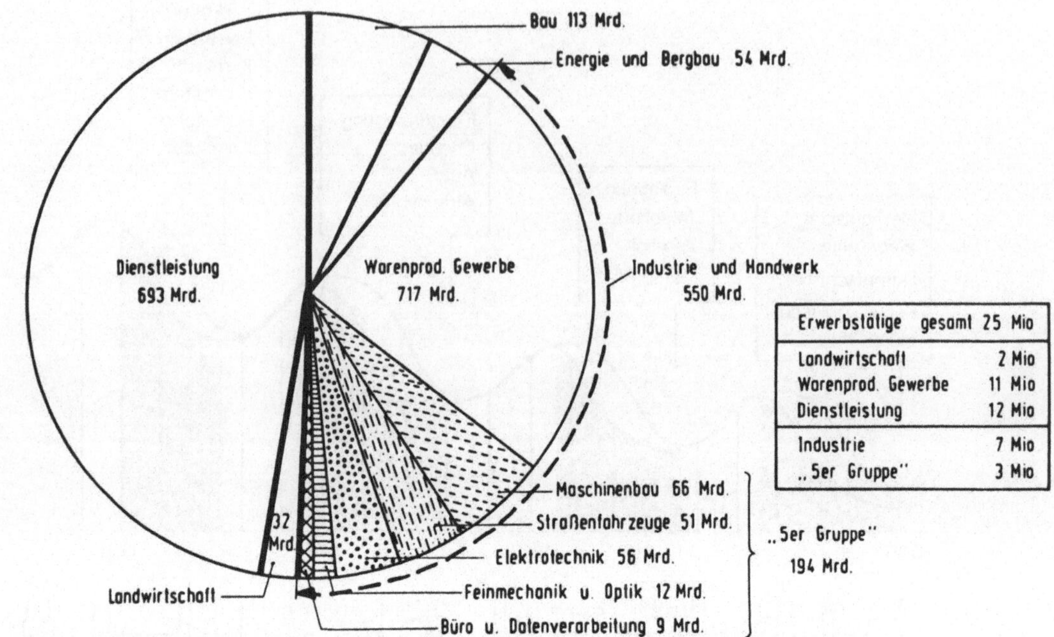

Abb. 7. Bundesrepublik Deutschland Bruttowertschöpfung 1980
1442 Mrd. DM

▽ Abb. 8. Produktion elektronische Ausrüstung 1978/1985 in Milliarden $ nach Anwendungen

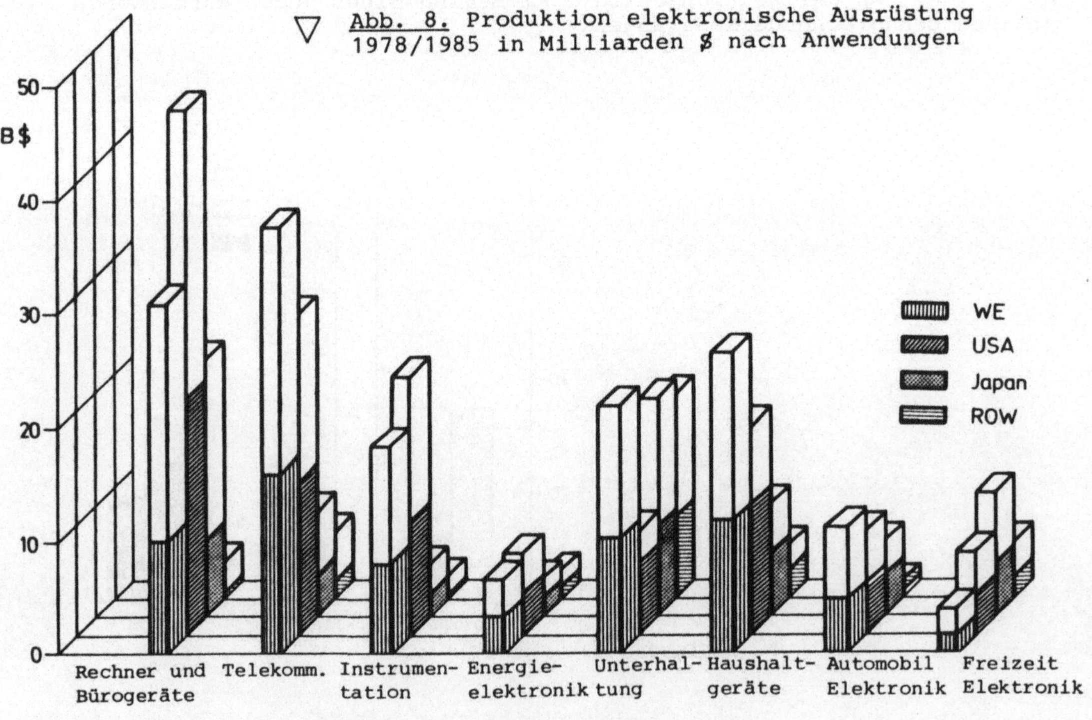

Wirtschaftsfaktor Mikroelektronik: Nationale und internationale Aspekte

E. Hofmeister

Siemens AG, UB Bauelemente, Balanstraße 73, 8000 München 80

Mit diesem Beitrag über die Mikroelektronik als Wirtschaftsfaktor schließt sich der Bogen. Die Themen führten von der Physik über die Technik zu den Anwendungen und nun zu den wirtschaftlichen Aspekten, zum Nutzen für die Menschen und damit auch zu unserem Lebensstandard. Das Ziel aller Forschungen ist ja nicht nur das Faustische im Menschen, die Neugierde zu befriedigen, sondern eine Conditio humana zu schaffen, die es der Menschheit erlaubt, in Würde zu leben. Dazu gehört, wie es Professor Fiebiger bei den kürzlich stattgefundenen Hochschultagen in Tutzing formulierte: "Freiheit von existentiellen Nöten, Gesundheit, d.h. das Leben in einer gesunden Umwelt, und ein Freiraum, in dem sich die Kreativität der Menschen entfalten kann."

Dies alles ist in einer Welt mit einer Bevölkerung von nun 4 Milliarden Menschen ohne Technik nicht mehr möglich. Der technische Fortschritt ist kein Selbstzweck, sondern bekommt seinen Sinn, wenn er zum sozialen Fortschritt für alle wird.

In diesen Tagen erschien ein Bericht an den Club of Rome mit dem Titel "Auf Gedeih und Verderb", herausgegeben von Günter Friedrichs (IG Metall) und Adam Schaff (Europäisches Koordinationszentrum für Sozialwissenschaft in Wien). Das Buch enthält keine grundsätzlich neuen Gedanken. Es wurde nichts untersucht, es wurden darin die größtenteils bekannten Ansichten und Fakten über die Mikroelektronik zusammengetragen. Das Begrüßenswerte an dem Bericht ist, daß dabei auch von Nicht-Industrieseite das "Gedeihen" ausführlich behandelt wird und nicht nur das "Verderben". Häufig wurde der Industrie Zweckoptimismus vorgeworfen, wenn sie die Vorzüge der Mikroelektronik und ihren Nutzen für die Menschen vorstellte.

Der polnische Philosoph Adam Schaff bezeichnet darin die Mikroelektronik sogar als einen möglichen Schlüssel zum Paradies. Die Visionen einer von Erwerbsarbeit weitgehend befreiten, sich einer kreativen Freizeit hingebenden Menschheit deuten zwar in eine wünschenswerte Richtung, doch sind sie in ihrem Endbild sicher ebenso utopisch überzeichnet, wie manche gewerkschaftlichen Befürchtungen der Abqualifikation von Arbeitsinhalten und der hohen Arbeitslosenzahlen als Folge der Mikroelektronik.

Zwischen der Mikroelektronik-Euphorie und der Angst vor der Mikroelektronik muß ein vernünftiger realistischer Mittelweg gefunden werden, der die Vorteile der Mikroelektronik erkennt, sie anwendet, fördert und die Nachteile, die mit jeder Technik verbunden sind, minimiert. Die Menschen werden die industrielle Revolution, die uns die Mikroelektronik beschert, sicher genauso zum Positiven wenden, wie sie dies mit der ersten industriellen Revolution zuwege brachten. Die Dampfmaschine und später der Elektromotor haben die Menschen von der schweren Arbeit mit Muskelkraft befreit. Durch die Mikroelektronik wird die Intelligenz des Menschen verstärkt, aber keineswegs ersetzt.

Aber ich will mich nicht philosophischen Betrachtungen zuwenden. Der Sinn dieses Beitrages ist, wirtschaftliche Fakten auf den Tisch zu legen und daraus Schlüsse für die Bundesrepublik zu ziehen.

Mikroelektronik - Grundlage der Informationstechnik

Die Epochen der Menschheit werden nach den Werkstoffen, die jeweils verwendet wurden, eingeteilt: Steinzeit, Bronzezeit, Eisenzeit. Obwohl wir uns heute noch in der Eisenzeit befinden, könnte man auch sagen, wir sind in der Siliziumzeit angekommen. Silizium ist ein Grundstoff, der durch die Mikroelektronik in alle Geräte eindringen wird, die Informationen verarbeiten, erzeugen, speichern oder übertragen.

Mikroelektronik steht geradezu als Synonym für "Informationstechnik", denn durch die Integration elektronischer Schaltungen auf einem kleinen Siliziumkristall ist die Verarbeitung von Informationen jeglicher Art sehr einfach und damit wirtschaftlich geworden.

Informationen werden überall verarbeitet: In der Daten- und Nachrichtentechnik, bei Prozeßsteuerungen, im Auto und bei der Verkehrslenkung, bei medizinischen Geräten ebenso wie in Haushaltsmaschinen, in Radio- und Fernsehgeräten, - kurz gesagt - in allen technischen Bereichen. Die Dynamik unserer Welt, unser ganzes physisches Dasein basiert auf den beiden Grundelementen Energie und Information, auf Energieumwandlung und Informationsverarbeitung. So ist es nicht verwunderlich, wenn die Informationstechnologie Mikroelektronik in nahezu alle Bereiche unserer Arbeitswelt und unseres Alltags eindringt.

Bild 1 zeigt eine Fülle von Geräten, deren Funktionen nichts miteinander zu tun haben, die aber alle eine Gemeinsamkeit haben: sie verarbeiten Informationen.

Erhält z.B. ein Antiblockierbremssystem die Information, daß ein Rad blockiert, hebt es für Augenblicke den Bremsvorgang auf. Eine Waschmaschinensteuerung kontrolliert Wassermenge und Temperatur und setzt die Trommel in Bewegung. Ein elektronisches Fieberthermometer mißt die Temperatur des Menschen und zeigt sie digital an. Die Fernsehkamera nimmt ein Bild auf, verwandelt es in elektrische Signale und sendet die Information über Kabel weiter. Der Fernschreiber überträgt Textinformationen, der Fernkopierer Bilder, der Rechner verarbeitet und überträgt Daten. Viele dieser Funktionen sind erst durch die Mikroelektronik möglich geworden.

Von Elektronik spricht man seit Anfang dieses Jahrhunderts. Man bezeichnete damit die Technik der Schwachstromschaltungen, die aus Widerständen, Kondensatoren, Elektronenröhren und später Transistoren zusammengelötet waren. Farbige Drahtstränge verbanden in den Geräten die einzelnen Bauelemente. Um 1950 traten an die Stelle der Kabelbäume die Leiterplatten mit gedruckten Schaltungen.

Von Mikroelektronik spricht man erst seit Anfang der 60er Jahre, seit es gelungen ist, die einzelnen Bauelemente einer Schaltung samt ihren Kontaktstellen und Verbindungsleitungen in mikroskopisch kleiner Form auf Siliziumplättchen ("Chips") von wenigen Quadratmillimetern Größe unterzubringen. Derartige Integrierte Schaltungen sind nicht nur um Größenordnungen kleiner als entsprechende Schaltungen aus Einzelelementen, sie sind auch wesentlich zuverlässiger, geringer in der Leistungsaufnahme und vor allem preiswerter.

Der Integrationsgrad, d.h. die Zahl der Bauelemente (Transistoren) pro Chip ist in den vergangenen 20 Jahren auf über 100.000 Transistoren angestiegen. 150.000 Transistoren auf 25 mm^2 Siliziumfläche besitzt ein 64 Kbit-RAM-Speicher - dies ist der höchste Integrationsgrad, der heute in Produktion ist.

Mitte der 80er Jahre werden es etwa 1 Million Transistoren sein, die man integrieren kann, und dann flacht sich der Anstieg allmählich ab. Die Zunahme der Bausteine pro Chip verlangsamt sich und eine technologische, aber auch eine wirtschaftliche Grenze wird sich bei etwa 10 bis 100 Mio Transistoren einstellen. Diese Grenze wird zwischen 1990 und 2000 erreicht sein.

Sie haben in den vorausgegangenen Beiträgen die physikalischen, technischen, aber auch wirtschaftliche Gründe hierfür kennengelernt. Es ist gut zu wissen, daß es eine solche Grenze bei dieser Technologie gibt, daß auch hier nicht die Bäume in den Himmel wachsen. Ist diese Grenze erreicht werden diese mikroelektronischen Chips zur Selbstverständlichkeit geworden sein.

Im Jahre 2000 werden Mikrocomputer so zum Alltag gehören, wie heute die 20 bis 30 Elektromotoren, die sich in jedem Haushalt irgendwann drehen und unentbehrlich geworden sind. Niemand empfindet diese Tatsache als unheimlich, obwohl die wenigsten Menschen wissen, warum sich so ein Motor eigentlich dreht. So wird auch einmal die Skepsis vor dem Mikrocomputer verschwinden, der in der Waschmaschine, im Fernsehgerät oder im Auto Informationen verarbeitet, und es wird auch nichts Unheimliches damit verbunden sein.

Die Zunahme des Integrationsgrades führt dazu, daß in den 80er Jahren in zunehmendem Maße ganze Systeme auf einen einzigen Chip integriert werden können (Bild 2).

In den 60er Jahren konnten nur Teilschaltungen, z.B. Gatterfunktionen, auf einem Kristall untergebracht werden. In den 70er Jahren erweiterte sich die Integration auf ganze Schaltungen. Neben den spezifischen Logikschaltungen, die für einen ganz bestimmten Anwendungsfall entwickelt und hergestellt werden, entstand 1974 der Mikroprozessor. Er ist ein Universalbaustein, der wie die Zentraleinheit eines Rechners für die verschiedensten Anwendungen programmiert werden kann. Mit dem Mikroprozessor wurde das Tor für all die vielen Anwendungen geöffnet, die wegen ihrer relativ geringen Stückzahl die hohen Entwicklungskosten einer spezifischen Schaltung nicht tragen können.

In den 80er Jahren wird der Mikroprozessor mit Daten- und Programmspeicher sowie Ein/Ausgabe-Schaltungen, d.h. der ganze Mikrocomputer, auf einem Chip integriert sein. Auf dem gleichen Chip hat auch noch eine gerätespezifische Peripherie Platz, so daß ganze Systeme integriert sind, z.B. für die Motorsteuerung im Auto oder für eine Waschmaschinensteuerung.

Bild 2 zeigt neben der Zunahme der Speicherkapazität von RAM-Speichern mit dem Integrationsgrad auch die Weiterentwicklung der Mikroprozessoren bzw. Mikrocomputer zu immer größerer Länge der Befehls- und Datenworte. Mitte der 80er Jahre werden 32 Bit Wortlänge erreicht sein. Diese Wortlänge war bisher den wesentlich grösseren und teureren Computern vorbehalten.

Diese Weiterentwicklung der Mikroelektronik in der Hard- und Software, verbunden mit der Weiterentwicklung der Bausteine zur Aufnahme und Ausgabe von Informationen, den Sensoren und Aktuatoren, führt zu einem immer größeren Kreis von Anwendungen. Und erst dieser Einsatz der Mikroelektronik-Bausteine in Geräten und Anlagen führt zu dem Innovationspotential, das der Wirtschaft neue Impulse gibt.

Die Anwendungen der Mikroelektronik

Betrachten wir die Einsatzgebiete der Integrierten Schaltungen quantitativ, so teilte sich der Weltmarkt im Wert von rund 17 Mrd DM im Jahre 1980 nach Bild 3 auf. Die Hauptanwendungsgebiete sind Daten- und Nachrichtentechnik, Meß-, Steuer- und Regeltechnik und die Unterhaltungselektronik.

Der heute noch geringe Anteil von Auto- und Haushaltselektronik wird sich in den nächsten 5 Jahren bestimmt vergrößern, wenn durch die Größtintegration ganze Schaltungssysteme auf einem Chip vereinigt sind und damit einer Massenanwendung von der Kosten- und Zuverlässigkeitsseite nichts mehr im Wege steht.

Die Mikroelektronik löst in den verschiedenen Branchen bestimmte Zielrichtungen aus, die im folgenden kurz gestreift werden.

In der "kleinsten" Datentechnik hat sich der elektronische Taschenrechner längst seinen Markt erobert. Er ist weit über den Ersatz von Rechenschiebern und mechanischen Tischrechnern hinausgewachsen. Ein neues Produkt hat sich beispielhaft einen weltweiten neuen Markt geschaffen. In seinem Innern befindet sich meist nur ein einziger Siliziumchip, der alle Rechenregeln enthält.

Auf dem Gebiet der programmierbaren Computer hat sich ein neuer Markt mit Kleingeräten entwickelt. Der "Personal Computer", nicht teurer als ein Farbfernsehgerät, wird den Geschäftsmann bei seiner Buchführung, Lagerhaltung oder Kundenkartei entlasten. Als Heimcomputer kann er helfen, Bücher oder Schallplatten zu archivieren, er erinnert an Termine, erstellt die Steuererklärung und unterstützt Kinder beim Lernen mit Lehrprogrammen.

Der Mikrocomputer führt in der kommerziellen Datenverarbeitung zu einer Dezentralisierung der Rechenarbeit. Terminals, die früher nur zur Ein- und Ausgabe von Daten dienten, werden selbst zum Computer ("intelligente

Terminals"). Daten können an Ort und Stelle selektiert werden, Rechenvorgänge finden z.T. im Terminal statt. Die Datentechnik wird damit in den Arbeitsplatz integriert, sei es im Büro, in der Produktion oder auch am Ladentisch.

Selbstverständlich steigt auch die Leistungsfähigkeit der Großrechner ständig an - ohne in gleichem Verhältnis mit dem Preis nachzuziehen. Hochintegrierte Mikroelektronik-Bausteine beschleunigen den Rechenvorgang, verkürzen die Zugriffszeiten und erhöhen die Speicherkapazität. Die Datentechnik gab die stärksten Impulse zur Entwicklung der Integrationstechnik, da der Leistungsumfang eines Rechners direkt mit der Zahl der binären Schaltelemente, der Transistoren, verkoppelt ist.

In der Nachrichtentechnik verbessert die Mikroelektronik einerseits unsere bestehenden Informations- und Kommunikationssysteme, wie Rundfunk und Fernsehen, Telefon und Fernschreiber; andererseits erweitert sie mit neuen Nachrichtensystemen die Möglichkeiten, Sprache, Schrift, Bilder und Daten auszutauschen. Breitbandkabelkommunikation, Teletext, Bildschirmtext, Videotext, Fernsehen mit Rückkanal und all die technisch-wirtschaftlich möglich gewordenen Telekommunikationssysteme (Bild 4) kommen dem wachsenden Bedürfnis des Informationsaustausches im Wirtschaftsbereich, aber auch im privaten Sektor entgegen.

Dem Wunsch, daß jeder mit jedem zu jeder Zeit und an jedem Ort in Kontakt treten kann, ohne kostspielige, zeit- und energieverbrauchende Reisen machen zu müssen, nähern wir uns durch eine Reihe neuer Telekommunikationssysteme weiter an.

Der Sorge, daß uns eines Tages die Informationsfülle durch die neuen Nachrichtensysteme völlig überschwemmt, ist durch bessere Selektionsverfahren zu begegnen. Die gleiche Technik, die uns die Fülle beschert, erleichtert uns auch die Selektionsarbeit. Ein entscheidender Punkt ist allerdings auch, daß wir lernen, mit den neuen Informationsmedien richtig umzugehen. Informationen, vernünftig genutzt, sollen unser Bewußtsein erweitern, wie einst die Erfindung des Buchdrucks, und uns nicht zur geistigen Passivität verführen. Dem Übermaß des Fernsehgenusses ist nicht durch staatliche Bevormundung oder verordnete technische Beschränkung zu begegnen, sondern durch Erziehung und Aufklärung zum rechten Gebrauch der Medien.

In den modernen Kommunikationsmedien steckt ein hohes Wirtschaftspotential. Wenn man einerseits sagt, die Mikroelektronik nimmt Arbeitsplätze weg, so muß man auch erkennen, daß durch die Mikroelektronik gerade auf dem Nachrichtensektor Arbeitsplätze geschaffen werden. Es ist schon sehr merkwürdig, wenn zum Teil die gleichen Gruppen, die gegen die Schließung von Werken der Fernsehgerätebranche protestieren, auch gegen das Kabelfernsehen in der Bundesrepublik sich engagieren, das auch der Geräteindustrie neuen Auftrieb gäbe.

Datenverarbeitung und Nachrichtentechnik verbinden sich in der Bürotechnik zu einer Reihe von arbeitserleichternden und arbeitsrationalisierenden Systemen. Textverarbeitungsautomaten und Speicherschreibmaschinen übernehmen das Schreiben von Standardtexten und vereinfachen das bisher mühevolle Korrigieren geschriebener Seiten. Die Effektivität der Büroarbeit wird durch elektronische Verarbeitung und Übertragung von Text, Daten und Bildern ansteigen. Multifunktionale Arbeitsplatzsysteme werden die heutige Bürotechnik ergänzen und bestehende Geräte mit neuen integrieren. Bildschirm und Tastatur gehören in Zukunft neben dem Telefon zur selbstverständlichen Ausstattung von Büroarbeitsplätzen, nicht nur bei Sekretärinnen, sondern auch bei Sachbearbeitern und Managern.

Im Anwendungsbereich Messen, Steuern, Regeln, in der Industrielektronik, werden etwa 18% des Marktes an integrierten Schaltungen verbraucht. Der Maschinenbau ist derzeit prädestiniert dafür, die Mikroelektronik einzusetzen. Da diese Branche hauptsächlich in vielen kleinen und mittelständischen Unternehmen angesiedelt ist, bedarf es eindringlicher Impulse, um den Mittelstand zu ermuntern, die Mikroelektronik möglichst rasch in die Geräte einzubauen.

Die Vorteile von mikroelektronischen Steuerungen für den Maschinenbau sind technisch sehr klar: Erhöhung der Flexibilität und Zuverlässigkeit, Substitution von verschleißbehafteten mechanischen Teilen, Erhöhung der Verarbeitungsgeschwindigkeit, der Genauigkeit, der Bedienungsfreundlichkeit. Trotz dieser Vorteile für ihre Erzeugnisse waren nach einer Untersuchung des VDI-Zentrums 1979 erst 5% von mikroelektronik-relevanten Produkten tatsächlich mit einer Mikroelektronik-Steuerung versehen. Inzwischen sind es etwa 20%. Hier liegt ein enormes Innovationspotential, das man umsetzen muß, damit wir unseren großen Export-Vorteil im Maschinenbau nicht auch an die Japaner verlieren.

Sehr wichtig ist der Zeitpunkt der Umstellung der Produkte von der Mechanik oder Elektromechanik in die Elektronik. Leider gibt es Beispiele von Firmen, die zu spät reagiert haben, und dadurch in den Konkurs gegangen sind.

Messen, Steuern, Regeln durch Mikroelektronik findet aber nicht nur in der Industrie Eingang, sondern auch in medizinischen Geräten. Elektronische Fieber-, Puls- und Blutdruckmesser erleichtern die Überwachung von schwerkranken Patienten. In Intensivstationen melden Mikrocomputer, wenn Herzimpulse von einem gespeicherten Normal-EKG abweichen. Diese Geräte dienen in erster Linie der sichereren Überwachung der Patienten und der Entlastung des Krankenhauspersonals.

Daneben gibt es neuartige Diagnosegeräte, die selbstverständlich nicht den Arzt und seine Urteilsfähigkeit ersetzen, sondern ihm durch zusätzliche Einblicke seine Diagnose erleichtern. Eines der fortschrittlichsten Diagnosegeräte ist der Computertomograph. Ein Röntgenstrahl wandert um den menschlichen Körper und durchleuchtet ihn in dünnen "Körperscheiben". Um ein Bild von einem ein Millimeter dicken Körperquerschnitt zu erhalten, sind 9 Milliarden Rechenoperationen nötig, die von 40 Millionen Transistorfunktionen in fünf Sekunden zu einem Sofortbild zusammengesetzt werden.

Die Autoelektronik steht erst am Anfang. Was heute in den meisten Autos installiert ist, ist Elektrik und noch keine Elektronik. Mit zunehmender Verbilligung der Mikrocomputer, mit der Entwicklung von geeigneten Sensoren, wird im Auto eine Reihe neuer elektronischer Systeme eingebaut, die einem dreifachen Zweck dienen: Das Auto sicherer zu machen, Kraftstoff zu sparen und den Fahrtkomfort zu erhöhen.

Die Sicherheit wird erhöht z.B. durch Antiblockierbremssysteme, durch Warnsignale, wenn Vereisung der Straße droht, durch Anzeige des Reifendrucks, und vielleicht einmal durch Abstandsradar.

Die elektronische Motorsteuerung sorgt über die Messung der Drehzahl des Motors, der Außentemperatur, des Luftdrucks und anderer Parameter, für eine Optimierung des Zündzeitpunktes, des Schließwinkels und der Zusammensetzung des Luft-Kraftstoff-Gemisches in Richtung geringsten Kraftstoffverbrauchs. Durch die hohe Rechengeschwindigkeit des Mikrocomputers erfolgt bei jeder Kurbelwellenumdrehung eine Abfrage und Neuberechnung der Daten. Die Kraftstoffersparnis mit elektronischer Motorsteuerung beträgt etwa 15%.

Den Fahrkomfort erhöhen der Bordcomputer und das elektronische Armaturenbrett mit Flüssigkristallanzeige. Damit erhält der Fahrer viel mehr Informationen, später einmal auch mit Sprachausgabe. Leitsysteme führen ihn mühelos vom Standort zum Ziel, dabei errechnet ein Bordcomputer ständig die Entfernung und ein Pfeil im Display übernimmt die Funktion des Losten. Die Elektronik im Auto wird im nächsten Jahrzehnt zu einem Mehrbedarf an integrierten Schaltungen führen, der in die Größenordnung des Bedarfs in der Datentechnik kommt.

Auch bei Haushaltsgeräten heißt das Ziel: Energiesparender, sicherer, leistungsfähiger und bequemer in der Bedienung. Wasch- und Spülmaschinen arbeiten mit elektronisch gesteuerten Programmen bei besser angepaßten Temperaturen, Trockengeräte schalten bei dem gewünschten Trockengrad ab. Heizungsregelungen optimieren die Kesseltemperatur des Wassers und verteilen die Wärme nach einem für jeden Raum individuellen Programm. Sie werden von der Außentemperatur und der Sonneneinstrahlung mitgesteuert. Heizungssysteme, die ölbefeuerte Warmwasserheizungen mit Wärmepumpen oder Sonnenkollektoren koppeln, benötigen zum energiesparenden Betrieb ebenfalls ein ausgeklügeltes elektronisches Steuerungssystem.

Der technische Fortschritt in der Unterhaltungselektronik liegt nicht nur im Bedienkomfort von Fernseh- und Rundfunkgeräten. Er spielt sich auch weitgehend im Innern der Geräte ab. Die Digitalisierung der Signalverarbeitung wird die Empfangsqualität weiter verbessern. Neue Geräte wie Videorecorder oder Bildplatte passen das Fernsehprogramm individuellen Wünschen an, unabhängig von den ausgestrahlten Sendungen.

Der Bedarf an Geräten der Freizeit-Elektronik wird mit zunehmender Freizeit und steigendem Lebensstandard weiter anwachsen. Je mehr die elementaren Bedürfnisse des Menschen gestillt sind, desto mehr greift er nach kreativen Freizeitgeräten wie Fotoapparaten und Filmkameras, Musikin strumenten und Spielen.

Die wenigen Beispiele aus den verschiedenen Anwendungsbereichen sollen dazu dienen, die Vielfalt neuer Geräte aufzuzeigen, die durch den Innovationsimpuls der Mikroelektronik ausgelöst wird.

Die Mikroelektronik ist eine Basisinnovation, die wie die vorausgehenden großen Basisinnovationen einen Konjunkturschub auslösen kann, im Sinne der Kontradieffschen langen Wellen der Volkswirtschaft (Bild 5). Kontradieff, ein russischer Nationalökonom der 20er Jahre, stellte fest, daß es alle fünfzig Jahre wirtschaftliche Hoch-Zeiten gegeben hat, dazwischen lagen Rezessionsphasen. Josef Schumpeter hat diese Periodizität gedeutet und behauptet, daß Innovationen, wie sie die Dampfmaschine, die Eisenbahn, die Elektrifizierung darstellen, die Ursache für wirtschaftliche Hoch-Zeiten waren.

Wir befinden uns derzeit wieder in einer Rezessionsphase. Natürlich wird es die Mikroelektronik allein nicht schaffen, aus dieser Phase herauszukommen. Aber sie kann mit ihrem Innovationspotential doch einen beachtlichen Beitrag zu einem wirtschaftlichen Aufstieg leisten.

Der Wirtschaftsfaktor Mikroelektronik im internationalen Vergleich

Die technologische Lücke, die viele Jahre zwischen USA und der Bundesrepublik bestand, ist weitgehend geschlossen. In unserem Land werden die gleichen Integrierten Schaltungen mit den gleichen technologischen Verfahren hergestellt wie in USA und Japan. Was jedoch vorhanden ist, ist eine erhebliche Marktanteil-Lücke.

Vergleicht man das Bruttosozialprodukt von USA, Japan und Westeuropa mit der Produktion bzw. dem Verbrauch von Integrierten Schaltungen, so stellt man einen erheblichen Rückstand von Westeuropa fest. (Bild 6)

Die Bundesrepublik schneidet in der Statistik des IS-Verbrauchs innerhalb Westeuropas besser ab: 33% des westeuropäischen Marktes liegen in Deutschland, das ist soviel wie England und Frankreich zusammen verbrauchen.

Die Ursachen für den Marktanteil-Rückstand Westeuropas bzw. der Bundesrepublik gegenüber den USA liegen in dem über viele Jahre andauernden technologischen Rückstand. Während die Halbleiterforschung vor dem Krieg vor allem in Europa beheimatet war, wurde der Transistor 1948 in den Bell Laboratories in den USA entdeckt und dort weiterentwickelt. Als man in Europa und vor allem in Deutschland erst begann, die zerstörten Fabriken wieder aufzubauen, liefen in Amerika bereits die ersten Transistorproduktionen an. Das Raumfahrtprogramm der NASA und militärische Aufträge gaben der Halbleiterforschung in den USA enorme Impulse und finanziellen Rückhalt. Immer neue Transistortechnologien wurden entwickelt, bis mit der Planartechnik der Weg zur Mikroelektronik geschaffen wurde.

Die deutschen Halbleiterhersteller lagen um Jahre zurück, bis dann, durch hohe eigene FuE-Aufwendungen und Investitionen, durch die Förderung des Bundesministeriums für Forschung und Technologie und auch durch Kooperation mit US-Firmen der Anschluß zur Mikroelektronik-Weltspitze gefunden wurde.

Der Vorsprung Japans entstand durch die Konzentration aller Kräfte in der Wirtschaft, in Hochschulen und Instituten und durch den Konsens von Regierung und Gesellschaft, in der Mikroelektronik eine Führungsrolle anzustreben. Staatliche Unterstützungen vereinigten sich mit marktgerechten Unternehmensstrategien und der Motivation der japanischen Arbeitnehmer zu einer Schwungkraft, die im Gegensatz zu der Skepsis steht, mit der bei uns die Mikroelektronik anfangs betrachtet wurde und z.T. immer noch betrachtet wird.

Dabei ist es für die Bundesrepublik von großer Wichtigkeit, ihre Spitzenstellung unter den Industrieländern durch die Beherrschung modernster Technologien zu behaupten. Bild 7 zeigt den Anteil an der Bruttowertschöpfung von 5 Branchen unserer Industrie, deren Produkte z.T. schon heute, aber bestimmt in 5 bis 10 Jahren ohne Mikroelektronik nicht mehr wettbewerbsfähig sind. Dazu gehören der Maschinenbau, die Straßenfahrzeuge, die Elektrotechnik, Feinmechanik und Optik und Büro und Datenverarbeitung. Diese "5er Gruppe" erbrachte 35% der Bruttowertschöpfung unserer gesamten Industrie.

In diesen Industriesektoren sind rund 3 Mio Menschen beschäftigt. Ihre Arbeitsplätze hängen von der Wettbewerbsfähigkeit der Produkte dieser Branchen ab. Die Bedeutung der 5er Gruppe für unsere Volkswirtschaft wird noch elementarer, wenn wir beachten, daß diese Branchen 1980 einen Exportüberschuß von 93 Mrd. DM erzielten (Export 157 Mrd. DM, Import 64 Mrd. DM). Dieser Exportüberschuß reichte 1980 gerade aus, um die Importe von Erdöl und Rohstoffen zu kompensieren. Die 1980 noch positive Handelsbilanz von 8,9 Mrd. DM ist also wesentlich auf die von der Mikroelektronik abhängigen Produkte zurückzuführen.

Wie ist der Vorsprung des Marktanteils in der Mikroelektronik von USA und Japan zu begegnen? Bild 8 vergleicht die Geräteproduktionen in den acht Branchen Datentechnik, Nachrichtentechnik, Meß-, Steuer- und Regeltechnik, Energietechnik, Unterhaltungs-, Haushalts-, Auto- und Freizeitelektronik in den verschiedenen westlichen Wirtschaftsregionen. Der untere Teil der Säule entspricht dem Stand von 1978, der obere ist eine Prognose für 1985. Man sieht, daß es Branchen gibt, in denen es keineswegs einen Vorsprung von USA oder Japan im Umsatz gibt. Dazu zählen die Nachrichtentechnik, die Unterhaltungs-, Auto - und Haushaltsbranche. In diesen Bereichen wird Westeuropa aufgrund seiner mehr als 100 Millionen über der USA liegenden Bevölkerung und des noch nicht so weit fortgeschrittenen Technisierungsgrads sogar noch Marktanteile gewinnen. Es sind auch die Gebiete, in denen die Durchdringung der Geräte mit Mikroelektronik noch nicht so weit fortgeschritten ist.

Durch den Übergang vom standardisierten Mikrocomputer zu ganzen Systemlösungen auf einem Chip spielt die Zusammenarbeit zwischen Bauelemente- und Gerätehersteller eine immer entscheidendere Rolle. Diese Zusammenarbeit wird durch die geographische Nähe und den gleichen Sprachraum erleichtert. Aus diesem Grund sehen die europäischen Halbleiterhersteller durchaus eine Chance, ihren Marktanteil auf dem Nicht-Standard-Sektor zu erhöhen. Dort wird auch kein so unerbittlicher Preiskampf stattfinden, wie auf dem Gebiet der Mikrocomputer und vor allem der Speicher, die innerhalb von zwei Jahren einen Preisverfall von 80% erlitten.

Für die Halbleiterhersteller in Westeuropa, die ihre führende Rolle beibehalten oder ausbauen wollen, heißt es, die Technologie mit unverändertem personellem und finanziellem Aufwand weiter zu entwickeln und durch geschickte strategische Planung ihr Produktspektrum den Anwendungsmärkten anzupassen, die für unseren Kontinent Bedeutung besitzen.

Für die Volkswirtschaft ist natürlich die Geräteindustrie wesentlich entscheidender als die Bauelementeindustrie. Für den Umsatz von 400 Mrd. DM in 1980 für die Geräte der 5er Gruppe war nur der Gegenwert von etwa 1 Mrd. DM Mikroelektronik-Bausteinen notwendig. Man könnte also denken, laßt uns diese eine Milliarde Bauelementewert auf dem Weltmarkt kaufen. Damit würde sich die Bundesrepublik aber in eine Mikroelektronik-Abhängigkeit begeben, die an Gefährlichkeit der Ölabhängigkeit keineswegs nachsteht.

Aus diesen Gründen ist eine technisch hochentwickelte Halbleiterindustrie in unserem Land ebenso notwendig, wie der Einsatz dieser Bausteine in den Geräten. Engpässe an Bauelementen in den vergangenen Jahren haben gezeigt, daß durch das Fehlen einer autarken Bauelementeindustrie die Entwicklung neuer Geräte und deren Produktion in unserem Land gebremst werden können - von politisch bedingten hemmenden Konstellationen ganz zu schweigen.

Wir brauchen die rasche Durchdringung unserer Industriegüter mit Mikroelektronik. Dazu sind Ingenieure notwendig, die über Hard- und Softwarekenntnisse für Systemlösungen verfügen. Es sind finanzielle Anreize und

Hilfen notwendig, um den risikobehafteten Einstieg in die Mikroelektronik zu erleichtern. Das derzeit laufende Programm des BMFT über 300 Mio. DM zur Förderung der Mikroelektronikanwendungen ist in dieser Richtung angelegt.

Wir brauchen aber auch ein motiviertes Unternehmertum und den Konsens aller beteiligten Gruppen über die strategische Zielsetzung, eine führende Industrienation bleiben zu wollen.